三中全会与
中国改革开放

本书编写组 著

人民出版社

目　　录

前　言

十一届三中全会，就像党的历史上的党的一大、八七会议、遵义会议、七届二中全会等一样，成为党的发展历程中的标志性事件。习近平总书记在庆祝改革开放 40 周年大会上的讲话中，将建立中国共产党、成立中华人民共和国、推进改革开放和中国特色社会主义事业称为“五四运动以来我国发生的三大历史性事件，是近代以来实现中华民族伟大复兴的三大里程碑”。而改革开放和中国特色社会主义事业，正是由党的十一届三中全会开启的。不仅如此，十一届三中全会还实现了新中国成立以来党的历史上具有深远意义的伟大转折。这个转折是全局性的、根本性的，它实现了思想路线、政治路线、组织路线和党的重大历史是非问题的拨乱反正，恢复了党的民主集中制的传统，实现了从“以阶级斗争为纲”到以经济建设为中心、从封闭半封闭到改革开放、从计划经济到市场经济的深刻转变。可以说，十一届三中全会开辟了党和国家的事业新局面，开拓了马克思主义中国化新境界，开启了改革开放和社会主义现代化建设的伟大征程。

十一届三中全会还开启了一个新的惯例，即其后历届三中全会都聚焦改革议题，为中国未来发展作出谋划部署。十二届三中全会通过了《中共中央关于经济体制改革的决定》，提出进一步贯彻执行对内搞活经济、对外实行开放的方针，加快以城市为重点的整个经济体制改革的步伐，是当前我国形势发展的迫切需要。十三届三中全会批准中央政治局向全会提出的治理经济环境、整顿经济秩序、全面深化改革的指导方针和政策、措施，确定把 1989 年和 1990 年两年改革和建设的重点突出地放到治理经济环境和整顿经济秩序上来。十四届三中全会通过了《中共中央关于建立社会主义市场经济体制若干问题的决定》，指出社会主义市场经济体制是同社会主义基本制度结合在一起的，建立社会主义市场经济体制，就是要使市场在国家宏观调控下对资源配置起基础性作用。这一决定成为我国在 20 世纪 90 年代进行经济体制改革的行动纲领。十五届三中全会通过了《中共中央关于农业和农村工作若干重大问题的决定》，指出农业、农村和农民问题是关系我国改革开放和现代化建设全局的重大问题。全会从经济、政治、文化三个方面，提出了从现在起到 2010 年建设有中国特色社会主义新农村的奋斗目标，确定了实现这些目标必须坚持的方针。十六届三中全会通过了《中共中央关于完善社会主义市场经济体制若干问题的决定》，指明了完善社会主义市场经济体制的主要任务是，强调按照统筹城乡发展、统筹区域发展、统筹经济社会发展、统筹人与自然和谐发展、统筹国内发展和对外开放的要求，更大程度地发挥市场在资源配置中的基础性作用，为全面建设小康社会提供强有力的体制保障。十七届三中全会通过了《中共中央关于推进农村改革发展若干重大问题的决定》，明确到 2020 年农村改革发展基本目标任务，在改革开放 30 周年之际，再次掀起以农村改革发展为重点的新一轮改革，进一步推进未来中国农村发展。

十八届三中全会通过了《中共中央关于全面深化改革若干重大问题的决定》。这是十一届三中全会后的又一次具有划时代意义的三中全会。全会着眼于实现社会和谐稳定、国家长治久安，着眼于更好发挥中国特色社会主义制度的优越性，从国家治理体系和治理能力的总体角度，将完善和发展中国特色社会主义制度、推进国家治理体系和治理能力现代化确立为全面深化改革的总目标，把对改革重要作用的认识上升到了新的历史高度。全会对新时代改革进行前瞻性思考、全局性谋划、战略性布局、整体性推进，涉及经济建设、政治建设、文化建设、社会建设、生态文明建设、国防和军队建设、党的建设等所有领域的全方位改革，形成了全方位布局、系统化推进改革的新格局，开启了新时期以来最为广泛的社会革命。全会进一步深化对共产党执政规律、社会主义建设规律、人类社会发展规律的认识，形成了改革理论和政策的一系列新的重大突破。

十九届三中全会通过了《中共中央关于深化党和国家机构改革的决定》和《深化党和国家机构改革方案》。全会提出，深化党和国家机构改革是推进国家治理体系和治理能力现代化的一场深刻变革。党和国家机构职能体系是中国特色社会主义制度的重要组成部分，是我们党治国理政的重要保障。全会强调了深化党和国家机构改革的指导思想、目标任务，指出深化党和国家机构改革是一个系统工程，要增强改革的系统性、整体性、协同性，加强党政军群各方面机构改革配合，使各项改革相互促进、相得益彰，形成总体效应。

二十届三中全会通过了《中共中央关于进一步全面深化改革、推进中国式现代化的决定》。全会指出进一步全面深化改革的总目标是继续完善和发展中国特色社会主义制度，推进国家治理体系和治理能力现代化；强调进一步全面深化改革要总结和运用改革开放以来特别是新时代全面深化改革的宝贵经验，贯彻坚持党的全面领导、坚持以人民为中心、坚持守正创新、坚持以制度建设为主线、坚持全面依法治国、坚持系统观念等原则；对进一步全面深化改革作出系统部署，强调构建高水平社会主义市场经济体制，健全推动经济高质量发展体制机制，构建支持全面创新体制机制，健全宏观经济治理体系，完善城乡融合发展体制机制，完善高水平对外开放体制机制，健全全过程人民民主制度体系，完善中国特色社会主义法治体系，深化文化体制机制改革，健全保障和改善民生制度体系，深化生态文明体制改革，推进国家安全体系和能力现代化，持续深化国防和军队改革，提高党对进一步全面深化改革、推进中国式现代化的领导水平。这次全会和十一届三中全会、十八届三中全会一样，都具有划时代意义。

正如习近平总书记所说："改革开放以来，历届三中全会研究什么议题、作出什么决定、采取什么举措、释放什么信号，是人们判断新一届中央领导集体施政方针和工作重点的重要依据，对做好未来五年乃至十年工作意义重大。""改革开放以来历次三中全会都研究讨论深化改革问题，都是在释放一个重要信号，就是我们党将坚定不移高举改革开放的旗帜，坚定不移坚持党的十一届三中全会以来的理论和路线方针政策。说到底，就是要回答在新的历史条件下举什么旗、走什么路的问题。"

改革开放是决定当代中国命运的关键一招。三中全会与改革开放密不可分，这从一定意义上也可以说，三中全会改变了当代中国。基于此，加强对历届三中全会的研究，无疑具有重要时代价值和现实意义。本书将笔墨和精力集中于三中全会，以三中全会为历史发展的关节点，通过系统的梳理和研究，由点到面地反映我国改革开放的发展历程，凸显改革历史进程的发展变化，展现三中全会对推进改革开放的巨大作用，彰显三中全会在党的历史和发展进程中的伟大意义。

第一章　十一届三中全会：新事业、新道路的开辟

“实现中华民族伟大复兴的中国梦，是近代以来中华民族的夙愿。”2013 年 3 月 19 日习近平总书记在接受金砖国家媒体联合采访时所说的这句话，代表了中华民族近代以来最深沉的心声。1840 年鸦片战争以后，延续了几千年的文明古国，由于西方列强入侵和封建统治腐败，国家蒙辱、人民蒙难、文明蒙尘。苦难深重、命运多舛的中国人，怀揣着重新振兴中华民族的伟大梦想，前赴后继，接续奋斗。经过几代人的努力，这一目标如今已越来越近。当前，我国经济总量稳居世界第二位，相比于改革开放初期的第十位，经济发展取得了历史性进步。我国还是制造业第一大国、货物贸易第一大国、外汇储备第一大国……伴随我国经济实力的大幅提升，人民生活水平也显著提高，绝对贫困历史性消除，建成世界上规模最大的社会保障体系，各项社会事业全面进步，中国在世界上的影响逐日增强。特别是当前，面对复苏乏力的世界经济，中国成为复苏的“稳定器”和增长的“发动机”。

中国的发展，得益于中国道路。习近平总书记强调：“实现中国梦必须走中国道路。这就是中国特色社会主义道路。”

一、酝酿和准备:十一届三中全会前的中央工作会议

中国道路的开辟,始于1978年党的十一届三中全会。经过28年艰苦卓绝的斗争,1949年中国共产党领导人民取得了新民主主义革命的胜利,实现了民族独立、人民解放。新中国成立后,我国进入社会主义革命和建设时期,中国共产党带领人民对适合中国国情的社会主义道路进行了积极探索。在迅速治愈战争创伤、恢复国民经济的基础上,成功地进行了社会主义改造,社会主义制度得以确立,为我国以后的一切进步和发展奠定了基础。但在中国进行社会主义建设毕竟是前无古人的事业,在探索过程中,我们也经历了不少挫折,出现了像"文化大革命"那样的内乱,使党和国家付出了沉重代价。

1976年10月,我们党一举粉碎了"四人帮"反革命集团,结束了"文化大革命"这场灾难。但发展的脚步并没有因此而加速,"左"的错误在指导思想上依然占据主导,"两个凡是"(即"凡是毛主席作出的决策,我们都坚决维护;凡是毛主席的指示,我们都始终不渝地遵循")的错误方针束缚着人们的思想,一大批冤假错案没有得到平反,个人崇拜依然盛行。思想的禁锢制约着人们的行动,国家各项建设处于徘徊阶段。

历史的河流永不停息,中国的发展航向牵动着无数人的心。一如遵义会议在危难关头挽救了中国共产党和中国革命一样,十一届三中全会在新的历史时期实现了新中国成立以来党的历史上具有深远意义的伟大转折。

说起十一届三中全会,有必要先讲讲在此之前召开的中央工作会议。

1978 年 11 月 10 日至 12 月 15 日,中央工作会议召开。在此之前,思想理论界为反对“两个凡是”的思想束缚,恢复党的优良传统,更好地推动经济、政治建设的开展,发动了关于真理标准问题的大讨论。1977 年 8 月 25 日,中央党校的《理论动态》发表《理论工作者必须恢复和发扬实事求是的作风》一文,批评一些人的错误是非标准,强调要恢复和坚持实事求是的工作作风。1978 年 5 月 10 日,《理论动态》又发表《实践是检验真理的唯一标准》,就真理标准问题掀起了大讨论。5 月 11 日,该文以“本报特约评论员”的名义发表于《光明日报》,随后,《人民日报》《解放军报》等重要媒体纷纷转载,在全国产生巨大影响,受到广大干部群众的欢迎。但同时,也有一些人为维护“两个凡是”方针,对此发出责难,思想主张的碰撞仍在继续。在邓小平等老一辈革命家的支持和推动下,真理标准问题的讨论不断向纵深发展。

在这样的背景下,中央工作会议于 1978 年 11 月 10 日在北京京西宾馆召开。中央工作会议是为党的十一届三中全会做准备的,会议议题主要有三个:(一)如何进一步贯彻执行以农业为基础的方针,尽快把农业生产搞上去,主要讨论《关于加快农业发展若干问题的决定(草案)》和《农村人民公社工作条例(试行草案)》两个文件;(二)1979 年和 1980 年两年国民经济计划的安排;(三)讨论李先念在国务院务虚会上的讲话。会议开始前,华国锋还指出,在讨论这三个议题之前,先讨论一下在新时期总路线的指引下,从明年 1 月起,把全党工作的着重点转移到社会主义现代化建设上来。华国锋虽然提出要实现“全党工作的着重点”的转移,但其前提是在保证“新时期总路线”和总路线指引下的转移,这样,“两个凡是”就不可能突破,“左”的思想的束缚就难以解除。

会议开始后,原定议题得以突破。率先“发难”的是在党内享有很高威望的陈云。陈云之前就曾提出要恢复实事求是的思想路线。1977年9月9日,他在毛泽东逝世一周年纪念日发表的纪念文章就是《坚持实事求是的革命作风》,文章强调说:“实事求是,这不是一个普通的作风问题,这是马克思主义唯物主义的根本思想路线问题”。中央工作会议期间,11月12日,他在东北组的讨论中发言。陈云认为,如果不解决“文化大革命”期间发生的诸如薄一波等六十一人所谓叛徒集团案、彭德怀的问题、天安门事件等重大冤假错案,就会影响党内外的安定团结,影响全党工作着重点的转移。据参加会议的王平回忆:

讨论的第一天,陈云就发了言。我记得他讲的中心问题就是一个:实事求是,有错必纠。他说:“什么是维护毛泽东同志的威信?毛泽东历来主张,实事求是,有错必纠。可是许多在历史上已经做了结论的问题,还拿来没完没了地折腾。薄一波同志等六十一人所谓叛徒集团案就是其中之一。他们当时出反省院,是党组织和中央决定的,不是叛徒。再有,关于陶铸同志,彭德怀同志,他们都是担负过党和军队重要领导职务的共产党员,对党的贡献很大。人虽然已经死了,但冤案该翻的还是要翻过来,骨灰也应放到八宝山革命公墓。”

他说:“关于天安门事件,这是北京几百万人悼念周总理,反对‘四人帮’,不同意批判邓小平同志的一次伟大的群众运动,中央应该肯定这次运动。”

他在讲到康生在“文化大革命”初期便随意点名的问题时指出:“康生对中央各部和全国各地都形成了党政机关的瘫痪状态,是负有重大责任的,错误是严重的。中央应当在适当的会议上对康生的错误给予应有的批评。盖棺恐怕也是不能定论的。”陈云的发言刚一讲完,小组里便爆发出一阵热烈的掌声。

> 待掌声平息下来,陈云同志用征询的口吻说:“我的发言,希望大会能给发个简报,不知小组的同志是否同意。”大家一致举手,“同意!”
>
> 当天,大会简报印发了陈云同志的发言,他的发言在与会同志中产生了强烈的反响,使会议气氛立刻变得炽热起来。①

于光远也回忆说:“陈云同志在党内威信高,考虑得周到,问题提得准确,语言有力。他的发言得到各组出席者的纷纷响应。”②

此后,有关平反冤假错案、纠正“左”的错误、解决历史遗留问题的发言成为会议的主要议题。11 月 25 日,华国锋代表中央政治局宣布,为天安门事件,“反击右倾翻案风”,“二月逆流”,薄一波等“六十一人案”,彭德怀、陶铸、杨尚昆的问题等平反,并认为会议对康生、谢富治等人错误的揭发和批判是合理的。这一决定,受到与会者的拥护和支持。会议还讨论了原来设定的几个议题。

关于工作重点转移,与会人员进行了热烈讨论。大家普遍赞同从 1979 年起把党的工作重点转移到社会主义现代化建设上来。但同时大家也认为,“文革”中的错误观点和理论也必须纠正,一些历史遗留问题必须解决,一些重大是非问题必须明确。对于工作重点的转移,与会人员同意华国锋代表中央政治局常委对转移的必要性的分析:经过两年多揭发批判“四人帮”,我国安定团结的政治局面已初步实现;社会主义现代化建设的严重任务已摆在我们面前;复杂的国际形势要求我们集中力量进行经济建设。对于如何实现工作重点的转移,大家也

① 《王平回忆录》,解放军出版社 1992 年版,第 614—615 页。

② 于光远:《我亲历的那次历史转折——十一届三中全会的台前幕后》,中央编译出版社 1998 年版,第 78 页。

提了不少意见，特别是借鉴新中国成立后工业发展的经验教训等。

关于农业问题，时任国务院副总理纪登奎作《关于加快农业发展速度的决定》和《农村人民公社工作条例（试行草案）》两个农业文件的说明，强调要调动农民的积极性，加强农业的基础性地位，加快农业发展。与会人员对农业问题都比较关注，发言也比较深入，对两个农业文件也提出了许多意见。虽然在讨论中，许多人已经表达出改革农村生产关系的意思，但最终原则通过的提交三中全会讨论的两个文件并没有突破人民公社体制。

关于1979年、1980年国民经济计划安排，与会人员讨论了国民经济发展中存在的一些问题，提出要综合平衡，改变经济比例失调的问题。特别是陈云在12月10日的发言，讲得比较深入。其他如加强民主法制建设、人事问题等，在讨论中也多有涉及。

12月13日，中央工作会议举行闭幕会。闭幕会上的亮点是邓小平的《解放思想，实事求是，团结一致向前看》重要讲话。粉碎“四人帮”以后，邓小平的第三次复出经历了艰难曲折的过程。在叶剑英、陈云等人的推动下，众望所归的邓小平最终还是走上了历史的前台。邓小平在中央工作会议上的讲话，是会议的灵魂。为准备这个讲话，邓小平亲自撰写了讲话稿的提纲。初稿起草后，邓小平又逐字逐句提出修改意见，几经改动才最终定稿。参与起草工作的于光远说：“讲话的内容可以说全是邓小平自己的想法，不但思路是他自己的，而且给人留下深刻印象的语言也大都是他自己的；他对执笔者写出的稿子很仔细地看了，在审查草稿的过程中又不断地深化和充实自己的思想，最后由他拍板定稿；讲话用的题目也是他讲的。”①邓小平的这篇讲话分为

① 于光远：《我亲历的那次历史转折——十一届三中全会的台前幕后》，中央编译出版社1998年版，第206页。

四个部分：一、解放思想是当前的一个重大政治问题；二、民主是解放思想的重要条件；三、处理遗留问题为的是向前看；四、研究新情况，解决新问题。

关于解放思想，邓小平指出："只有思想解放了，我们才能正确地以马列主义、毛泽东思想为指导，解决过去遗留的问题，解决新出现的一系列问题，正确地改革同生产力迅速发展不相适应的生产关系和上层建筑，根据我国的实际情况，确定实现四个现代化的具体道路、方针、方法和措施。"他还强调："不打破思想僵化，不大大解放干部和群众的思想，四个现代化就没有希望。"针对此前的真理标准问题的讨论，邓小平认为它同时也是要不要解放思想的争论，并且强调说："一个党，一个国家，一个民族，如果一切从本本出发，思想僵化，迷信盛行，那它就不能前进，它的生机就停止了，就要亡党亡国。""从这个意义上说，关于真理标准问题的争论，的确是个思想路线问题，是个政治问题，是个关系到党和国家的前途和命运的问题。"

关于民主问题，邓小平认为民主是解放思想的重要条件，当前这个时期，特别需要强调民主。他指出："一个革命政党，就怕听不到人民的声音，最可怕的是鸦雀无声。"他还特地讲了发扬经济民主的问题，强调："现在我国的经济管理体制权力过于集中，应该有计划地大胆下放，否则不利于充分发挥国家、地方、企业和劳动者个人四个方面的积极性，也不利于实行现代化的经济管理和提高劳动生产率。应该让地方和企业、生产队有更多的经营管理的自主权。"邓小平还指出："为了保障人民民主，必须加强法制。必须使民主制度化、法律化，使这种制度和法律不因领导人的改变而改变，不因领导人的看法和注意力的改变而改变。"

关于处理历史遗留问题，邓小平认为解决历史遗留问题是解放思想的需要，也是安定团结的需要，目的是为了向前看，是为了顺利实现全党工作重心的转变。他指出："我们的原则是'有错必纠'。"但同时"要大处着眼，可以粗一点"。他还着重谈了对毛泽东和对"文化大革命"的评价问题，强调"要完整地准确地理解和掌握毛泽东思想的科学原理，并在新的历史条件下加以发展"。

关于研究新情况、解决新问题，邓小平特别强调要"注意研究和解决管理方法、管理制度、经济政策这三方面的问题"。针对经济管理方面的不足，邓小平号召大家要重新学习，要学会用经济方法管理经济。他说："实现四个现代化是一场深刻的伟大的革命。在这场伟大的革命中，我们是在不断地解决新的矛盾中前进的。因此，全党同志一定要善于学习，善于重新学习。"在讲话中，邓小平还发出了改革的呼吁，他说："如果现在再不实行改革，我们的现代化事业和社会主义事业就会被葬送。"①邓小平的这篇讲话，总结了我们党思想路线斗争的历史经验，使全会从根本上摆脱了"两个凡是"的束缚；并揭示了马列主义、毛泽东思想的精髓和灵魂，克服了"左"的指导思想的干扰；同时，它还为开启新的改革开放的征程指明了方向，实际上成为十一届三中全会的主题报告。从这个意义上说，这篇讲话被称为"开辟新时期新道路、开创建设有中国特色社会主义新理论的宣言书"②。

整个中央工作会议，虽有不少的思想碰撞和交锋，但都是在民主的气氛中进行的，所以会议给人的感觉十分民主、宽松而又热烈，能够面对面地开展批评和自我批评，堪比党的历史上的遵义会议。许多党和国家领导人，以及众多与会者都对会议给予了充分肯定。邓小平评价说："这次会议开得很好，很成功，在党的历史上有重要意义。我们党

① 以上引文见《邓小平文选》第2卷，人民出版社1994年版，第141—152页。
② 《江泽民文选》第2卷，人民出版社2006年版，第10页。

多年以来没有开过这样的会了,这一次恢复和发扬了党的民主传统,开得生动活泼。""这次会议讨论和解决了许多有关党和国家命运的重大问题。大家敞开思想,畅所欲言,敢于讲心里话,讲实在话。大家能够积极地开展批评,包括对中央工作的批评,把意见摆在桌面上。一些同志也程度不同地进行了自我批评。这些都是党内生活的伟大进步,对于党和人民的事业将起巨大的促进作用。"①陈云将这次中央工作会议与其后的十一届三中全会并提,称赞两次会议"开得很成功。大家在马列主义、毛泽东思想的基础上,解放思想,畅所欲言,充分恢复和发扬了党内民主和党的实事求是、群众路线、批评和自我批评的优良作风,认真讨论党内存在的一些问题,增强了团结。会议真正实现了毛泽东同志所提倡的'又有集中又有民主,又有纪律又有自由,又有统一意志、又有个人心情舒畅、生动活泼,那样一种政治局面'"②。叶剑英也说:"这次会议开得很好,很成功。""在会议整个过程中,恢复和发扬了党的群众路线、民主集中制、实事求是的优良作风。大家畅所欲言,充分讨论,解决了全党和全国人民共同关心的一系列重大的历史问题和现实问题,开展了批评,一些犯了错误的同志也不同程度地做了自我批评,这是我们党兴旺发达的标志。""在这次会议上实行这样充分的民主,确实是一个很好的开端,带了头。我们一定要永久坚持,发扬下去,一定要推广到全党、全国去。"③1978 年 12 月 15 日,持续了 36 天的中央工作会议胜利结束。

---

① 《邓小平文选》第 2 卷,人民出版社 1994 年版,第 140—141 页。

② 中共中央文献研究室编:《陈云传》(四),中央文献出版社 2005 年版,第 1520 页。

③ 《叶剑英选集》,人民出版社 1996 年版,第 493 页。

二、历史的转折:十一届三中全会的召开

中央工作会议闭幕后3天,1978年12月18日,在党的历史上具有伟大转折意义的十一届三中全会召开了,地点依然是北京京西宾馆。实际出席全会的中央委员169人,候补中央委员112人,列席人员9人,共290人。由于之前的中央工作会议已经开了36天,为十一届三中全会作了充分准备,所以中央政治局决定,这次全会只开5天。会议印发了华国锋、叶剑英、邓小平在中央工作会议上的讲话,经过讨论修改的《农村人民公社工作条例(试行草案)》《中共中央关于加快农业发展若干问题的决定(草案)》《1979、1980两年经济计划的安排(草案)》,以及增补中央副主席、政治局委员、中央委员候选名单等文件。会议的议程安排是:12月18日晚举行中国共产党十一届三中全会开幕式,18日至22日看文件和分组讨论,22日晚举行全会闭幕会,选举增补的中央副主席、政治局委员、中央委员,选举新设立的中央纪律检查委员会成员,通过有关文件和全会公报。

18日晚,在开幕式上,华国锋代表中央政治局就全会的主要任务和开法讲了话,他提出,这次全会的主要任务是:讨论通过中央政治局提出的关于从明年1月起,把全党工作着重点转移到社会主义现代化建设上来的问题,同时审议通过相关文件,讨论人事问题。

同中央工作会议一样,十一届三中全会的讨论分六个小组进行,包括:华北组51人,召集人为林乎加、刘子厚、罗青长、秦基伟;东北组47人,召集人为王恩茂、任仲夷、唐克、杨勇;华东组64人,召集人为彭冲、万里、白如冰、聂凤智;中南组56人,召集人为段君毅、毛致用、黄华、杨得志;西南组44人,召集人为安平生、张平化、梁必业等;西北组44人,

召集人为汪锋、霍士廉、胡耀邦、肖华。中共中央主席、副主席不编入小组讨论。

由于会期比较短，会议的主要形式就是小组集中阅读、讨论会议文件。其中，邓小平在中央工作会议上所作的《解放思想，实事求是，团结一致向前看》讲话，实际上成为十一届三中全会的主题报告，受到大家的格外关注。

与之前的中央工作会议中大家的发言和讨论相比，十一届三中全会的发言和讨论虽然也比较热烈，但在尖锐程度和争论烈度上，因已有了铺垫和共识，反倒平和了不少。据当时列席西北组会议的于光远回忆：

> 19 日各组继续看文件，西北组首先开始讨论。从 20 日到 22 日各组进行讨论。我的印象中增补中央委员、中央政治局委员和增补陈云为党中央副主席这件事，都是在一天大会上表决其他问题之前通过的。我记得三中全会只在第一天和最后一天开了大会，其余都是分组会。三天分组会的内容，我认为有四条，第一条是原先参加中央工作会议的中委们以发言的形式向未参加会议的中委们介绍中央工作会议的情况；第二条所有出席者都对中央工作会议闭幕会上中央领导人讲话表态，对全会增补中央委员、中央政治局委员、中央副主席表态，对中央设立纪律检查委员会和中央纪律检查委员会委员候选名单表态；第三条同中央工作会议一样，对“两个凡是”、“实践是检验真理的唯一标准”、平反冤假错案、康生问题等发表意见。还有一个，即第四条便是对十一届三中全会公报的草稿表态并提修改意见。
>
> 三天分组会做的事情是很多的，但是会上不再有不同意见的

讨论。会上对汪东兴和有些同志继续发表了一些批评意见并揭露了一些中央工作会议还没有揭露出来的新情况。

最后一天晚上举行了大会。大会首先通过关于增补中央委员、中央政治局委员、中央政治局常委和副主席，通过两个农业文件和1979—1980年国民经济计划的安排，通过全会公报。①

12月22日，十一届三中全会举行闭幕会。全会通过了之前提交讨论的相关文件，增选陈云为中央政治局委员、政治局常委、中央委员会副主席；增选邓颖超、胡耀邦、王震为中央政治局委员；选举增补黄克诚等九人为中央委员；选举产生了中央纪律检查委员会；选举陈云为中央纪律检查委员会第一书记。会议还原则通过《中国共产党第十一届中央委员会第三次全体会议公报》。

会议公报集中阐述了这次中央全会的主要内容和取得的成果，是党的发展史上的重要文献。会议公报的产生，经历了反复修改的过程。早在中央工作会议期间，就已经开始着手起草十一届三中全会的公报稿。据曾担任胡乔木秘书的朱佳木回忆：

早在中央工作会议临近结束时，那位中央主要负责人鉴于由会议文件起草班子准备的三中全会公报稿与会议的实际结果距离太大，故亲自出面，请胡乔木负责重新起草一份。于是，胡乔木邀集中央有关领导开会研究公报的框架，然后，请具体起草人按研究的意见写出初稿。初稿拿出后，他又召集有关同志讨论了一次。具体起草的人根据大家的意见，在三中全会开幕的当天拿出了第

① 于光远：《我亲历的那次历史转折——十一届三中全会的台前幕后》，中央编译出版社1998年版，第294—295页。

二稿。次日,胡乔木把自己关在房间里,从下午2点开始,一口气改到晚上8点。由于改动太多,字又写得很小,他要我重抄了一遍,才送到印刷厂去排印。这样,公报稿作为会议文件之一,及时印发到了每个代表的手中。

全会闭幕前一天,中央为讨论公报稿,还专门召开了一次政治局会议,请胡乔木列席。在大家讨论的基础上,胡乔木对公报稿进行了进一步修改。全会闭幕是在12月22日晚上10点,因此,当天已不可能发表公报。第二天,胡乔木根据会议简报组收集上来的新的意见,利用上午和午休的时间,对公报稿进行了最后的加工。下午,中央常委审定了修改的地方。晚上8点,中央人民广播电台在新闻联播节目中全文播出。①

《中国共产党第十一届中央委员会第三次全体会议公报》全文七千多字,共分五个部分,集中概括了十一届三中全会和之前的中央工作会议在政治、经济、组织、思想、作风等方面所取得的丰硕成果。

(一)政治方面。十一届三中全会最大的贡献是将全党工作着重点转移到社会主义现代化建设上来。公报指出,全国揭批林彪、"四人帮"的政治大革命取得了伟大的胜利;国民经济得到了进一步的恢复和发展;全国出现了安定团结的政治局面;我国外交政策取得了重大进展。所有这一切,都为全党把工作着重点转移到社会主义现代化建设上来准备了良好条件。全会一致同意华国锋同志代表中央政治局所提出的决策,现在就应当适应国内外形势的发展,及时地、果断地结束全国范围的大规模的揭批林彪、"四人帮"的群众运动,把全党工作的着

① 朱佳木:《胡乔木与党的十一届三中全会》,《当代中国史研究》1998年第2期。

重点和全国人民的注意力转移到社会主义现代化建设上来。公报还强调了改革对于社会主义现代化建设的重要作用:实现四个现代化,要求大幅度地提高生产力,也就必然要求多方面地改变同生产力发展不适应的生产关系和上层建筑,改变一切不适应的管理方式、活动方式和思想方式,因而是一场广泛、深刻的革命。

(二)经济方面。十一届三中全会采取一系列重大经济措施,树起了改革开放的大旗。会议回顾了新中国成立以来经济建设的经验教训,强调保持必要的社会政治安定,按照客观经济规律办事,我们的国民经济就高速度地、稳定地向前发展,反之,国民经济就发展缓慢甚至停滞倒退。现在,我们实现了安定团结的政治局面,恢复和坚持了长时期行之有效的各项经济政策,又根据新的历史条件和实践经验,采取一系列新的重大的经济措施,对经济管理体制和经营管理方法着手认真地改革,在自力更生的基础上积极发展同世界各国平等互利的经济合作,努力采用世界先进技术和先进设备,并大力加强实现现代化所必需的科学和教育工作。

公报还指明了我国国民经济中存在的问题,主要是:一些重大的比例失调状况没有完全改变过来,生产、建设、流通、分配中的一些混乱现象没有完全消除,城乡人民生活中多年积累下来的一系列问题必须妥善解决。公报强调,我们必须在这几年中认真地逐步地解决这些问题,切实做到综合平衡,以便为迅速发展奠定稳固的基础。公报还指出,现在我国经济管理体制的一个严重缺点是权力过于集中,应该有领导地大胆下放,让地方和工农业企业在国家统一计划的指导下有更多的经营管理自主权;应该着手大力精简各级经济行政机构,把它们的大部分职权转交给企业性的专业公司或联合公司;应该坚决实行按经济规律办事,重视价值规律的作用,注意把思想政治工作和经济手段结合起来,充分调动干部和劳动者的生产积极性;应该在党的一元化领导之下,认真解决党政企不分、以党代政、以政代企的现象,实行分级分工分人负责,加强管理机构和管理人员的权限和责任,减少会议公文,提高工作效率,认真实行考核、奖惩、升降等制度。采取这些措施,才能充分发挥中央部门、地方、企业和劳动者个人四个方面的主动性、积极性、创造性,使社会主义经济的各个部门各个环节普遍地蓬蓬勃勃地发展起来。

(三)组织方面。十一届三中全会认真讨论了"文化大革命"中发生的一些重大政治事件和历史遗留问题,强调要平反冤假错案,加强民主和法制建设。公报为 1975 年邓小平主持中央工作期间进行的全面整顿平了反,指出:1975 年,邓小平同志受毛泽东同志委托主持中央工作期间,各方面工作取得很大成绩,全党、全军和全国人民是满意的。邓小平同志和中央其他领导同志一道,按照毛泽东同志的指示,对"四人帮"的干扰破坏进行了针锋相对的斗争。

"四人帮"硬把 1975 年的政治路线和工作成就说成是所谓"右倾翻案风",这个颠倒了的历史必须重新颠倒过来。公报中还指出:1976 年 4 月 5 日的天安门事件完全是革命行动。以天安门事件为中心的全国亿万人民沉痛悼念周恩来同志、愤怒声讨"四人帮"的伟大革命群众运动,为我们党粉碎"四人帮"奠定了群众基础。全会决定撤销中央发出的有关"反击右倾翻案风"运动和天安门事件的错误文件。对彭德怀、陶铸、薄一波、杨尚昆等同志的冤案和历史问题,十一届三中全会也作了正确处理,肯定了他们对党和人民的贡献。会议指出,解决历史遗留问题必须遵循毛泽东同志一贯倡导的实事求是、有错必纠的原则。会议还决定永远废止设立专案机构审查干部的方式。

关于民主和法制问题,公报指出:社会主义现代化建设需要集中统一的领导,需要严格执行各种规章制度和劳动纪律。当前这个时期特别需要强调民主,强调民主和集中的辩证统一关系,使党的统一领导和各个生产组织的有效指挥建立在群众路线的基础上。在人民内部的思想政治生活中,只能实行民主方法,各级领导要善于集中人民群众的正确意见,宪法规定的公民权利,必须坚决保障,任何人不得侵犯。为了保障人民民主,必须加强社会主义法制,使民主制度化、法律化,使这种制度和法律具有稳定性、连续性和极大的权威,做到有法可依,有法必依,执法必严,违法必究。要保证人民在自己的法律面前人人平等,不允许任何人有超于法律之上的特权。

(四)思想方面。十一届三中全会强调要进一步继承和发扬毛泽东同志所倡导的马克思主义学风,即坚持唯物主义的思想路线。公报指出,只有全党同志和全国人民在马列主义、毛泽东思想的指导下,解放思想,努力研究新情况新事物新问题,坚持实事求是、一切从实际出发、理论联系实际的原则,我们党才能顺利地实现工作中心的转变,才能正确解决实现四个现代化的具体道路、方针、方法和措施,正确改革同生产力迅速发展不相适应的生产关系和上层建筑。会议高度评价了关于实践是检验真理的唯一标准问题的讨论,认为这对于促进全党同志和全国人民解放思想,端正思想路线,具有深远的历史意义。公报引用邓小平的话说:“一个国家,一个民族,如果一切从本本出发,思想僵化,那它就不能前进,它的生机就停止了,就要亡党亡国。”会议肯定了毛泽东的历史功绩和历史地位,指出:毛泽东同志在长期革命斗争中立下的伟大功勋是不可磨灭的。如果没有他的卓越领导,没有毛泽东思想,中国革命有极大的可能到现在还没有胜利,那样中国人民就还处在帝国主义、封建主义、官僚资本主义的反动统治之下,我们党就还在黑暗中苦斗。毛泽东同志是伟大的马克思主义者。但同时强调,要完整地、准确地掌握毛泽东思想的科学体系，把马列主义、毛泽东思想的普遍原理同社会主义现代化建设的具体实践结合起来，并在新的历史条件下加以发展。会议还指出要在适当的时候，对"文化大革命"的经验教训加以总结。

（五）作风方面。十一届三中全会在总结党的历史经验教训的基础上，决定健全党的民主集中制，健全党规党法，严肃党纪。公报提出，全国报刊宣传和文艺作品要多歌颂工农兵群众，多歌颂党和老一辈革命家，少宣传个人。还强调：一定要保障党员在党内对上级领导直至中央常委提出批评性意见的权利，一切不符合党的民主集中制和集体领导原则的做法应该坚决纠正。公报中还特意强调要遵守党规党法：全体党员和党的干部，人人遵守党的纪律，是恢复党和国家正常政治生活的起码要求。党的各级领导干部必须带头严守党纪。对于违犯党纪的，不管是什么人，都要执行纪律，做到功过分明，赏罚分明，伸张正气，打击邪气。为此，全会选举产生了以陈云同志为首的由 100 人组成的中央纪律检查委员会。公报中还要求要继续坚持实事求是，坚持群众路线，既勇于创造新的经验，又保持谦虚谨慎的态度，充分调查研究，实行精心指导。

此外，公报还对十一届三中全会作出了评价，指出：这次会议和会议以前的中央工作会议，在党的历史上具有重大的意义。在两个会议的整个过程中，大家在马列主义、毛泽东思想的基础上，解放思想，畅所欲言，充分恢复和发扬了党内民主和党的实事求是、群众路线、批评和自我批评的优良作风，增强了团结。会议真正实现了毛泽东同志所提倡的"又有集中又有民主，又有纪律又有自由，又有统一意志、又有个人心情舒畅、生动活泼，那样一种政治局面"。

三、历史的巨响:十一届三中全会的伟大意义

1978 年 12 月 22 日,短短 5 天的十一届三中全会闭幕了,但它的影响才刚刚开启。

在我们党的历史上,提起十一届三中全会,人们往往会把它与遵义会议相比较。的确,这两次会议都是党在生死存亡关头或极其危难的时刻召开的,都实现了党的革命进程的伟大转折,都影响了党后来的发展方向。那么,十一届三中全会具体在哪些方面具有了转折意义呢?

(一)十一届三中全会的最伟大转折就是它实现了全党工作中心的转移,即果断停止“以阶级斗争为纲”,把全党的工作中心转移到社会主义现代化建设上来。

中国共产党的根本宗旨是全心全意为人民服务。自中国共产党成立以来,民族独立、国家富强、人民幸福,就一直是党的奋斗目标。新中国成立后,进行社会主义经济建设是题中应有之义,为此我们党带领全国各族人民进行了积极探索,取得了一系列建设成就,为此后的发展奠定了坚实基础。就如《中国共产党第十一届中央委员会第三次全体会议公报》中所说,“毛泽东同志早在建国初期,特别在社会主义改造基本完成以后,就再三指示全党,要把工作中心转到经济方面和技术革命方面来。毛泽东同志和周恩来同志领导我们党在进行社会主义现代化建设事业方面,做了大量工作,取得了重大的成就”。但社会主义建设毕竟是新生事物,在探索中,我们也发生了不少失误和偏差,走过了不少曲折道路,诸如“大跃进”、人民公社化运动等,对我国社会主义现代化建设造成了巨大破坏。

特别是“文化大革命”的发生,导致党的八大制定的正确的方针路

线偏离了轨道，逐步走上“以阶级斗争为纲”的歧路上来。“四人帮”被粉碎后，我们党为恢复和发展国民经济做了不少工作，但并没能从根本上改变经济社会发展的总方针和工作中心，致使社会主义现代化建设徘徊不前。十一届三中全会果断地停止使用“以阶级斗争为纲”的口号，作出了“把全党工作的着重点和全国人民的注意力转移到社会主义现代化建设上来”的战略决策。从根本上扭转了中国经济社会发展的航道，实现了我国社会主义现代化建设的历史性转变。在重新确定把工作中心转移到现代化建设上来的同时，十一届三中全会对如何建设社会主义也富有远见地提出了党和国家在各个方面进行改革的任务。全会公报强调：“实现四个现代化，要求大幅度地提高生产力，也就必然要求多方面地改变同生产力发展不适应的生产关系和上层建筑，改变一切不适应的管理方式、活动方式和思想方式，因而是一场广泛、深刻的革命。”必须“对经济管理体制和经营管理方法着手认真的改革，在自力更生的基础上积极发展同世界各国平等互利的经济合作，努力采用世界先进技术和先进设备，并大力加强实现现代化所必需的科学和教育工作”。这揭开了我们党全面改革开放战略方针的序幕，从此，我国的社会主义现代化建设跨进一个新的时代。

以经济建设为中心，是我们的根本任务，也是改革开放以来我们党带领全国人民不断从胜利走向胜利的重要原因。邓小平总结历史经验指出：“近三十年来，经过几次波折，始终没有把我们的工作着重点转到社会主义建设这方面来，所以，社会主义优越性发挥得太少，社会生产力的发展不快、不稳、不协调，人民的生活没有得到多大的改善。十年的文化大革命，更使我们吃了很大的苦头，造成很大的灾难。现在要横下心来，除了爆发大规模战争外，就要始终如一地、贯彻始终地搞这件事，一切围绕着这件事，不受任何干扰。就是爆发大规模战争，打仗以后也要继续干，或者重新干。我们全党全民要把这个雄心壮志牢固地树立起来，扭着不放，‘顽固’一点，毫不动摇。”他还强调说：“离开了经济建设这个中心，就有丧失物质基础的危险。其他一切任务都要服从这个中心，围绕这个中心，决不能干扰它，冲击它。”①其后，虽几经周折，包括发生1989年国内严重政治风波，我们党以经济建设为中心的工作重点都没有改变。实践证明，“这条路线是对的”，按照这条路线走下来“全国面貌大不相同了”②，我们取得了举世瞩目的发展成就。

（二）十一届三中全会的伟大转折意义，还在于它恢复并发展了我们党实事求是的思想路线。

解放思想、实事求是，是中国共产党革命、建设成功经验的总结，也是毛泽东思想的精髓和活的灵魂。正如邓小平在中央工作会议上的报告中所说：“实事求是，是无产阶级世界观的基础，是马克思主义的思想基础。过去我们搞革命所取得的一切胜利，是靠实事求是；现在我们要实现四个现代化，同样要靠实事求是。不但中央、省委、地委、县委、公社党委，就是一个工厂、一个机关、一个学校、一个商店、一个生产队，也都要实事求是，都要解放思想，开动脑筋想问题、办事情。”③从中国革命的发展历程来看，什么时候我们党能够坚持解放思想、实事求是的思想路线，我们党的革命进程就比较顺利；反之，什么时候我们犯了教条主义或经验主义的错误，我们的革命事业都要遭受挫折。毛泽东在革命洪流中逐渐成长为我们党的领袖，一个主要原因在于他坚持实事求是，善于把马列主义同中国革命实践相结合。对于实事求是，毛泽东

① 《邓小平文选》第2卷，人民出版社1994年版，第249、250页。
② 《邓小平文选》第3卷，人民出版社1993年版，第11页。
③ 《邓小平文选》第2卷，人民出版社1994年版，第143页。

在《改造我们的学习》中作了科学的解释:"'实事'就是客观存在着的一切事物,'是'就是客观事物的内部联系,即规律性,'求'就是我们去研究。"实事求是就是一切从实际出发,通过调查研究,求得对事物规律性的认识。正是以毛泽东同志为主要代表的中国共产党人,坚持实事求是的思想路线,才创造性地开辟了一条以农村包围城市、武装夺取政权的独特道路,取得了新民主主义革命的伟大胜利。新中国成立后,在以毛泽东同志为核心的党的第一代中央领导集体的带领下,我们党对社会主义建设事业进行积极探索,成功地进行了社会主义改造,建立了社会主义基本制度,为后来的一切发展进步奠定了基础。但历史总是在曲折中前进,正是由于毛泽东晚年离开了他自己倡导的实事求是思想路线,终因急于求成和阶级斗争扩大化等"左"的错误,使我国的社会主义建设道路走了一段很大的弯路。

有鉴于此,在十一届三中全会前后,以邓小平为首的老一辈革命家,以巨大的政治魄力和理论勇气,领导和支持了实践是检验真理的唯一标准的大讨论,对以"两个凡是"为代表的错误思想观点进行严肃批判,并经过十一届三中全会,实现了思想路线的伟大转折,重新恢复和发展了毛泽东倡导的实事求是的思想路线。对于实事求是的思想路线,邓小平说:"不解放思想,不实事求是,不从实际出发,理论与实践不相结合,不可能有现在的一套方针、政策,不可能把人民的积极性统统调动起来,也就不可能搞好现代化建设,显示出社会主义制度的优越性。"①

思想是行动的先导。正是以邓小平同志为核心的党的第二代中央领导集体,对我们党实事求是思想路线的坚持和发展,才开创了中国特

① 《邓小平文选》第2卷,人民出版社1994年版,第191页。

色社会主义道路。改革开放以来,我们党坚持以科学态度对待马克思主义,坚持真理、修正错误,推进理论创新,用中国化的马克思主义指导新的实践;坚持顺应时代潮流,全面推进改革开放,解放和发展社会生产力,推动我国社会主义制度自我完善和发展。党的思想路线的恢复和发展,为推进中国特色社会主义事业注入强大动力,也为加强和改进党的建设提供了思想保证。

(三)十一届三中全会的伟大转折意义,还在于它实现了组织路线的拨乱反正,平反一大批冤假错案,形成以邓小平同志为核心的党的第二代中央领导集体,为党和国家不断深化改革、扩大开放提供了政治和组织保障。

组织路线是实现思想路线和政治路线的保证,事关我们党的事业的兴衰成败。毛泽东认为,“政治路线确定之后,干部就是决定的因素”,“指导伟大的革命,要有伟大的党,要有许多最好的干部”。① 邓小平也说:“政治路线确立了,要由人来具体地贯彻执行。由什么样的人来执行,是由赞成党的政治路线的人,还是由不赞成的人,或者是由持中间态度的人来执行,结果不一样。”②

“文化大革命”期间召开的党的九大、十大,由于错误的政治路线和思想路线的指导,制造了组织路线的偏差,党的正确的干部路线被肆意践踏,干部任用混乱,特别是林彪、“四人帮”任人唯亲,以派性为标准,大搞“突击入党”“突击提干”,将一些投机分子拉入党内,造成党组织的严重不纯;党的民主集中制原则遭到严重破坏。这种局面持续到党的十一大也没能恢复到正确的组织路线上来。

如前所述,十一届三中全会对“文化大革命”中的一些重大政治事

① 《毛泽东选集》第1卷,人民出版社1991年版,第277页。
② 《邓小平文选》第2卷,人民出版社1994年版,第191页。

件和历史遗留问题进行了认真讨论，强调要平反冤假错案，加强民主和法制建设。一大批老一辈革命家重新回到党的领导岗位。

十一届三中全会增选陈云为中央委员会副主席；增选邓颖超、胡耀邦、王震为中央政治局委员；增补黄克诚、宋任穷、胡乔木、习仲勋、王任重、陈再道、韩光、周惠为中央委员；选举陈云为中央纪律检查委员会第一书记，邓颖超为第二书记，胡耀邦为第三书记，黄克诚为常务书记，王鹤寿等为副书记。在全会结束后三天举行的中共中央政治局会议上，确立胡耀邦为中共中央秘书长兼宣传部长（负责处理中央日常工作）。胡乔木、姚依林任副秘书长，宋任穷任中央组织部部长，并且免去汪东兴的中共中央办公厅主任等职务。

中国共产党第十一届三中全会决定成立中共中央纪律检查委员会，选举陈云为第一书记，邓颖超为第二书记，胡耀邦为第三书记，黄克诚为常务书记，王鹤寿等为副书记。华国锋虽然仍担任党中央主席，但就党的指导思想和实际工作来说，邓小平事实上已经成为党的领导核心。1989 年 6 月，邓小平在同几位中央负责同志的谈话中说："党的十一届三中全会建立了一个新的领导集体，这就是第二代的领导集体。在这个集体中，实际上可以说我处在一个关键地位。"①1989 年 11 月，他在和来访的朝鲜劳动党中央委员会总书记、国家主席金日成举行会谈时又说："从我们党的十一届三中全会以后，开始产生了第二代领导集体，包括我在内，还有陈云同志、李先念同志，还有叶帅。这也是一个有力量的领导集体。在第二代领导集体的领导下，我们党和国家做了很多事情。"②以邓小平同志为核心的党的第二代中央领导集体的形

① 《邓小平文选》第 3 卷，人民出版社 1993 年版，第 309 页。

② 中共中央文献研究室编：《邓小平年谱》第 5 卷，中央文献出版社 2020 年版，第 593 页。

成,在政治和组织上为我国的社会主义建设进入改革开放的新时期提供了坚强保证。

十一届三中全会开启了党的组织路线的调整。十一届三中全会后,为了保证政治路线的贯彻落实,邓小平和陈云等党和国家领导人花费更多精力对组织路线问题进行了比较集中的思考和部署。几经努力,到十一届五中全会,我们党在组织路线方面作出了一系列非常重要的决策,从而基本完成了党的组织路线的拨乱反正。包括:调整并加强了党中央领导集体,选举胡耀邦等为中央政治局常委,恢复了过去行之有效的中央书记处制度,并选举11人为中央书记处书记;加强了党规党纪的约束力,通过了《关于党内政治生活的若干准则》,规定了集体领导和发扬党内民主、选举等党内关系的原则;通过了《关于为刘少奇同志平反的决议》,从组织上平反了共和国历史上最大的冤案。1981年十一届六中全会,党的最高领导人又作出了重大调整,华国锋辞去党中央主席职务,改选胡耀邦为中央主席,新的组织路线在中央领导层基本实现。到了1982年党的十二大,一大批德才兼备、比较年轻的同志参加了中央委员会工作,成为我国改革开放和社会主义现代化建设的中坚力量。

对于十一届三中全会的伟大转折意义,1981年6月党的十一届六中全会通过的《中国共产党中央委员会关于建国以来党的若干历史问题的决议》,作了高度评价:

> 1978年12月召开的十一届三中全会,是建国以来我党历史上具有深远意义的伟大转折。全会结束了1976年10月以来党的工作在徘徊中前进的局面,开始全面地认真地纠正"文化大革命"中及其以前的"左"倾错误。这次全会坚决批判了"两个凡是"的

错误方针,充分肯定了必须完整地、准确地掌握毛泽东思想的科学体系;高度评价了关于真理标准问题的讨论,确定了解放思想、开动脑筋、实事求是、团结一致向前看的指导方针;果断地停止使用"以阶级斗争为纲"这个不适用于社会主义社会的口号,作出了把工作重点转移到社会主义现代化建设上来的战略决策;提出了要注意解决好国民经济重大比例严重失调的要求,制订了关于加快农业发展的决定;着重提出了健全社会主义民主和加强社会主义法制的任务;审查和解决了党的历史上一批重大冤假错案和一些重要领导人的功过是非问题。全会还增选了中央领导机构的成员。这些在领导工作中具有重大意义的转变,标志着党重新确立了马克思主义的思想路线、政治路线和组织路线。从此,党掌握了拨乱反正的主动权,有步骤地解决了建国以来的许多历史遗留问题和实际生活中出现的新问题,进行了繁重的建设和改革工作,使我们的国家在经济上和政治上都出现了很好的形势。

对于十一届三中全会,我们党的历届中央领导集体也都给予了高度评价。作为改革开放总设计师的邓小平,在十一届三中全会上成为万众瞩目的主角,他之前在中央工作会议上的报告,事实上宣告了我国改革开放政策的开启。十一届三中全会后,逐渐形成以邓小平同志为核心的党的第二代中央领导集体,并在改革开放实践的基础上,开创了中国特色社会主义道路和邓小平理论。对于十一届三中全会,邓小平多次评述,据不完全统计,仅在《邓小平文选》第二、三卷中,邓小平就曾上百次、多角度地提起十一届三中全会,并给予了很高评价。对于十一届三中全会的伟大转折意义,邓小平也多次作过深刻论述。1979 年 3 月,邓小平就针对十一届三中全会闭幕后三个多月政治经济形势的发展指出:“虽然过去我们已经进行了多年的社会主义建设,但是我们仍然有足够的理由说,这是一个新的历史发展阶段的开端。”①邓小平还认为,十一届三中全会在我们党的发展史上具有重要的“界限”和“标志”意义,他评述新中国成立之后的发展历程时说:“中国走的道路很曲折,有顺利发展的时期,也有遭受挫折的时期”,“界限的划分是我们党的十一届三中全会”。② 他还说,“中国现在发生的变化主要是从一九七八年底开始的”,“以十一届三中全会为标志,才真正发生变化”。③ 此外,邓小平还就十一届三中全会对我们党政治路线、思想路线、组织路线及其他一系列新的方针政策的制定和确立的伟大作用,反复提及。比如他说:“从一九七八年我们党的十一届三中全会开始,确定了我们的根本政治路线,把四个现代化建设,努力发展社会生产力,作为压倒一切的中心任务。”④“十一届三中全会以来,全党把工作重点转移到社会主义现代化建设上来,在坚持四项基本原则的基础上,集中力量发展社会生产力。这是最根本的拨乱反正。”⑤比如他说:“经过差不多一年的讨论,到一九七八年底我们召开了十一届三中全会,批评了‘两个凡是’,提出了‘解放思想,开动脑筋’的口号,提倡理论联系实际,一切从实际出发,肯定了实践是检验真理的唯一标准,重新确立了实事求是的思想路线。”⑥比如他说:“三中全会以后,党中央考虑,不进一步解决党的组织路线问题,政治路线、思想路线就得不到可靠的保证。这次会议的一个主要任务就是解决这个问题。”⑦比如他说:“一九

① 《邓小平文选》第2卷,人民出版社1994年版,第159页。
② 《邓小平文选》第3卷,人民出版社1993年版,第157页。
③ 《邓小平文选》第3卷,人民出版社1993年版,第81页。
④ 《邓小平文选》第3卷,人民出版社1993年版,第237页。
⑤ 《邓小平文选》第3卷,人民出版社1993年版,第141页。
⑥ 《邓小平文选》第3卷,人民出版社1993年版,第10页。
⑦ 《邓小平文选》第2卷,人民出版社1994年版,第275页。

七八年底我们党的十一届三中全会，非常严肃和认真地总结了建国后的近三十年的经验。在这个基础上，我们提出了现在的一系列政策，主要是改革和开放，对内开放和对外开放。”①

1998 年 12 月，江泽民在《在纪念党的十一届三中全会召开二十周年大会上的讲话》中，在评价十一届三中全会的伟大转折意义时指出，1978 年 12 月召开的十一届三中全会，是在中国百业待举，党和国家的工作在前进中出现徘徊局面的“重大历史关头”召开的一次很不寻常的会议。他说：“十一届三中全会，是建国以来我党历史上具有深远意义的伟大转折。党在思想、政治、组织等领域的全面拨乱反正，是从这次全会开始的。伟大的社会主义改革开放，是由这次全会揭开序幕的。建设有中国特色社会主义的新道路，是以这次全会为起点开辟的。当代中国的马克思主义——邓小平理论，是在这次全会前后开始逐步形成和发展起来的。十一届三中全会是一个光辉的标志，它表明中国从此进入了社会主义事业发展的新时期。”“十一届三中全会的伟大意义和深远影响，已经和正在随着实践的发展越来越充分地显示出来，并将贯穿于建设有中国特色社会主义事业的全部进程。”“实践证明，十一届三中全会以来党确立的基本理论、基本路线、基本纲领和一系列方针政策是完全正确的。”

2009 年 8 月，胡锦涛在《在纪念党的十一届三中全会召开三十周年大会上的讲话》中也指出，十一届三中全会“实现了新中国成立以来我们党历史上具有深远意义的伟大转折，开启了我国改革开放历史新时期。从此，党领导全国各族人民在新的历史条件下开始了新的伟大革命”。他说：“党的十一届三中全会标志着我们党重新确立了马克

① 《邓小平文选》第 3 卷，人民出版社 1993 年版，第 228 页。

思主义的思想路线、政治路线、组织路线，标志着中国共产党人在新的时代条件下的伟大觉醒，显示了我们党顺应时代潮流和人民愿望、勇敢开辟建设社会主义新路的坚强决心。在十一届三中全会春风吹拂下，神州大地万物复苏、生机勃发，拨乱反正全面展开，解决历史遗留问题有步骤地进行，社会主义民主法制建设走上正轨，党和国家领导制度和领导体制得到健全，国家各项事业蓬勃发展。我们伟大的祖国迎来了思想的解放、经济的发展、政治的昌明、教育的勃兴、文艺的繁荣、科学的春天。党和国家又充满希望、充满活力地踏上了实现社会主义现代化的伟大征程。”“党的十一届三中全会以来三十年的伟大历程和伟大成就深刻昭示我们：改革开放是决定当代中国命运的关键抉择，是发展中国特色社会主义、实现中华民族伟大复兴的必由之路；只有社会主义才能救中国，只有改革开放才能发展中国、发展社会主义、发展马克思主义；改革开放符合党心民心、顺应时代潮流，方向和道路是完全正确的，成效和功绩不容否定，停顿和倒退没有出路。”

中国特色社会主义进入新时代，以习近平同志为核心的党中央，继续高举改革开放的大旗，以中国式现代化全面推进强国建设、民族复兴伟业。对于十一届三中全会，习近平总书记也多次谈起它的历史转折意义，强调党的十一届三中全会是划时代的，开启了改革开放和社会主义现代化建设历史新时期。2018 年 12 月 18 日，他在庆祝改革开放 40 周年大会上的讲话中指出：党的十一届三中全会是在党和国家面临何去何从的重大历史关头召开的。“全会冲破长期‘左’的错误的严重束缚，批评‘两个凡是’的错误方针，充分肯定必须完整、准确地掌握毛泽东思想的科学体系，高度评价关于真理标准问题的讨论，果断结束‘以阶级斗争为纲’，重新确立马克思主义的思想路线、政治路线、组织路线。从此，我国改革开放拉开了大幕。”①不仅如此，习近平总书记还充分肯定了由十一届三中全会开启的“三中全会”对推动改革的标识性作用。他指出：“改革开放以来历次三中全会都研究讨论深化改革问题，都是在释放一个重要信号，就是我们党将坚定不移高举改革开放的旗帜，坚定不移坚持党的十一届三中全会以来的理论和路线方针政策。说到底，就是要回答在新的历史条件下举什么旗、走什么路的问题。”②

从十一届三中全会作出把党和国家工作中心转移到经济建设上来、实行改革开放的历史性决策以来，已经40多年。中国人民的面貌、社会主义中国的面貌、中国共产党的面貌能发生如此深刻的变化，我国能在国际社会赢得举足轻重的地位，靠的就是坚持不懈推进改革开放。正是十一届三中全会开启了改革开放的伟大历史实践，才有了我们当今中国的发展进步。40多年来，我们解放思想、实事求是，大胆地试、勇敢地改，干出了一片新天地，使改革开放成为当代中国最显著的特征、最壮丽的气象。40多年的改革开放，极大改变了中国的面貌、中华民族的面貌、中国人民的面貌、中国共产党的面貌。中华民族以崭新姿态屹立于世界的东方！

岁月匆匆，今天，我们重新回味十一届三中全会，抛开它具体的历史转折作用外，更多地感受到的是它的开创之功。以十一届三中全会为起点，成功开启了中国特色社会主义道路的探索和发展，开创了中国特色社会主义理论。十一届三中全会，还彰显了改革的理念。十一届三中全会掀开了我国改革开放的序幕，自此以后，改革开放的理念深入

---

① 习近平：《在庆祝改革开放40周年大会上的讲话》，人民出版社2018年版，第3页。

② 《中国共产党第十八届中央委员会第三次全体会议文件汇编》，人民出版社2013年版，第87页。

人心。对于这一点,2012 年 12 月习近平总书记在十八届中央政治局第二次集体学习时明确指出:“改革开放是决定当代中国命运的关键一招,也是决定实现‘两个一百年’奋斗目标、实现中华民族伟大复兴的关键一招。”改革开放只有进行时,没有完成时。当前,我国正在进一步全面深化改革,以中国式现代化全面推进强国建设、民族复兴。改革道路上仍然面临着很多复杂的矛盾和问题,我们已经啃下了不少硬骨头但还有许多硬骨头要啃,我们攻克了不少难关但还有许多难关要攻克。为此,我们更需要发扬十一届三中全会树立的开拓创新精神和改革精神,这样,中国特色社会主义道路才能越走越宽广,中华民族伟大复兴才能成为现实。

第二章　十二届三中全会:改革从农村走向城市

十一届三中全会后,我国经济体制改革主要在农村发力,在城市也进行了围绕扩大地方和企业自主权的探索性改革。随着经济的发展,社会主义现代化建设全面展开;随着改革的深化,如何由农村改革和企业局部试点拓展为全面改革,成了全中国面临的历史性课题。理论界同时也在进行着经济理论的探索,在实践和理论探索的基础上,计划与市场的定位有了新的突破,多重因素下,党的十二届三中全会通过了马克思主义政治经济学在中国的新发展——《中共中央关于经济体制改革的决定》,以价格改革为突破口的经济体制改革在中国大力推进。

一、实践先行:改革全面铺开成为必然

十一届三中全会后,我们党和国家出现了历史性转折,开始进入改革开放和现代化建设的新时期。

"小岗"激情点燃农村大地

从1978年12月到1984年10月,中国的改革进入了开启阶段。此时,改革的主战场在农村。在贫困的安徽省凤阳县,小岗村21位村民以

“托孤”的方式用红手印签下了“生死契约”——“我们分田到户,每户户主签字盖章,如以后能干,每户保证完成每户的全年上交和公粮,不在(再)向国家伸手要钱要粮,如不成,我们干部作(坐)牢杀头也干(甘)心,大家社员也保证把我们的小孩养活到十八岁”,率先实行包干到户。1978年以前,小岗村是凤阳县有名的“吃粮靠返销、用钱靠救济、生产靠贷款”的“三靠村”,每年秋收后几乎家家外出讨饭。而大包干后的这一年,小岗生产队获得大丰收,粮食总产6万多公斤,相当于1955年至1970年15年的粮食产量总和,实现了自1956年合作化以后第一次向国家交了12488公斤公粮;小岗每间土坯屋里都堆满了粮食,人们兴奋地在粮食堆上打滚。“大包干”在此启幕,从此开始,整个农村掀起了一股强大的关于农村体制改革的浪潮。以“双包”(包产到户、包干到户)为主要形式的家庭联产承包责任制在农村广泛实行。小岗村敢为天下先的精神成为改革创新的历史丰碑,激发着农村发展新的创造力。

农村发展的激情引起了中央的高度重视,1980年5月,邓小平在同中央负责人谈话时,高度评价了安徽农村实行的包产到户、包干到户,他说:“安徽肥西县绝大多数生产队搞了包产到户,增产幅度很大。‘凤阳花鼓’中唱的那个凤阳县,绝大多数生产队搞了大包干,也是一年翻身,改变面貌。有的同志担心,这样搞会不会影响集体经济。我看这种担心是不必要的。我们总的方向是发展集体经济。实行包产到户的地方,经济的主体现在也还是生产队。这些地方将来会怎么样呢?可以肯定,只要生产发展了,农村的社会分工和商品经济发展了,低水平的集体化就会发展到高水平的集体化,集体经济不巩固的也会巩固起来。关键是发展生产力,要在这方面为集体化的进一步发展创造条件。”①根

① 《邓小平文选》第2卷,人民出版社1994年版,第315页。

据邓小平谈话的精神,1980年9月14日至22日,中央召开了省、市、自治区党委第一书记座谈会,讨论加强和完善农业生产责任制问题。5天后的9月27日,中共中央转发了《关于进一步加强和完善农业生产责任制的几个问题》的会议纪要,也就是1980年中央75号文件,指出:"当前,在一部分省区,在干部和群众中,对于可否实行包产到户(包括包干到户)的问题,引起了广泛的争论。为了有利于工作,有利于生产,从政策上做出相应的规定是必要的。"①这个文件首次认可了包产到户和包干到户,"不会脱离社会主义轨道,没有复辟资本主义的危险"②,"双包"(包产到户、包干到户)成为大势所趋,在各地得到了快速发展。

1981年春夏之交,中央派出17个联合调查组分赴15个省调查包产到户。来自安徽的调查组报告说,包产到户是"农村的曙光,中国的希望"。这一年全国有161万个生产队包产到户,占生产队总数的32%。一年后的冬天,杜润生等人根据中央精神起草了一锤定音的"一号文件"(《全国农村工作会议纪要》),正式肯定了农村土地的家庭联产承包经营制度,结束了对包产到户的争论。《全国农村工作会议纪要》是第一个关于农村发展的一号文件,对迅速推开的农村改革进行了总结,突破了传统的"三级所有、队为基础"的体制框框,明确指出包产到户、包干到户或大包干"都是社会主义生产责任制"。这个文件不但肯定了"双包"(包产到户、包干到户)制,而且指明它"不同于合作化以前的小私有的个体经济,而是社会主义农业经济的组成部分"③。党

① 中共中央文献研究室编:《三中全会以来重要文献选编》(上),中央文献出版社2011年版,第474页。

② 中共中央文献研究室编:《三中全会以来重要文献选编》(上),中央文献出版社2011年版,第474页。

③ 中共中央文献研究室编:《三中全会以来重要文献选编》(下),中央文献出版社2011年版,第365页。

中央以文件形式第一次正式肯定家庭联产承包责任制,结束了关于包产到户问题长达近三十年的大争论。1982 年 3 月,中央决定撤销农委,成立中央农村政策研究室。研究室成立后,就开始下一个一号文件的酝酿和起草工作。1983 年 1 月中共中央印发《关于当前农村经济政策的若干问题》(即第二个中央一号文件)的通知中指出家庭承包经营制度"是马克思主义农业合作化理论在我国实践中的新发展",终于使包产到户、包干到户名正言顺,走出了包产到户、包干到户是"单干、走资本主义道路"的理论误区。对此,万里曾深有感慨地说:"中国农村改革,没有邓小平的支持是搞不成的,1980 年春夏之交的斗争,没有邓小平的那一番谈话,安徽燃起的包产到户之火,还可能会被扑灭。光我们给包产到户上了户口管什么用,没有邓小平的支持,上了户口还很有可能会被'注销'的。"①之后,连续三年的中央"一号文件"都是关于农村政策的。这五个"一号文件",在中国农村改革史上成为专用名词——"五个一号文件"。

一时间,农村大地上桎梏了多年的热情被引燃了,皖北、皖东、四川、豫东、鲁西北等地到处洋溢着生产的气息,"文革"时期压抑已久的生产力被释放,农民的生产积极性提高,粮食产量也明显提高,一举解决了中国人的吃饭问题。

随着农村经济体制改革逐步开展,农村经济出现了新中国成立以后少有的好形势,农村多种产业结束长期徘徊的局面,取得较大发展,乡镇企业蓬勃兴起,农村经济结构发生很大变化。有关资料表明,从 1979 年到 1984 年的 6 年间,农业年平均增长速度达到 9.4%,在世界经济发展史上也是少有的。由于农业全面增产,农副产品大幅度增长,

① 张广友:《改革风云中的万里》,人民出版社 1995 年版,第 251 页。

市场供求状况得到改善。农民收入大幅度增加,全国消费状况改善明显。1978 年全国农村储蓄 55.7 亿元,到 1984 年,已达到 438.1 亿元,增长了近七倍。这表明从中国的实际出发,首先在农村实行搞活经济和开放政策是非常正确的,不仅解决了农村问题,调动了全国 80%的人口的积极性,更为下一步进行城市改革提供了基础和经验。

在城市扩大企业自主权试点的破冰之举

十一届三中全会确定了改革经济管理体制的方针以后,为了探索改革的道路,一批立志改革的实践家,已经积极行动起来,扩大企业自主权的试点,正在许多省市相继进行。

在深圳蛇口工业区,"四分钱奖金"引起了一场风波。1979 年,工业区一家码头施工企业规定,每个工人完成当天定额后,每超额一车可得 4 分钱奖励。然而 1980 年 4 月,这一奖励制度被上级部门以"不许滥发奖金"勒令停止,当时蛇口工业区的创建者袁庚拍案而起,4 分钱的"官司"一直打到了中南海。由此,引出了"时间就是金钱,效率就是生命"的口号,诠释了国人触摸市场经济后最直接的感受。

"四分钱奖金"风波只是改革初期企业处境的一个简单影像。当时的企业不仅在生产经营上没有自主权,就连建个厕所都要经过几次大讨论。计划统一下达,资金统贷统还,物资统一调配,产品统收统销,就业统包统揽,盈亏都由国家负责,这就是当时国营企业的经营状况。

早在 1978 年,四川省就开始了扩大企业自主权试点改革的破冰之举。1980 年,实行扩大企业自主权改革的已达到 300 多家,其成功经验更是被编纂成《四川扩大企业自主权试点经验》进行推广和介绍。1979 年 5 月 25 日,国家经委等 6 个单位联合发文,确定首都钢铁公司等 8 家大型国企进行扩大企业自主权试点改革。两个月后,国务院印发了《关于扩大国营工业企业经营管理自主权的若干规定》等 5 个文件，以放权让利为重点的国有企业改革在全国拉开序幕。各地和各部门也选择少数企业进行试点，促进试点面迅速扩大。到年底，试点企业扩大到 4200 多个。1980 年 7 月，又发展到 6600 多个，约占全国预算内工业企业总数的 16%，其产值和利润分别占到预算内企业总产值和总利润的 60% 和 70%，自此以后，“放权让利”的改革逐步向纵深发展。1980 年 9 月，国务院批转了国家经委《关于扩大自主权试点工作情况和今后意见的报告》，1981 年 5 月，国家计委等 10 部门联合印发了《贯彻落实国务院有关扩权文件实施办法》，1984 年 5 月，国务院发布了《关于进一步扩大企业自主权的暂行规定》，就这样，企业扩大自主权即向企业“放权让利”的改革一步一步规范化、系统化。“放权让利”的改革模式也逐步成熟，逐渐成形，推动我国国有企业改革向前迈进了一大步。企业自主权的扩大和利润留成制度的建立，普遍激发了企业完成计划和增产增收的积极性，自我发展和盈利意识有所增强。

放权让利涉及企业经营管理上实行计划调节与市场调节相结合的原则，依靠企业自己的力量扩大再生产、企业扩大自主权与完全的经济核算、企业的民主管理等等。以首钢为例，1981 年首钢实行“利润包干”，即在保证完成当年 2.7 亿元利润上缴的前提下，超额的利润由首钢按一定比例自主分配使用。当年，首钢的利润达到了 3.16 亿元，极大地提高了企业干部职工的积极性。

1984 年 3 月 24 日，福建省 55 名国有骨干企业的厂长经理向当时任省委第一书记的项南写了一封《请给我们“松绑”》的信。《福建日报》全文发表这封信，信上提出“现行体制条条框框捆住了我们的手脚，企业处于只有压力，没有动力，也没有活力的境遇……放权不能只限于上层地区部门之间的权力转移，更重要的是把权力落实到基层企业”。6天后，《人民日报》转发了这封信，发出了给企业“松松绑”，把权力落实到基层企业的呼吁，引起了当时媒体的热议，也引起了中央高层和社会各界的强烈反映。回应这一呼吁，1984年5月10日，国务院发布了《关于进一步扩大国营工业企业自主权的暂行规定》，明确了企业拥有更大的生产经营自主权。

据当时媒体报道，继福建省委、省政府给厂长、经理“松绑”之后，江西、黑龙江、河北、贵州、吉林、云南、内蒙古、宁夏、江苏、河南、天津等省、市、自治区，也积极采取措施，放权、“松绑”，一时间，城市经济改革出现了好势头。

开放步伐不断加快

1979年1月，广东省委根据自身特点，提出要在广东创办特区的设想。4月，中央工作会议期间，习仲勋等人向中央提出，希望能下放一定的权力，兴办出口加工区。这个提议得到邓小平的积极支持。之后，中央派谷牧带领国务院有关部委同志组成的工作组，到广东、福建作了实地考察。经过上下反复调查研究，1979年7月，中共中央、国务院正式下发文件，批准广东、福建省委的报告，决定在深圳、珠海、汕头、厦门创办出口特区。1980年3月，中央决定将“出口特区”定名为“经济特区”，并决定对经济特区实行特殊的经济政策和经营管理体制，实行以社会主义公有制为主导的多元化经济结构和市场调节，在建设上以吸引外资、侨资为主，对外商投资给予较大优惠和方便，特区拥有较大的经济管理权限和灵活的机制。1980年8月，五届全国人大常委会第十五次会议作出决定，批准国务院提出的在广东的深圳、珠海、汕头和福建的厦门设置经济特区，并批准了《广东省经济特区条例》。邓小平曾把特区的作用概括为四个窗口：“特区是窗口，是技术的窗口,管理的窗口,知识的窗口,也是对外政策的窗口。”在中国创办经济特区,举步维艰。从起步到建设,一直存在激烈争论,坚决反对的人、坚持不同意见的人不少,主要是担心搞资本主义,认为除了飘扬的红旗是红色的外,其他一切都是资本主义,是白色的。但邓小平十分坚定,亲自视察,明确表示支持广东、福建先走一步,为我国发展经济“杀出一条血路”。在特区创立与发展的过程中,邓小平一直给予极大关注与支持。1984 年春节期间,他亲自视察深圳、珠海、厦门 3 个经济特区,在深圳留下了“深圳的发展和经验证明,我们建立经济特区的政策是对的”的题词,并发表关于特区和增加开放城市的讲话,吹响了加快改革开放的号角。2 月 24 日,邓小平同中央负责同志谈话,提出可以考虑再开放几个港口城市,实行特区的某些政策。5 月 4 日,中共中央批转沿海部分城市座谈会会议纪要,决定进一步开放 14 个沿海港口城市。这一举措,用事实为特区是是非非的争论画上了休止符。改革由点到面逐渐铺开,改革的程度也不断深化。与此同时,开放的步伐也大大加快。对外贸易体制的改革扩大了地方和部门的外贸权,增加了出口,加大了引进外资和国外先进技术与设备的力度。

二、思想大解放:经济理论上的突破

十一届三中全会后,随着国家着手调整国民经济政策的不断实施,新的情况不断出现,计划体制下的僵化思想也成为推进改革的阻碍。因此,在思想上打破束缚,从而推动经济体制改革步伐的要求日益凸显。

“计划”与“市场”关系认识的突破

从十一届三中全会到 1984 年 5 月举行的六届全国人大二次会议,

我们党和国家的重要文献中,都是把"计划经济为主、市场调节为辅"作为一个基本方针和重要原则加以贯彻的,并逐渐形成规范的提法。这一时期,理论界有一些人已经认识到,社会主义经济既是计划经济,也是商品经济,或者说是有计划的商品经济,应该把计划和市场、计划调节和市场调节结合起来。这种认识在 1980 年 9 月召开的五届全国人大三次会议上就已有反映。当时,国务院副总理兼国家计委主任姚依林和财政部长王丙乾在工作报告中,都把"计划调节与市场调节相结合"作为我国经济体制改革的原则提了出来。姚依林还进一步提出,要"实行国家计划指导下的市场调节"。上述认识虽然在这一阶段还未成为主导认识,但却反映了我们党和理论界对于计划和市场问题认识上的新进展。

20 世纪 80 年代初期,学术界就提出了以"社会主义是有计划的商品经济"作为改革的理论依据。1980 年,老一代经济学家薛暮桥在《关于经济体制改革的初步意见》的说明中,就有远见地指出:现在我们提出现阶段的社会主义经济,是生产资料公有制占优势,多种经济成分并存的商品经济。但是,这种观点受到党内一部分人的反对。当时参加十二大报告起草的有些同志给胡乔木写信说,"绝不能把我们的经济概括成商品经济",如作此概括,"必然会削弱计划经济"。1983 年,在清除"精神污染"的背景下,有人在党报上对"减少指令性计划、增加指导性计划"的看法,开展了有组织的批判,强调指令性计划是计划经济的标志,还把商品经济、指导性计划作为精神污染来清除。在这时期,"社会主义商品经济论"的思想受到错误批判。

1982 年 5 月至 9 月,国务院经济研究中心同新成立的国家经济体制改革委员会组织了一次关于经济体制改革理论问题的讨论。这次讨论是为了配合十二大的召开而组织的。1982 年 9 月,十二大提出了

“把马克思主义普遍真理同我国的具体实际结合起来,走自己的路,建设有中国特色的社会主义”的指导思想,确立了党在新时期的总任务和开创社会主义现代化建设新局面的纲领。并将贯彻计划经济为主、市场调节为辅的原则写入报告。以此为标志,我国的改革开放进入全面展开阶段。十二大之后,理论界又多次就有关体制改革的问题进行深入探讨。

1984 年 6 月,中央提出,“现在更需要的是大胆探索”。理论界再次出现了建议恢复“有计划商品经济”的提法。1984 年 7 月,经济研究中心马洪等人写了《关于社会主义制度下我国商品经济的再探索》文章,分送中央领导,文中认为应该重新肯定“社会主义是有计划的商品经济”。他说:“如果不承认这一点,我们经济体制改革的基本方针和现行的一系列重要的经济政策都难以从理论上说清楚。”这篇文章得到了高层领导的重视。

莫干山会议的探索之路

在十二届三中全会拟作出经济体制改革决定之前,需要社会各方面,包括经济学者能够“大胆探索”,为中央献计献策。1984 年 6 月 12 日,《经济日报》发布了一条颇为引人注目的新闻,题为《本报等五单位将召开中青年经济学术讨论会,广泛征集论文邀请入选者作为正式代表出席》,消息指出:“将于 9 月上旬在浙江省联合召开‘中青年经济科学工作者学术讨论会’。讨论的中心内容是我国经济体制改革中的重大理论问题和现实问题。”这就是莫干山会议的发起。

经过前期的精心准备,1984 年 9 月 3 日,莫干山会议如期举行。会议采取“以文选人”的方式,以中青年经济学者为主,围绕城市经济体制改革的中心议题展开专题讨论。研讨会鸣锣开场后,没有领导讲话,没有宣读论文,秘书组宣布几条规则,大家便分专题研讨。与会人员住在牧师别墅及附近楼里,开会就在大教堂和荫山饭店,每天除了吃饭睡觉就是辩论。因为极度兴奋,加上劳累,不少人病倒了。论战数日,原来八个主题被打乱,不知谁提议“挂牌讨论”,相当于“放马过来”的意思。其中“价格改革”争论最为激烈。一方主张按市场规律放开物价,被称为“放派”;一方主张逐步上调计划内生产资料和工业品价格,被称为“调派”。双方争得不可开交,这时调、放结合的第三种观点产生了,名曰“价格双轨制”。时任中央财经领导小组秘书长、国务委员张劲夫专程来杭州听取汇报,充分肯定两条腿走路的“价格双轨制”。经过几天讨论后,大会于 9 月 15 日提出了《价格改革的两种思路》等 7 份专题报告,其中,放调结合的双轨制改革思路被国务院采纳。这项改革是对长期实行的传统计划经济体制的重大突破,奠定了我国商品经济制度的基础,标志着中国正式由计划经济向市场经济转轨。这一改革思路被之后召开的十二届三中全会所吸收,全会通过的《中共中央关于经济体制改革的决定》,被邓小平称赞有些是老祖宗没有说过的新话。全会闭幕后,以价格改革为突破口的经济体制改革全面展开。莫干山会议推动了中国经济改革理论研究的深化,直接为中央改革决策提供思路,意义和影响巨大。2011 年,在第四届中国经济理论创新奖评选中,“价格双轨制理论”高票当选,被认为“是改革开放以来中国经济改革和发展最具代表性的经济理论之一,对中国计划经济向市场经济转轨过程中的价格改革发挥了理论引导和政策推动的积极作用,促进了社会主义市场机制的建立和形成,降低了体制转换的成本”。

莫干山会议涌现出了一批人才,参会的一批中青年人才进入政府部门,体改委还专门成立了中国经济体制改革研究所,吸纳“上山者”

参加,他们影响了20世纪80年代直至21世纪初中国经济改革的思路。因此,莫干山会议也被称为“中国经济改革思想史的起点”。

三、成篇:指导中国经济结构改革的纲领性文件

从1978年十一届三中全会到1984年十二届三中全会的7年时间,有人评价是实现历史转折的重大阶段。这一时期实现了从解放思想到拨乱反正,进而改革开放、打开新路,再到开创中国特色社会主义现代化建设新局面,中国的社会主义事业步入了健康、稳定、快速发展的新轨道,向着实现四个现代化的小康社会的目标阔步前进。

拨乱反正基本结束和社会主义现代化建设新征程的开启

1976年10月粉碎“四人帮”工作的完成,结束了“文化大革命”十年内乱,揭开了中华人民共和国历史的新篇章。十一届三中全会召开,实现了新的历史转折,各个领域的拨乱反正和探索社会主义现代化建设新路的征程开启。1981年6月,十一届六中全会通过的《关于建国以来党的若干历史问题的决议》,总结建国以来的历史经验和教训,对建国以来32年的历史,特别是“文化大革命”的历史作了科学的总结,既严肃批评了毛泽东所犯的严重错误,主要是发动“文化大革命”的全局性、长时间的错误,又确立了毛泽东的历史地位和毛泽东思想的指导地位,统一了全党的思想,完成了思想上的拨乱反正。全会公报写道:“这次会议将以在党的指导思想上完成拨乱反正的历史任务而载入史册。”

与此同时,平反冤假错案也在紧张有序地进行中,其中较为典型的就是平反“潘汉年、扬帆案”。早在十一届三中全会之前,陈云就委托

刘晓收集有关材料。1979 年 10 月,陈云给胡耀邦写了一封短信,提出潘汉年案需重新审查。1981 年 3 月 1 日,陈云又正式致信邓小平、李先念、胡耀邦,说:我收集了一些公安部的材料和与潘汉年同案人的材料,并无潘投敌的确证。现在所有与潘案有关的人都已平反,建议中央对潘案正式予以复查,交中纪委办理。

随后,中纪委着手进行复查。1981 年 11 月 8 日,陈云在人民大会堂接见原中央特科工作者座谈会代表,讲话中又提到潘案,说:"中纪委正在平反,我相信他必将恢复名誉。"1982 年 8 月 23 日,中央发出《关于为潘汉年同志平反昭雪恢复名誉的通知》。至此,新中国成立后时间最长的一个冤案得到了平反。

十一届三中全会后,我们党一方面解决了"文革"历史遗留问题,统一了认识,解放了思想;另一方面打开了改革开放的思路。邓小平说:"从十一届三中全会到十二大,我们打开了一条一心一意搞建设的新路。"

1982 年 9 月,党的十二大开幕,邓小平在开幕词中提出:"我们的现代化建设,必须从中国的实际出发。无论是革命还是建设,都要注意学习和借鉴外国经验。但是,照抄照搬别国经验、别国模式,从来不能得到成功。这方面我们有过不少教训。把马克思主义的普遍真理同我国的具体实际结合起来,走自己的道路,建设有中国特色的社会主义,这就是我们总结长期历史经验得出的基本结论。"

全会从历史经验和中国实际出发提出了建设"有中国特色社会主义"的新命题。根据这一新命题,十二大从各个方面制定了"走自己的路"的新规划,经济上制定了全面开创社会主义现代化建设新局面的行动纲领和方针政策,吸收了"小康""翻两番"目标,指出,从 1981 年到20 世纪末的20 年,力争使全国工农业总产值"翻两番",这时人民生活就可以达到小康水平，完善和发展了党关于经济发展的理论。政治上设立中央顾问委员会，逐步实现领导干部年轻化，大踏步地改革党和国家领导制度；党的建设上，修改了新党章，强调民主集中制是党内生活的原则。总的来说，党的十二大为中国20世纪最后20年的发展绘制了蓝图，为社会主义现代化建设新局面的打开指明了道路。

在1984年国庆游行时，北京大学的学生队伍里打出了“小平您好”的横幅，他们以热切的感情道出了当时人们对于时代的感受，在结束“文革”混乱时期后，这个国家终于告别粮食短缺，克服了重重困难，走向了一个新的发展历程。

整党运动的开展统一了认识

随着人们在思想认识上对于市场和开放的接受，资产阶级的世界观和生活方式也进入人们的视野。社会上一部分人理想信念动摇，资产阶级自由化思想泛滥，特别是一些党员不正之风蔓延，整个社会风气出现滑坡。唯利是图、个人主义、贪图享乐等资产阶级世界观被相当一部分人所接受，加之长期以来销声匿迹的封建遗毒又沉渣泛起，导致这一时期社会上的刑事犯罪特别是严重刑事犯罪十分猖獗。邓小平在1983年7月的一次谈话中说：“刑事案件、恶性案件大幅度增加，这种情况很不得人心，几年了，这股风不但没有压下去，反而发展了。”虽然“文革”结束，但其造成的危害和党内长期“左”的错误对一部分党员、干部仍有影响，一些帮派思想严重的分子、靠造反起家的分子以及打砸抢分子（即“三种人”）仍占据着各级领导岗位，这对党的建设、对社会主义建设事业和人民群众的根本利益是极为有害的，必须加以克服和纠正。特别是长时期的“左”的错误影响使相当一部分党员、干部习惯于以“左”的观点来观察和思考问题，他们对改革开放政策不时发出质疑甚至抵制。这样的领导干部从中央到地方都有,如不对他们加以教育,清除其头脑中的“左”倾错误思想,势必影响到改革开放的宏伟事业。随着经济体制改革的展开,统一党的思想认识成为当务之急,通过整党来恢复和发扬党的优良传统和优良作风,进而带动整个社会风气的好转,是十分正确和有效的举措。

1983 年 10 月 11 日,十二届二中全会通过了《中共中央关于整党的决定》,决定从 1983 年下半年开始,用三年的时间对党的作风和组织进行一次全面的整顿。全会提出这次整党的任务是“统一思想,整顿作风,加强纪律,纯洁组织”。这是建党和执政以来规模最大的一次全党范围内的整党整风,也是我们党在改革开放和社会主义现代化建设条件下开展的关于提高党的执政能力的探索。这次整党以统一思想、整顿作风、加强纪律、纯洁组织为基本任务,以发动群众充分参与但又不搞群众运动的方式,分期分批展开。总的来说,经过全面整顿,全党在思想、作风、纪律、组织四个方面都有了进步,为新时期党的建设的进一步加强和发展,为党领导改革开放和现代化建设奠定了一个比较好的基础。

马克思主义基本原理与中国实践相结合的政治经济学

十一届三中全会后,改革主战场在农村,城市只进行了企业层面局部的放权让利试验。到 1984 年,农村改革已有起色,但城市改革成效尚不明显。随着改革的深化,国家面临着如何由农村改革和企业局部试点拓展为全面改革的历史性课题。邓小平适时指出:改革要从农村转到城市。但从当时情况看,由于计划经济体制根深蒂固的影响,加上意识形态原因,改革举步维艰。此时此刻,无论是在理论上还是实践上,都遇到一些前所未有的新情况和新问题。如何把中国改革开放事业推向新阶段，这一战略任务历史性地落在决策层身上。1984 年 5 月，六届全国人大二次会议决定今后在经济工作中要抓好体制改革和对外开放两件大事，全国经济工作的重点走向全面改革。基于上述背景，中央作出决定，拟在 1984 年 10 月召开十二届三中全会，对经济体制改革若干重大问题进行讨论和决策。

1984 年 10 月 20 日，十二届三中全会在北京召开，会前召开了 6 天的预备会议。这次全会是在经过近六年改革开放实践基础上召开的一次重要会议。会议认真总结改革开放以来的经验，通过了《中共中央关于经济体制改革的决定》（以下简称《决定》）。通过当天，邓小平就说："我的印象是写出了一个政治经济学的初稿，是马克思主义基本原理和中国社会主义实践相结合的政治经济学，我是这么个评价。"①《决定》是在农村改革取得重大突破、以城市为中心的全面改革蓄势待发的形势下作出的。它阐明了加快以城市为重点的整个经济体制改革的必要性、紧迫性，规定了改革的方向、性质、基本任务和各项基本方针政策，是指导我国经济体制改革的纲领性文件。《决定》在理论上的重大贡献是突破了把计划经济同商品经济对立起来的传统观念，明确指出社会主义经济必须自觉运用价值规律，确认我国社会主义经济是"公有制基础上的有计划的商品经济"。这是《决定》用以立论的根本立足点。它表明过去那种认为社会主义经济只能是计划经济、否认商品经济的积极作用、限制商品经济发展的观念和政策是错误的。这就为我国经济体制改革指明了方向，提供了新的理论依据。《决定》根据"有计划的商品经济"的理论，对我国经济体制改革的主要内容作出规定，指出，改革是在坚持社会主义制度的前提下，在党和政府的领导下有计

① 《邓小平文选》第 3 卷，人民出版社 1993 年版，第 83 页。

划、有步骤、有秩序地进行的,是社会主义制度的自我完善和发展。改革的基本任务是建立起具有中国特色的、充满生机的社会主义有计划商品经济体制。《决定》还就增强企业活力等事关经济体制改革的一系列重点问题作了说明和部署。

这个决定第一次系统地从理论上阐述了经济体制改革的问题,对社会主义经济形式的认识上实现了重大突破。1984 年 10 月 22 日,邓小平在中央顾问委员会第三次全体会议上评价说:“这次经济体制改革的文件好,就是解释了什么是社会主义,有些是我们老祖宗没有说过的话,有些新话。我看讲清楚了。过去我们不可能写出这样的文件,没有前几年的实践不可能写出这样的文件。写出来,也很不容易通过,会被看作‘异端’。我们用自己的实践回答了新情况下出现的一些新问题。”①《决定》出台为 1992 年党的十四大提出建立社会主义市场经济的理论突破做了引子,可以说,没有社会主义商品经济概念的确立,也就没有建立社会主义市场经济体制的突破。

十二届三中全会通过关于经济体制改革的决定,标志着中国改革总体思路的一次重大突破。那么,这种突破是怎样实现的?

经过几年改革,中国经济的构成悄然发生了重要变化。到 20 世纪 80 年代中期,包括集体经济、个体经济、私营经济和外资企业在内的非国有成分在整个国民经济中占据了重要地位,极大地改变了社会经济的构成成分。随着加快改革的呼声渐高,1983 年 1 月,胡耀邦在全国职工思想工作会议上作题为《四化建设和改革问题》的长篇报告,提出“全面而系统地改、坚决而有秩序地改”的改革总方针。1984 年初,邓小平对四个经济特区的视察和他关于扩大开放的讲话,进一步提升

① 《邓小平文选》第 3 卷,人民出版社 1993 年版,第 91 页。

了加快改革的热度。1983 年末至 1984 年初，有关经济部门专门研究了怎样改善国有企业素质的问题。5 月，国务院发布了《关于进一步扩大国营工业企业自主权的暂行规定》（也称为“扩权十条”）。当时很多人认识到新旧体制必须进行改革，才能达到对内搞活的目的，对于经济体制进行改变的呼声日益强烈。

中央决定在党的十二届三中全会上通过一个有关经济体制改革的决定，为改革确定方向。这个决定从 1984 年 5 月就开始起草。改革思路的突破就出现在起草的过程中。吴敬琏回忆说：最初一个多月搞出了一个提纲，还没有脱离原来的调子。据谢明干回忆：1984 年 7 月 29 日，袁木等去北戴河向中央领导汇报，胡耀邦等听了汇报不大满意，主要是觉得平平淡淡、缺乏新意，要求在重要问题上有所突破，汇报后宣布调整起草小组成员，调来林涧青、郑必坚、林子力等人。8 月 1 日，起草小组到北戴河征求领导同志意见，当时中央领导一致表态要改革，要定基础调子。之后征求各方意见，几易其稿。《决定》通过后，邓小平曾说“这次的好处是，中央委员会、中央顾问委员会、中央纪律检查委员会三个委员会的同志都赞成这个文件，看到了现在发布这个纲领性文件的必要性和重要性。这是个好的文件”①，也就是说，十二届三中全会通过的《决定》，达到了中央高层高度的统一。《决定》的出台标志着中国改革从局部试点开始转向以市场为导向的全面展开。

四、迅速展开：改革深入进行

在十二届三中全会召开之前，邓小平就说：“即将召开的党的十二

① 《邓小平文选》第 3 卷，人民出版社 1993 年版，第 91 页。

届三中全会的主题,就是城市和整个经济体制的改革。这意味着中国将出现全面改革的局面。”①在《决定》精神指导下,从 1985 年起,以城市为重点的整个经济体制改革全面展开。按照发展社会主义有计划商品经济的要求,国家对经济的计划管理权限逐步下放,缩小了指令性计划,扩大了指导性计划。国家宏观调控的范围和方式得到调整与改进,小商品和计划外商品都由市场调节。价格、税收、金融等经济杠杆的作用日益加强,促进了商品经济的发展。

企业新生——承包、破产思路的打开和股份制试点热的兴起

十二届三中全会召开的 1984 年,有人将之称为中国现代公司的元年。万科、联想、健力宝、娃哈哈、TCL、容声、上海大众、三九胃泰等后来各领风骚的大企业,都诞生在 1984 年前后。这些企业借着改革的新风,已经悄悄地进行自己的原始积累。也就在那个时候,“我们都下海吧”,成为年轻或不太年轻的人们互相试探和鼓励的话语。这开始了新中国成立后第一次下海经商浪潮。

1984 年 3 月 28 日,石家庄造纸厂门前出现一份《向领导班子表决心》的“大字报”。这份“大字报”的起因是这样的,1984 年上级下达给石家庄市造纸厂的盈利指标只有 17 万,即使完成也全部留厂,可是当时的领导仍讨价还价,迟迟不肯接受。业务科长出身的马胜利自荐承包造纸厂,并承诺“保证从 5 月到年底实现利润 70 万元,力争达到 100 万元”。为此市委书记组织了一场答辩会,听过马胜利的演讲后同意让他承包。据当时媒体报道,一年后,该厂盈利 140 万元,上交给国家 38 万元,超额完成任务。马胜利成了有名的“马承包”。“马承包”出名后,许多处在困境中的国有造纸厂纷纷找上门来,要求马胜利承包。

---

① 《邓小平文选》第 3 卷,人民出版社 1993 年版,第 78 页。

马胜利将各地亏损的中小造纸厂来者不拒纳入囊中。到 1988 年,一个跨越全国 20 个省市、吸纳 100 家亏损造纸企业,中国当时最大的“中国马胜利纸业集团”正式成立,年产值一度达到 4 亿元。由此,马胜利也被誉为国企改革的破茧之人。

1986 年 6 月,一场关于企业破产倒闭理论与实践的讨论会在沈阳召开,经济学家和决策高层达成共识,认为企业倒闭破产是经济体制改革中的一项大胆探索。在那之前,沈阳市已经在实行企业破产倒闭制度的试点。事情要从 1985 年 2 月说起,2 月 9 日,沈阳市出台了《关于城镇集体所有制工业企业破产倒闭处理试行规定》(以下简称《试行规定》),按照《试行规定》要求,连续亏损两年,亏损额超过资产总额 80%,达到破产警戒线的企业先给予黄牌警告,经过一年整改后,仍无起色的,宣布破产。《试行规定》出台当年就有三家企业被黄牌警告,一年以后,沈阳市防爆器械厂宣布破产。这是新中国成立后第一个破产倒闭的国有企业,外国媒体称之为“中国改革的一项重大实验”。1983 年至 1985 年任沈阳市市长的李长春说:“辽宁是中国的老工业基地,国营企业比重很大,旧的僵化管理模式影响很深。我们紧紧抓住搞活企业作为推进城市经济体制改革的‘牛鼻子’,取得一定成效。”因此,沈阳市也成为当时闻名的“改革窗口”。有经济学家认为,过去用“关停并转”的手段给处于窘境的企业“输血”,是保护落后的消极做法,使效益好的企业背上沉重的包袱,形成“鞭打快牛”的不合理局面,不能真正体现优胜劣汰的竞争结果,因此这种破产制度值得推广。沈阳市防爆器械厂破产的第二年,《中华人民共和国企业破产法(试行)》开始实施。从此,我国走上探索企业破产倒闭的改革之路。

在大破大立的同时,一批探索建立现代企业制度的企业成为当时国企新的发展思路,企业股份制改革试点成为时髦话题。1984 年 8

月,上海出台了新中国最早的有关证券市场的管理法规——《关于发行股票的暂行管理办法》,此办法的出台标志着中国证券市场从此迈出了走向波澜壮阔的第一步。在此之前,1983年深圳宝安县联合投资公司,在深圳首次公开发行股份证。1984年7月北京出现了中国第一家股份公司——天桥百货股份公司。天桥百货股份公司是由天桥商场、前门百货商场和批发营业部联合组建的,企业实行政企分开,经营权与所有权分离,脱离了原来的隶属关系,成为相对独立的经济实体,当时有职工2490人。成立之初,公司采取发行股票的办法吸收和集聚社会闲散资金,股票委托北京市工商银行信托部崇文区分部代理发行,向社会发行1000万元股票。企业使用的原国拨流动资金、固定资金全部作为国家投资。据统计,第一期股票发行以后,国家、银行、企业和个人持股的比例分别为50.97%、25.89%、19.68%、3.46%。这家公司相继开办了百货、副食分店。据报道,到1992年,该企业资产由组建时的168万元,发展到1.7亿元;年销售收入由2760万元,上升到1.86亿元。虽然当时发行的股票不太正规,国家体改委认为,天桥股份公司的成立改变了原有国营商业的所有制形式,建立了适应社会主义商品经济发展要求的新型商业,对所有制结构的改革作了有益的探索。

1984年11月,上海电声总厂发起的上海飞乐音响公司,是新中国成立后第一家比较规范地向社会公开发行股票的股份有限公司,共筹集股金40多万元。1984年12月,上海飞乐音响公开发行股票,这只股票是我国首次公开发行的真正意义上的股票。1986年,邓小平在人民大会堂会见美国纽约证券交易所董事长凡尔林。这一历史性会晤最具意义的场面是美国客人赠送给邓小平一枚纽约股票交易所的会徽,而邓小平则赠送给他一张作为改革开放象征的上海飞乐音响公司股票。这次不寻常的会见和不寻常的赠送的意义是非常深远的。外电用这样的题目报道了此事——“中国与股市握手”。如今这张见证了中国股市起步的飞乐音响股票，摆在纽约证交所的展览大厅。

1984年以后，由于北京天桥百货和上海飞乐音响的示范作用，在全国掀起了一股“股份制试点热”。尽管争论不断，股份制改革却在蹒跚前行，并越走越像样了。到1986年底，我国已有股份制企业6000余家，股票集资额达60多亿元。这一年的12月，国务院出台《关于深化企业改革增强企业活力的若干规定》，放开了全民所有制大中型企业的股份制试点。虽然当时这些股份制企业有九成以上的股票还是债券化的，但是它们的出现已经促使中国企业进入了多种所有制结构的时代，揭开了我国以股份制为主要形式的国有企业改革序幕。

切实感受——城市市场和价格放开

企业新生，是经济体制改革后的切实体现，而普通市民，也切实感受到了经济放开搞活带来的生活便利。1985年，国人不经意地发现，计划经济时代的票证，似乎在一夜之间突然变得不那么重要了。布票、肉票、油票、洗澡票、烟票、肥皂票等等，正悄悄地在国人的生活中淡去。1985年，国务院决定对蔬菜、水产品等农副产品的产销体制实行全面改革，将经营权和价格放开，我国农副产品购销体制的改革在难度大、敏感性强的蔬菜上取得了突破性进展。从此，我国的蔬菜产销体制开始了由计划经济向市场经济的转变。

1985年1月，农业部召开会议，要求上海和广州分别在会上介绍蔬菜改革和城市农业经济发展的经验。5月，一年一度的全国十大城市菜场会议在天津召开，鉴于广州市蔬菜产销开放取得较好效果，商业部副食品局组织十大城市的会议代表在会议期间前往广州开现场会议。1986年2月16日至25日，全国十五城市蔬菜工作座谈会在北京召开,与会者认为改革的路子是对的,发展的趋势是好的。敞开“城门”之后,上市蔬菜品种增多,质量提高,以往大量烂菜的现象减少了;放开流通渠道,购销网点增加,消费者感到方便;按价值规律调整收购价格后,菜农收入增加,有利可图;多数城市蔬菜价格上调幅度比较合理,并趋于平稳。

各地蔬菜放开后,首先是调动了菜农的种菜积极性,保证了蔬菜的上市量。1985 年 1 月至 8 月,武汉市蔬菜上市量达 4. 2 亿斤,每天人均供菜一直保持在 7 两以上。广州市人均每天吃菜在 8 两左右。上海市在未改革前每人每天平均不到 6 两菜,改革后都在 6 两以上。北京蔬菜淡季时间每天上市量达到了 500 多万斤,比旺季并不少。原来,不少人担心蔬菜取消统购包销后会减少,事实上运用价值规律比靠行政手段能更有效地调动菜农的生产积极性。不少城市把指令性种植计划改为指导性计划的同时,把菜田承包给菜农个人,菜的产量和质量都大有好转。还有的城市建设起二、三线蔬菜生产基地,打破了传统基地独家生产的局面。蔬菜市场放开后,一些城市形成了数以千计的蔬菜摊群和集市,已构成了蔬菜市场不可缺少的部分,有的地区菜农自己组织了批发交易市场,开拓了新的批发渠道。以前城市与城市之间、地区与地区之间的封锁也开始被突破。

事实证明,蔬菜产销体制的放开凝聚了许多人的心血,改革给全国蔬菜市场带来生机与繁荣,各地纷纷提出菜篮子工程的建设规划,将与群众生活密切相关的蔬菜工作作为一项重要的民生工程,城市的生活正在发生着一些可喜的变化。

1981 年,随着扩大企业自主权的改革在全国范围内普遍推行,原有的企业与国家、企业与企业间的“大锅饭”关系开始打破,加之企业利润留成与资金制的推行,强化了企业和职工利益的独立性。至此,价格合理与否,对于正确评价企业经营绩效及决定职工个人收入增减,具有至关重要的作用。面对利益主体多元化格局的出现及由此导致的与旧的价格体系和体制的冲突,经济学界和政府开始意识到进行全面的价格改革的必要性。从1981年起,政府决定对价格进行系统的调整,并设立了专门的机构——国务院价格研究中心,责成该中心进行理论价格的测算工作。原国家物价局物价研究所也开始对价格改革的中长期设想进行系统的研究。在调整部分工业品价格的同时,政府也开始在局部的经济增量范围内引入市场价格机制,如扩大了农产品集贸市场的范围,部分计划难以覆盖的工业品价格由买卖双方协商定价等。

十二届三中全会通过的《中共中央关于经济体制改革的决定》指出:"价格是最有效的调节手段,合理的价格是保证国民经济活而不乱的重要条件,价格体系的改革是整个经济体制改革成败的关键。"全面阐述了价格改革的重要地位,其后城市经济运行的重大改革就是放开市场放开价格。全国许多城市从20世纪80年代初就逐步放开一些商品价格。广州在这方面先行一步,在20世纪70年代末80年代初最早放开蔬菜、水果、水产品、猪肉等价格,结果是"放到哪里活到哪里"。放开价格之初,价格有点上涨。但不久由于供应充足,很快价格就平抑下来、稳定下来,反响很好,老百姓也得到了实惠。此前1982年9月和1983年8月先后放开了160种和350种小商品价格。从1985年开始,国家放开了除国家定购的粮、棉、油、糖等少数品种外的绝大部分农副产品的购销价格。工业消费品价格也逐步放开。1985年放开了缝纫机、收音机、手表等价格,1986年放开了自行车、电冰箱、洗衣机等7种耐用消费品价格,1988年放开了13种名烟名酒价格。现在看来,当时农产品价格的调整有力地促进了农业生产的发展,我国由主要农产品部分依靠进口变为粮食生产已经自给,棉花自给有余。工业消费品价格改革,使我国工业消费品产量增加,花色品种增多,许多最重要的产品基本能满足人民日益增长的消费需要。煤炭价格改革缓解了煤炭的供求矛盾。其他的价格改革措施,对于理顺经济关系都发挥了一定的作用。放开价格带来的最大变化是逐步取消凭票供应,老百姓得以慢慢脱离以前的票证时代。中国的价格市场机制开始逐步形成,但后来由于经济过热导致物价上涨,才有了“物价闯关”事件的发生,继而引起了20世纪80年代末的整顿调整。

1985年10月,邓小平明确地提出要把计划经济和市场经济结合起来。他在回答美国企业家代表团团长格隆瓦尔德关于社会主义和市场经济的关系的提问时说:“问题是用什么办法更有利于社会主义生产力的发展。”“过去我们搞计划经济,这当然是一个好办法,但多年的经验表明,光用这个办法会束缚生产力的发展,应该把计划经济与市场经济结合起来,这样就能进一步解放生产力,加速生产力的发展。”城市的蔬菜市场就是一个缩影,市场的放开解放了生产力,促进了城乡经济的“双发展”,实践再次证明,“摸着石头过河”,探索计划和市场结合,以有利于社会主义生产力发展为依据是符合我国发展实际的。

影响扩大——乡镇企业“异军突起”

1984年我国的经济体制改革,其方向在于建立符合社会主义市场经济发展原则的体制机制,以促进社会生产力的迅速发展。乡镇企业的迅速崛起是和市场密切联系在一起的。1978年至1984年,乡镇企业总产值年平均增长200个亿。1985年到1990年,在经济体制改革推进过程中,市场作用不断扩大的影响下,乡镇企业总产值年平均增长

1200多个亿。邓小平曾说："如果说在这个问题上中央有点功绩的话，就是中央制定的搞活政策是对头的。"①市场的放开搞活促进了乡镇企业的大发展，从而带动了农村经济的跨越发展。

20世纪80年代初，随着家庭联产承包责任制的广泛实施，一举解脱了原有的经营方式对农业生产力的束缚，释放了广大农民长期被压抑的进取精神。1985年1月，中共中央、国务院发出了《关于进一步活跃农村经济的十项政策》。以此为标志，我国农村经济进入了以改革统购、派购制度，调整产业结构为中心内容的改革历程。在这一思想指导下推行的相关政策，促进了农村产业结构的调整和农林牧副渔业的全面发展；促进了乡镇企业的进一步发展，出现了乡镇办、村办、联户办、个体办和其他形式办等"五个轮子一齐转"的局面。特别是一些大城市郊区的乡镇企业利用自己的区位优势，与城市工业搞横向联系，获得了较快发展。1985年9月，十二届四中全会通过的《中共中央关于制定国民经济和社会发展第七个五年计划的建议》提出了对乡镇企业"积极扶持，合理规划，正确引导，加强管理"的方针。1987年1月，中共中央政治局通过了《把农村改革引向深入》的文件。文件提出："乡镇企业自主权应受到尊重，同级政府不应过多干涉。"同时，进一步明确了对乡镇企业各种所有制形式的政策，"鼓励乡镇企业扩大生产能力，提高生产技术"。研究表明，20世纪80年代乡镇企业与市场连接最具代表性的是三种模式。

第一种是苏南模式。江苏南部地区集体经济兴办的乡镇企业的发展和集中，推动了劳动力的转移和小城镇的发展。这里人多地少，没有多少天然矿产资源，国家计划给这一地区的加工工业生产计划和提供

① 《邓小平文选》第3卷，人民出版社1993年版，第238页。

的计划内资源也很少。国家指令性计划工业产品产值只占全部工业总产值的5%。在这里,资金、能源、生产资料和劳动力等主要生产要素都是由市场调节配置,在苏南较早培育起来的市场体系发挥了卓著的作用。一大批辐射面广,凝聚力强的生产资料市场、金融市场、技术市场、劳务市场、人才市场等组成的生产要素市场框架,加上各类专业市场和成千上万个企业在全国建立的销售网络,使乡镇企业有了发展的广阔天地。

第二种是温州模式。浙江温州地区在农村经济发展中,以家庭工业为主要形式,以小商品为主要开发目标,以社会化购销为轴心,专业市场和小城镇为枢纽推动区域经济的发展。20世纪80年代前期,温州广大农村家庭企业制造小商品蔚然成风,与此同时形成了一股在全国各地搞商品流通的队伍。温州市形成了几十个专业市场,成为万商云集的商品集散地。社会学家费孝通称之为"小商品,大市场"。和苏南模式不同之处在于,温州乡村企业大部分是个体所有制。20世纪80年代后期小商品制造业的扩大和市场需求的增加,使许多原有的家庭企业联合了起来,成了真正的股份制企业。

第三种是珠江三角洲模式。广东珠江三角洲地区依托国际市场,以外贸为导向,发展乡镇骨干企业为支柱,技术进步为手段,以促进产业结构合理化和城乡协调发展。20世纪80年代初在深圳成立的经济特区,最先实行对外开放的政策,靠近香港的珠江三角洲上的各个县市的农村,首先接受港商采用"三来一补"的形式引进了现代工业。这种"三来一补"的形式,一方面得到面向国际市场的便利,另一方面也得到内地劳动力工资较低的便利,从而把香港和珠江三角洲地区连成不可分割的整体。从珠江三角洲的农村这一头来说,这是引进现代工业的捷径。这里也是中国依靠对外开放推进国内发展的一个缩影。

20世纪80年代初，乡镇企业一般实行就地取材、就地生产、就地销售产品的“三就地”方针。80年代后期，随着经济体制改革的深入，对外开放的扩大，市场体系的完善，乡镇企业面向全国市场获得生产资料和其他生产要素和销售产品。更为可喜的是乡镇企业已经发展成为一支面向国际市场出口创汇的生力军。到1988年生产出口产品的企业已经达到1.5万家，出口交货值为268.7亿元，占国家出口产品交货总额的15%。在我国逐渐形成了珠江三角洲、长江三角洲、渤海湾地区等多个外向型乡镇企业群。出口产品也由低档、粗加工产品转向较高档次的家用电器、服装、纺织品等。随着乡镇企业规模的扩大，逐渐吸引外来人口和劳动力，从而成为农村小城镇建设的基本依托，促进了80年代中期农村小城镇的发展。费孝通在《小城镇，大问题》中总结乡镇企业的飞速发展，认为它极大地加快了中国城镇化的步伐，在现代化和城市化进程中起到了不可替代的作用。

乡镇企业自诞生之日起就进入了市场，成为相对独立的生产者和经营者，可以说乡镇企业是市场经济的实践者，它的发展壮大反映了市场经济的活力，也正是市场经济这只巨大的“看不见的手”推动着乡镇企业的迅猛发展。20世纪80年代乡镇企业的迅猛发展证明了经济体制改革中确立市场作用的正确举措，乡镇企业已经成为中国现代化事业必不可少的一环，为发展中国外向型经济作出了巨大贡献，为中国城镇化道路的发展起了凝聚生产力的作用。2008年《人民日报》在总结中国企业改革大事记中将“乡镇企业崛起，五分天下有其一”定为1986年的改革印记。

稳步推进——政治体制改革的起步

1980年8月18日，邓小平在《党和国家领导制度的改革》中对政府职能的混乱进行了批评，他说，我们的各级领导机关，“管了很多不该管、管不好、管不了的事”。明确指出：“党和国家现行的一些具体制度中，还存在不少的弊端，妨碍甚至严重妨碍社会主义优越性的发挥”。他进一步指出：“从党和国家的领导制度、干部制度方面来说，主要的弊端就是官僚主义现象，权力过分集中的现象，家长制现象，干部领导职务终身制现象和形形色色的特权现象。”因此他强调：“如不认真改革，就很难适应现代化建设的迫切需要，我们就要严重地脱离广大群众。”①

1981年前后，我国广大农村陆续推行了家庭联产承包责任制，极大冲击了基层政府职能。到1983年10月后，又以法律形式正式废除了人民公社的政社合一的体制，建立乡镇政府，实行行政与生产经营权分离，这是我国基层政治转变的较大突破。1982年6月27日至29日，十一届六中全会期间，印发了陈云撰写的《提拔培养中青年干部是当务之急》一文和他主持起草的《关于老干部离休退休问题座谈会纪要》。7月2日，陈云在座谈会上讲话，指出干部队伍青黄不接客观存在，不无担忧地说：提50岁左右的人可能争论少些，提40岁左右的人，争论、怀疑会很多。提40岁以下的人，怀疑、争论会更多。既然如此，为什么《纪要》还是“特别写提40岁以下的人这一句？”他自问自答：一是年富力强。二是有意识地培养。经过3年、5年、10年，有意识地培养，选出好的人。三是40岁以下的人中间有人才。四是只有40岁以下的人，才了解“文革”初期青年人当时的想法和表现。陈云讲话后，邓小平即席讲话。他说：“我们历来讲，这是个战略问题，是决定我们命运的问题。现在，解决这个问题已经是十分迫切了，再过三五年，如

① 《邓小平文选》第2卷，人民出版社1994年版，第328、327页。

果我们不解决这个问题,要来一次灾难。”①8 月 7 日,中央组织部发出《关于贯彻执行中央对调整领导班子和选拔优秀中青年干部指示的几项工作的通知》。1982 年 9 月召开的党的十二大上,选举产生的 348 位中央委员和中央候补委员中,有 112 位年龄在 55 岁以下,有一位 40 岁以下的候补委员,那就是时任甘肃省建委副主任的胡锦涛,当时只有 39 岁。这一时期,干部年轻化的步伐开始推进。

1985 年 9 月,党的十二届四中全会通过了《中共中央关于制定国民经济和社会发展第七个五年计划的建议》。在划分两个发展阶段的基础上,《建议》把将要建立的新型的社会主义经济体制归结为互相联系的三个方面:第一,进一步增强企业特别是全民所有制大中型企业的活力,使它们真正成为相对独立的,自主经营、自负盈亏的社会主义商品生产者和经营者;第二,进一步发展社会主义的有计划的商品市场,逐步完善市场体系;第三,国家对企业的管理逐步由直接控制为主转向间接控制为主,主要运用经济手段和法律手段,并采取必要的行政手段,来控制和调节经济运行。这是中央首次将经济体制改革的任务归结为企业、市场、宏观调控三位一体的改革。为推进三位一体的改革,第一次提出职能转变的要求,提出:“为了适应国家对企业的管理由直接控制为主转向间接控制为主的要求,政府机构管理经济的职能也要相应地转变。”这是改革开放后在公开文献中第一次提到市场条件下职能转变的问题。这表明,随着社会主义经济体制改革的推进,党和国家领导人已经充分认识到机构改革、转变政府职能对于经济体制改革的重要性。这次会议,还批准了叶剑英等 64 位老同志“不再担任中央委员、候补中央委员”的信,提出关于进一步实现

① 《邓小平文选》第 2 卷,人民出版社 1994 年版,第 384 页。

中央领导机构成员新老交替的原则，探索政治体制改革的新路也在摸索中前行。

这一时期我国经济体制改革的重点从农村转向城市。随着经济体制改革的不断深入，遇到了政治体制不相对称的困境，政治体制改革与经济体制改革不相适应的问题突出出来。邓小平敏锐地觉察到了这个问题。从1985年下半年到1987年上半年间，他多次指出，现在经济体制改革每前进一步，都深深感到政治体制改革的必要性。必须把政治体制改革提到议事日程，并强调指出应该把政治体制改革"作为改革向前推进的一个标志"。他指出："我们所有的改革最终能不能成功，还是决定于政治体制的改革。"1986年6月，他明确强调："现在看，不搞政治体制改革不能适应形势。改革，应该包括政治体制的改革，而且应该把它作为改革向前推进的一个标志。"他指出："一九八〇年就提出政治体制改革，但没有具体化，现在应该提到日程上来。""改革总要有一个期限，不能太迟，明年党的代表大会要有一个蓝图。"①1986年9月，中共中央成立中央政治体制改革研讨小组，开始了总体方案酝酿和设计。1987年10月，十二届七中全会原则同意了《政治体制改革总体设想》，决定将这一设想的基本内容写入十三大报告中。随后召开的党的十三大对我国的政治体制改革进行了全面部署。

总的来说，十二届三中全会理论上的突破，推动我国现代化建设伟大历程进入以城市为重点的改革阶段。改革逐步深入到各个领域，从农村到城市，国家对经济的计划管理权限逐步下放，缩小了指令性计划，扩大了指导性计划，国家宏观调控的范围和方式得到调整和改进。

① 《邓小平文选》第3卷，人民出版社1993年版，第164、160、160、177—178页。

对此,海外人士评论称:改革为社会主义中国找到了一条迥别于苏联的新路,中国经济“活”起来了。由此中国从政治、经济到各项事业,从对内搞活到对外开放,各方面改革相互促进,推动着经济建设迅速发展,社会面貌发生了深刻变化。

第三章　十三届三中全会:为深化改革扫清道路

十二届三中全会以后,我国开始探索从旧的经济体制转变为新的经济体制,在激活国营企业的同时,开始了建立现代企业制度的实践,对外开放水平不断提高,政治体制改革也在稳步推进,社会各阶层活力空前。党的十三大提出社会主义初级阶段的基本路线,确立了以经济建设为中心的发展目标。但在新旧体制转换时期,国家调控经济运行方面还没有形成一套完整有效的机制,同时作为发展中国家的中国,现代化建设需要有一定的经济增长速度,这样就产生了一系列预想不到的问题。在这个新旧体制转轨、两种体制并存又激烈冲突的特殊历史阶段,当时急于大踏步地推进改革步伐,对改革中出现的问题思想准备不足、采取措施不得力,国民经济出现了新的比例失调和经济过热等问题。从 1988 年起,开始进行了连续三年的治理整顿。

一、继续推进:改革思路的不断深化

十二届三中全会后,我国加快了经济体制改革的步伐,同时展开了全面改革的宏伟蓝图,国民经济迅速发展,对外开放步伐大大加快,科学技术受到高度重视。与此相应地，政治体制改革也在稳步推进，恢复了中央书记处，建立了顾问委员会，提出干部“四化”要求，建立退休制度，等等。1992年1月18日至2月21日，邓小平先后在武昌、深圳、珠海和上海等地视察并发表了重要谈话。在谈到经济发展速度问题时，邓小平说经济发展比较快的是1984年至1988年。那5年，是一个非常生动、非常有说服力的发展过程。

可以说，随着改革思路的不断深化，这期间我国经济有了较大发展，整个国民经济上了一个新的台阶。20世纪80年代，中国周围的一些国家和地区，出现了经济高速发展的局面。“亚洲四小龙”的崛起使东亚地区经济发生了巨大的变化，我国面临的国际环境也出现了变化。在这种全球性经济发展速度增快，国际化加强的情况下，我国也步入进一步推进改革开放的时期。

最大的经济特区诞生

在全党认识统一基础上，对外开放步伐加速。1984年12月29日，国务院又提出将珠江三角洲和长江三角洲开辟为经济开发区，利用开放和改革有利条件，充分发挥优势，加快社会主义现代化建设步伐。1985年1月4日，陈云在国务院给中央政治局常委的这份请示报告上批示：“同意”。随后又把辽东半岛、胶东半岛全部对外开放，与原开放的天津、秦皇岛、烟台、青岛连成一片，构成环渤海经济开发区。1988年，中央批准海南建省，使海南全岛成为第五个经济特区。这样从兴办四个经济特区起步，至此已初步形成了由经济特区—沿海对外开放城市—沿海经济开放区—内地这样一个有重点、多层次的梯级推进的开放格局。

1980年7月，国务院决定海南岛的“对外经济活动可参照深圳、珠海市的办法，给予较大权限”，从而拉开海南岛对外开放的历史序幕；1983年4月，中央正式提出加快海南开发的方针是“以对外开放促进内部开发”，并决定放宽政策，从八个方面给海南岛在对外经济合作方面以较大的自主权，使海南的对外开放进入新的高潮。1987年6月12日，在会见南斯拉夫共产主义者联盟中央主席团委员科罗舍茨时，邓小平发表了重要谈话：“我们正在搞一个更大的特区，这就是海南岛经济特区。海南岛和台湾的面积差不多，那里有许多资源，有富铁矿，有石油天然气，还有橡胶和别的热带亚热带作物。海南岛好好发展起来，是很了不起的。”①1987年8月28日，六届全国人大常委会第二十二次会议在北京举行。国务院向六届全国人大常委会提出议案，建议撤销海南行政区，将海南行政区所辖区域从广东省划出，单独建立海南省。六届全国人大常委会第二十二次会议审议了国务院关于提请审议设立海南省的议案，于9月5日通过决定，提请七届全国人大一次会议审议批准，并授权国务院成立海南建省筹备组。1988年4月，正式建立海南经济特区，使海南步入建设特区经济的新阶段。1988年5月4日，国务院颁发了二十六号文件《关于投资开发建设海南岛的规定》，紧接着又批转了《关于海南岛进一步对外开放加快经济开发建设的座谈会纪要》。海南是在我国的经济特区建设有近十年的实践之后正式建立的经济特区。中央指出：“海南岛实行特殊经济政策，建立经济管理新体制，把海南岛建成全国最大的经济特区，是贯彻沿海经济发展战略，进一步扩大对外开放的重要措施。”海南建省，办全国最大的经济特区确是英明之举，其意义完全超出海南自身。

宏观的对外开放格局形成后，就如何对外开放又作了进一步的战

① 《邓小平文选》第3卷，人民出版社1993年版，第239页。

略思考。1988年1月,国务院《关于沿海地区经济发展的战略问题》报告提出,利用沿海地区优势,发展劳动密集型产业和外向型经济,抓住国际市场正在进行的又一次大的产业结构调整的机遇,有领导、有计划、有步骤地走向国际市场;其核心是"两头在外,大进大出"。所谓"两头在外",就是把生产经营过程的两头,即原材料来源和产品销售主要放到国际市场上去,大进大出,使经济运行由国内循环扩大到国际循环。田纪云回忆说:中央财经领导小组、国务院多次讨论,大家一致赞同这一战略设想,认为这一战略设想的实施,不论在经济上还是在政治上,都具有重大而深远的意义。① 邓小平明确支持这一战略设想。1988年1月23日,他在《关于沿海地区经济发展的战略问题》报告上批示:"完全赞成。特别是放胆地干,加速步伐,千万不要贻误时机。"② 2月6日,中央政治局会议决定:把沿海经济发展作为一项重大战略加以部署。陈云对这个报告是赞成的,但他也有所担忧。2月15日,他在住所会见前来祝贺春节的李鹏、胡启立时表示:拥护中共中央确立的我国沿海地区经济发展战略,指出:"两头在外"好,但要贯彻这一战略也有一定难度。陈云的担忧和他长期积累的领导经济工作的经验有关。的确,把营销和生产都放在国际市场上,管理难度很大,风险也很大。两位老人的意见,进一步完善了国务院关于沿海地区开放工作的思路。

3月4日,国务院召开沿海地区对外开放工作会议,对贯彻实施沿海发展战略作了具体部署。田纪云在会上指出:贯彻执行沿海经济发

① 《田纪云文集·经济改革和对外开放卷》,中国民主法制出版社2016年版,第473页。

② 中共中央文献研究室编:《邓小平思想年编(1975—1997)》,中央文献出版社2011年版,第640页。

展战略,关键是必须把出口创汇抓上去,要两头在外、大进大出、以出保进、以进养出、进出结合。谷牧强调,沿海地区发展外向型经济,实行“两头在外,大进大出”,参加国际大循环,很不简单,要作长期艰苦的努力。既不能松松垮垮,丧失良机,也不能急于求成,一哄而起,要做好通盘规划,制定有力措施,扎扎实实地办事。在这种大开大合的宽松政策下,点燃了企业家和投资者的热情,出现了投资规模加大,基建物资翻倍,各地掀起“淘金”的热潮,人心涌动,经济发展出现超高速的态势。一度出现只要有政策有资源,就能实现一夜暴富的神话,工业建设不断加速,导致货币快速增长,经济过热和通货膨胀的隐忧不断出现。

科学技术是第一生产力

当时高科技对很多中国人来说还只是一个模糊的概念,尤其对普通百姓而言,“高科技”意味着什么都不明白。而就在此时,1983 年 3 月美国提出“星球大战”计划、欧洲的尤里卡计划、日本的“今后 10 年科学技术振兴政策”等着眼于新世纪的战略计划也先后应运而生。这些诸多“计划”背后带来的是产业调整和技术升级的完成,是劳动密集型向技术密集型的转化,是经济效益的大幅度提高,将人类历史推进了新的时代。然而,进入 20 世纪 80 年代中期的中国依旧静悄悄,在此方面尚无大的动作。王大珩、王淦昌等四位老科学家,敏感地看到了我们面临的世界新技术革命的严重挑战,于是议定给中央写信,呼吁跟踪世界先进水平,不失时机地发展我国的高科技。3 月 3 日,他们联名致信邓小平,建议跟踪世界先进水平,发展中国高技术。时间仅过了两天,邓小平亲自批示:此事宜速决断,不可拖延。很快,经数百名科学家广泛、全面、严格的科学论证后,中共中央、国务院批准了《高技术研究发展计划纲要》。因四位科学家写信和邓小平批示均是 1986 年

3 月,故称“863 计划”。

这是一项关系重大的战略决策。“863 计划”选择了生物、航天、信息、激光、自动化、能源和新材料等 7 个高技术领域作为中国高技术研究发展的重点,1996 年又增加了海洋技术领域。“863 计划”提出的总体目标是:集中部分精干力量,在高技术领域瞄准世界前沿,缩小与发达国家的差距,带动相关领域科学技术进步,造就一批新一代高水平技术人才,为未来形成高技术产业准备条件,为 20 世纪末特别是 21 世纪中国经济和社会向更高水平发展和国防安全创造条件。1987 年 2 月,“863 计划”正式组织实施。

其实不是中央不重视科学技术,只是当时受各方面现实条件的限制。早在 1975 年,邓小平就提出了“科学技术是生产力”的思想。这一年的 9 月 26 日,在听取中国科学院工作汇报时,针对当时的实际情况,他明确指出:“科学技术叫生产力,科技人员就是劳动者!”①1977 年 5 月 24 日,尚未复职的邓小平在同两位中央负责同志谈话时,特意就科学和教育工作阐述了自己的意见,他强调:我们要实现现代化,关键是科学技术要能上去,发展科学技术,不抓教育不行。1978 年 3 月,全国科学大会在北京人民大会堂隆重召开。这是党中央动员全党、全国人民向科学技术现代化进军的大会,预示着我国科学技术发展春天的来临。邓小平在大会开幕式上发表了重要讲话。他说:四个现代化,关键是科学技术的现代化。没有现代科学技术,就不可能建设现代农业、现代工业、现代国防。他指出:科学技术是生产力,这是马克思主义历来的观点。现代科学技术的发展,使科学与生产的关系越来越密切了。科学技术作为生产力,越来越显示出巨大的作用。现代科学为生

① 《邓小平文选》第 2 卷,人民出版社 1994 年版,第 34 页。

产技术的进步开辟道路,决定它的发展方向。一系列新兴的工业,都是建立在新兴科学基础上的。当代自然科学正以空前的规模和速度,应用于生产,使社会物质生产的各个领域面貌一新。社会生产力有这样巨大的发展,劳动生产率有这样大幅度的提高,靠的是什么?最主要的是靠科学的力量、技术的力量。知识分子的绝大多数已经是工人阶级和劳动人民自己的知识分子,是工人阶级自己的一部分。1985 年 3 月,邓小平出席全国科技工作会议,在接见与会同志和首都科技界的代表时发表讲话,他说:七年前,也是 3 月份,开过一次科学大会,我讲过一篇话。主要讲了两个意思,两句话。一句叫做科学技术是生产力;一句叫做中国的知识分子已经成为工人阶级的一部分。我很高兴,现在连山沟里的农民都知道科学技术是生产力。他们未必读过我的讲话。他们从亲身的实践中,懂得了科学技术能够使生产发展起来,使生活富裕起来。①

20 世纪 80 年代中后期,科学技术进步推动社会经济发展的作用愈加显著,国家间以科技发展进步为主要支柱和主要动力的经济、军事、国家实力的竞争更趋激烈。1988 年,邓小平以全新的视角,高瞻远瞩,对科学技术在当代生产力和社会经济发展中的地位作出了及时、明确的理论概括。9 月 5 日,邓小平会见捷克斯洛伐克总统古斯塔夫·胡萨克,谈到科学技术发展时说:马克思说过,科学技术是生产力,事实证明这话讲得很对。依我看,科学技术是第一生产力。9 月 12 日,他在听取中央领导同志工作汇报中,再次谈到科技问题。他指出:要注意教育和科学技术。马克思讲过科学技术是生产力,这是非常正确的,现在看这样说可能不够,恐怕是第一生产力。对科学技术的重要性要充

① 《邓小平文选》第 3 卷,人民出版社 1993 年版,第 107 页。

分认识。科学技术是第一生产力嘛,知识分子是工人阶级一部分嘛。“863计划”以外,我国还制订了星火计划、火炬计划等一系列发展科技产业的计划,科技的进步为中国发展作出了巨大的贡献。邓小平提出科学技术是第一生产力的论断之后,科技的重要性更是深入人心,科教兴国战略已成为中国走向复兴的重要基石。

社会主义初级阶段基本路线的确定

十一届三中全会的召开实现党工作重点的转移,以经济建设为中心的思想已经在党和国家的工作中得到明确。改革开放创造了近代中国经济从未有过的巨大成就,放开搞活奏响了中华民族最为绮丽的乐章。同时,改革开放的实践也遇到了关于如何坚持四项基本原则,排除来自“左”和右的方面的干扰与破坏的严峻现实。为了使十一届三中全会以来的路线、方针、政策得以准确地贯彻执行,及时开展反对上述两种错误倾向的斗争已是现实的需要。在邓小平的具体指导下,党正确地开展了反对这两种倾向的斗争,并在实践中,逐步提出了“两个基本点”及其相互关系的思想,成为十三大上最终形成党的“社会主义初级阶段基本路线”的一项重要内容。

改革开放的过程,是与思想僵化、保守的“左”的思想作斗争的过程,“大包干”、建立经济特区等都是突破“左”的思想阻碍的表现。同时,来自右的方面的错误思想的干扰也不容忽视,否定四项基本原则的错误思潮,在改革开放初期就初露端倪。邓小平首先强调了在思想政治领域内坚持四项基本原则的重要性。通过起草历史决议,进一步强调了坚持四项基本原则的重要意义,使在拨乱反正过程中出现的一些错误言论和糊涂认识得到了及时的纠正。但是,随着改革开放的逐步展开,在意识形态领域里也不断地冒出一些直接或间接地力图否定四项基本原则的文艺作品或理论观点来。在党着重纠正“左”的错误的时候，出现了反对四项基本原则的右的错误倾向。在其后反对精神污染和反对资产阶级自由化的斗争中，我们党一直强调要坚持十一届三中全会以来的路线有两个基本点，一是坚持四项基本原则，一是坚持改革、开放、搞活的方针。两者相互联系，缺一不可。

1987 年 10 月 25 日至 11 月 1 日，党的十三大在北京召开。十三大的突出贡献，是系统地阐述了于社会主义初级阶段的理论和在这个理论基础上提出的党在社会主义初级阶段的基本路线。这条基本路线的正式形成，是在邓小平的思想指导下，全党在改革开放的实践中对我国社会主义进行全面再认识的结果，也是对十一届三中全会以来路线、方针、政策的全面继承和高度概括。尤其是明确提出“一个中心、两个基本点”的科学论断，更是直接突出和把握住了我国的基本国情和现阶段党的中心任务。而系统阐述的社会主义初级阶段理论，又为这条基本路线的正式形成，提供了更为坚实的理论依据。报告提出了我国社会主义初级阶段的理论，重申了我国现阶段面临的社会主要矛盾是“人民日益增长的物质文化需要同落后的社会生产之间的矛盾”，明确了社会主义初级阶段的历史使命，强调党和国家工作的重点必须转移到以经济建设为中心的社会主义现代化建设的轨道上来。报告系统地阐明了党在社会主义初级阶段建设有中国特色的社会主义的基本路线。这就是：“领导和团结全国各族人民，以经济建设为中心，坚持四项基本原则，坚持改革开放，自力更生，艰苦创业，为把我国建设成为富强、民主、文明的社会主义现代化国家而奋斗。”

这条基本路线，被简称为“一个中心、两个基本点”，即以经济建设为中心，坚持四项基本原则，坚持改革开放。党的十三大所阐述的社会主义初级阶段理论，为我们制定正确的社会主义初级阶段基本路线提供了基本依据。这条基本路线的提出，丰富并发展了自十一届三中全会以来路线、方针、政策的主要内容，使我们党在社会主义建设理论上开始成熟起来，标志着马克思主义普遍原理同中国社会主义实践相结合进程的重大发展，从而使自十一届三中全会以来逐步认识与形成的党在社会主义初级阶段的基本路线，正式地展现在全党和全国人民面前，成为指引我国人民在社会主义现代化建设新航路上前进的灯塔。这条基本路线来之不易，是十年改革开放实践与开展反“左”、反右两条战线斗争过程中的正确结论；这条基本路线来之可贵，是我们党在认真反思与总结几十年社会主义建设事业中的经验教训基础上的理性结晶。

政治体制改革进程加快

1987年10月25日，党的十三大开幕，邓小平主持了开幕式，大会以《沿着有中国特色的社会主义道路前进》的报告为主题。报告以近三分之一的篇幅论述了政治体制改革，将政治体制改革列入议程，提出了政治体制改革的蓝图和七个方面的改革措施，成为新时期以来中国政治体制改革历程上的一座丰碑。

实际上，在我们打开国门进行经济发展的同时，邓小平已经开始了关于政治体制改革的思考。在1980年8月中央政治局扩大会议上，邓小平郑重提出党和国家领导制度的改革，第一次比较系统地发表对政治体制改革问题的见解，初步确立了政治体制改革的指导思想和基本思路，为我国进行政治体制改革的伟大实践指明了方向。在这篇题为《党和国家领导制度的改革》的讲话中，邓小平第一次比较系统地发表了对政治体制改革问题的精辟见解，成为中国政治体制改革的纲领和宣言书。讲话共分五个部分，分别论述了政治体制改革的一系列重要问题，第一部分，指出党和国家的领导制度以及其他制度，需要积极地、有步骤地进行改革；第二部分，说明实行党和国家领导制度改革的目的是为了充分发挥社会主义制度的优越性，加速现代化建设事业的发展；第三部分，指出了党和国家现行制度中存在的弊端，尖锐地指出这些弊端妨碍甚至严重妨碍社会主义优越性的发挥；第四部分，阐述了肃清封建主义和资产阶级思想影响的问题；第五部分，论述了中央对党和国家领导制度改革酝酿的步骤和措施。讲话最后强调，改革党和国家的领导制度，不是要削弱党的领导，涣散党的纪律，而正是为了坚持和加强党的领导，坚持和加强党的纪律。这个讲话是新时期党的文献中首次提出对政治体制改革的系统的意见，打破了关于政治体制改革的各种思想禁区，凸显了邓小平的远见卓识、革命胆略和昂扬奋发的精神状态。

但随着党的工作重心的转移，经济体制改革的任务迫在眉睫，在1980年8月邓小平发表讲话之后的几年时间内，我国的政治体制改革并没能很快全面推开。随着经济体制改革由农村向城市的深化，出现了放权与收权的矛盾，事实上出现了一个“精减—膨胀—再精简—再膨胀”的怪圈。邓小平看到了问题的症结：“现在机构不是减少了，而是增加了。你这边往下放权，他那边往上收权，增加了许多公司，实际是官办机构。机构多、人多，就找事情干，就抓住权不放，下边搞不活。”①要解决这一问题，便要进行政治体制的变革。邓小平敏锐地抓住这一时代发展的脉搏，从1986年5月至1987年10月党的十三大召开，集中精力反复思考、谈论和强调政治体制改革问题，从而把政治体制改革问题提到了新的高度，提上了党和国家的重要议事日程。1986

① 邓小平：《建设有中国特色的社会主义（增订本）》，人民出版社1987年版，第133—134页。

年5月20日，邓小平会见澳大利亚总理霍克，在向客人介绍中国改革的现状和设想时，他说：城市改革是全面改革，不仅涉及经济领域，也涉及文化、科技、教育领域，更重要的是还涉及政治体制改革。政治体制改革就要消除机构臃肿，人浮于事，官僚主义，还包括改革人事制度。① 这是邓小平继1980年之后再次提出要开始政治体制改革的问题。1986年6月至1987年11月，邓小平对政治体制改革进行了具体设计：重提1980年的《党和国家领导制度的改革》的思想，“一九八〇年就提出政治体制改革，但没有具体化，现在应提到日程上来”，提出了“政治体制改革同经济体制改革应该相互依赖，相互配合。只搞经济体制改革，不搞政治体制改革，经济体制改革也搞不通，因为首先遇到人的障碍”。论述了政治体制改革的几个方面内容：“我想政治体制改革的目的是调动群众的积极性，提高效率，克服官僚主义。改革的内容，首先是党政要分开，解决党如何领导，如何善于领导的问题。这是关键。第二个内容是权力要下放，解决中央和地方的关系，同时地方各级也都有一个下放权力问题。第三个内容是精简机构，这和权力下放有关”。“政治体制改革的内容现在还在讨论，因为这个问题太复杂。每项改革涉及的人和事都很广泛，很深刻，触及许多人的利益，会遇到很多的障碍，需要更加审慎从事。”②

不管怎样，历史走到了那个关键点上，政治体制改革是一定要进行的。否则便不能保障改革的成果，生产力就不能得到进一步的发展。在党的十三大召开前，邓小平抓紧了政治体制改革问题，他在接见外宾

① 中共中央文献研究室编：《邓小平思想年编（1975—1997）》，中央文献出版社2011年版，第576页。

② 邓小平：《建设有中国特色的社会主义（增订本）》，人民出版社1987年版，第134、137、140、138页。

和同别人的谈话中,一直突出强调这一问题。党的十三大接受了邓小平的设想,提出要实行党政分开,进一步下放权力,改革政府工作机构,改革干部人事制度,建立社会协商对话制度,完善社会主义民主政治的若干制度,加强社会主义法制建设,等等,使邓小平的政治体制改革设想具体化。邓小平1980年提出而未具体化的构思,经过七年的历程,在中国改革向纵深发展的新的历史条件下为全党所接受。

十三大报告认为,我国原有政治体制,存在着一些重大缺陷,主要是权力过分集中,官僚主义严重,封建主义影响远未肃清。进行政治体制改革的目的,就是要兴利除弊,清除官僚主义,发展社会主义民主,调动人民的积极性,建设有中国特色的社会主义民主政治。该报告把政治体制改革的近期目标概括为"建立有利于提高效率、增强活力和调动各方面积极性的领导体制"。依据这一思路,提出了近期政治体制改革的主要内容:实行党政分开;进一步下放权力;改革政府工作机构;改革干部人事制度;建立社会协商对话制度;完善社会主义民主政治的若干制度;加强社会主义法制建设。政治改革的长远目标,是建立高度民主、法制完备、富有效率、充满活力的社会主义政治体制。以党的十三大召开为标志,我国政治体制改革全面开始启动。这一时期,政治体制改革的内容涉及许多方面,许多领域,但改革的核心,还是直指我国政治体制的"总病根",即权力过分集中问题。

在此后一年多时间里,在党领导下,我国政治体制改革的实践进展迅猛,取得了显著的成效。在实行党政分开、改善党的领导方面,一是致力于划清党组织和国家政权的职能,转变党对国家事务的领导方式,逐步理顺党组织与国家政权机关以及企事业单位、各种社会组织之间的关系;二是致力于明确中央、地方、基层在实行党政分开实践中应该分别采取的不同方式,先从中央和地方做起,随后再逐步向基层扩展;

三是致力于调整党的组织形式和工作机构,撤销各级党委中不在政府任职但又分管政府工作的专职书记、专职常委,撤销党委机关中与政府机构重叠对口的部门,党的纪律检查委员会不再处理法纪和政纪案件,企事业单位党组织逐步改由所在地方党委领导。这一系列的改革举措,是对党和国家原有权力结构的重大调整,触及相当一些党的领导机关特别是领导干部的切身利益,难度是非常大的。但是,由于党中央的坚强领导和广大干部群众的坚决支持,这些改革举措的实施在总体上是比较顺利、比较平稳的。因此,不管当时发生了多大的风波,社会经过怎样的动荡,党关于政治体制改革的初衷是持之不变的。邓小平在1989年5月就曾经旗帜鲜明、态度坚定地强调:“十三大政治报告是经过党的代表大会通过的,一个字都不能动。”①

二、隐忧暗存:改革进程中暗流涌动

1984年起,中国经济改革开始大步迈进,以往被视为“洪水猛兽”的“商品经济”第一次被写入《中共中央关于经济体制改革的决定》,经济改革中的关键一环——价格改革,也在这年开始实行。

我国的经济体制改革,难度最大的是价格改革。无一例外,世界上所有体制转轨国家在价格放开过程中都碰到了大麻烦。从20世纪50年代到80年代,东欧一系列国家在此问题上出现动乱。中国吸取教训,采取了一个过渡办法,先放开一部分产品的价格,暂时保留一部分计划价格。出于谨慎,开始时我国价格并没有完全放开,而是实行了“双轨制”,同一种商品出现了计划内和计划外的两种价格。价格双轨

① 《邓小平文选》第3卷,人民出版社1993年版,第296页。

制可以说是中国在体制转轨中采取的一个非常独特的办法。

1982 年,经国务院批准,大庆油田超产原油在国内按每吨 644 元出售,其他油田超产的原油均按每吨 532 元出售。当时计划内生产的原油国家定价均为每吨 100 元。高价油与平价油的价差收入,作为“勘探开发基金”用于弥补石油勘探开发。对石油价格的这些专项措施,成了工业品生产资料实行价格双轨制的源头。1984 年 5 月 10 日,国务院发出了 67 号文件(即扩权十条),其中规定,在完成指令性计划以后,超产部分允许企业在不高于计划价格 20%的范围内浮动。1985 年 1 月,国务院又发出 17 号文件,干脆把 20%的限制取消了:超产部分的价格由供需双方自由议定,国家不加干涉。这样,同一种产品就有两种价格,计划内的那部分是计划价格,超产部分是市场价格。在供不应求的情况下,市场价格大大高于计划价格。同一商品,两种价格,这就是人们所说的“双轨价格”。放开的那一部分就是市场价格。有了市场价格这一轨,就打破了指令性计划一统天下的僵死局面,使经济生活出现了生机。

但这一减少改革阵痛的办法也带来了许多“副产品”。同一种商品,存在计划内、外两种价格,高额差价催生了这样一群人——“官倒”出现了,他们通过有政府背景和资源的人或公司,以计划价格买进,然后再按市场价格卖出,从中赚取高额差价。有经济学家保守估计,他们每年赚取的差价是 1000 亿元,相当于当时中国国内生产总值的 6%至 7%。这些人利用手中的权力换取金钱,造就了市场经济最初的腐败现象,引起了人们的强烈不满,同时给物价上涨推波助澜带来了隐忧。

由于指导思想上一度存在的经济建设和改革的急于求成,加上在复杂的建设与改革中经验不足,以及对通货膨胀危害性认识不足和宏观调控的一些偏差,经济运行出现了过热的趋向,当时曾设想以“软着陆”方式缓解经济生活中日趋严重的供求失衡矛盾，但实际上财政、信贷“双紧”政策却几度夭折，使经济不断升温，通货膨胀矛盾逐步升级。据国家统计局的统计，经济环境和经济秩序方面的矛盾，概括起来，突出表现在“四过一乱”。

（一）过旺的社会需求。从1985年到1988年，全社会固定资产投资由2543亿元急剧增加到4497亿元，平均每年增长26.6%（按累计法计算）；当年社会商品购买力由4855亿元增加到10438亿元，平均每年增长22.2%；社会商品零售总额由4305亿元增加到7440亿元，平均每年增长21.8%。上述需求指标的增长均超过同期现价国民生产总值平均增长19.1%的速度。

（二）过快的工业发展速度，特别是加工工业增长过快。在过旺的社会需求拉动下，1984年以后工业生产呈现明显的加速势头，形成经济过热的主导因素。1985年至1988年，全国工业总产值平均每年递增17.8%，其中1988年达到20.8%。在工业的高速增长中，又以加工工业增长最快。1985年至1988年，全国轻工业产值年均递增19.1%，重工业中制造业产值年均递增17.3%，其中1988年两者分别增长22.1%和21.6%，均高于全部工业的平均增长速度。由于工业增长过快，使工业与农业、能源、原材料和交通运输等基础产业之间的比例关系严重失衡。

（三）过多的信贷和货币投放。改革开放以后，随着国民经济货币结算范围扩大，信贷和货币的适度超前增长是必要的。但是1984年以后，信贷和货币的投放大大超过了经济正常发展和改革的需要，成为推动需求过旺的直接原因之一。1985年到1988年，银行各项贷款平均每年增加1446亿元，增长22%；货币投放平均每年增加336亿元，增长28.1%，不仅明显高于同期经济增长速度，而且也明显高于1979年到

1984年的平均增长速度。特别是1988年的货币投放量高达680亿元，是1979年至1984年平均投放量的7倍。

（四）过高的物价涨幅。伴随着供求失衡矛盾的加剧，加之物价管理不完善，市场零售物价总水平与上年相比的涨幅由1984年的2.8%急剧上升至1988年的18.5%。在1988年的物价涨幅中，约有8个百分点是由于国家主动调价带来的，其余大都为自发性涨价和上年涨价的滞后影响。

（五）经济秩序特别是流通秩序混乱。在新旧体制更替过程中，由于宏观调控体系尚不健全，法制体系和市场体系也不健全，加上利益主体多元化伴生的追求局部利益倾向的强化，以及一些人利用国家经济政策不完善而导致的各种真空环境，想方设法甚至不惜以违法乱纪手段牟取个人私利，使经济生活中一度出现了严重无序状态。

正是由于经济生活中存在着上述矛盾和问题，并经过多年的积累，最终在1988年以剧烈的通货膨胀形式爆发出来，引起了经济发展过程中的激烈波动。

三、整顿调整：价格闯关和十三届三中全会的召开

到20世纪80年代末，中国改革开放已走过十个年头了。这一时期，中国的经济建设经历了一个快速发展的阶段，特别是1984年至1988年的五年时间，随着改革的不断深化，许多旧的深层次的矛盾也日益凸显，这些矛盾在不断推动着改革的脚步的同时，也成为进一步深化的阻碍。在加速发展过程中，由于过去长期忽视价值规律的作用，导致我国的价格体系很不合理，价格体系的改革，就成了整个经济体制改革成效的关键。通货膨胀加剧，重复建设严重，经济发展过热现象愈演

愈烈。1988年,在经济秩序特别是流通秩序的混乱状况没有得到扭转的情况下,中央宣布放开大部分商品价格,实行价格改革"闯关"。但由于经济承受能力和国家宏观调控的失衡,导致"闯关"失利,我们迈入治理整顿时期,为进一步改革扫清道路。

价格闯关受挫

1988年1月1日,时任国务院代总理李鹏在全国政协茶话会上提出的当年首先要认真抓好的三件大事中,第一件就是稳定经济和深化改革。《人民日报》发表《迎接改革的第十年》的社论指出:新的一年的最突出的特点是改革将在更深的层次和更广的领域展开。在此后的几个月中,国家对价格改革方案的施行工作不断推进。

4月1日,经国务院批准,国家有关部门从即日起调高粮、油、糖等部分农产品的收购价格。4月5日,国务院发出《关于试行主要副食品零售价格变动给职工适当补贴的通知》。根据《通知》,列入补贴范围的品种限于肉、大路菜、鲜蛋和白糖四种;大中城市职工的补贴,原则上是把暗补改为明补。5月19日,邓小平会见朝鲜政府军事代表团时指出:"理顺物价,改革才能加快步伐。"①"最近我们决定放开肉、蛋、菜、糖四种副食品价格,先走一步。中国不是有一个'过五关斩六将'的关公的故事吗?我们可能比关公还要过更多的'关',斩更多的'将'。过一关很不容易,要担很大风险。"②"但是物价改革非搞不可,要迎着风险、迎着困难上。"③6月9日,《人民日报》发表文章《改革有险阻,苦战能过关》。文章认为:中国的改革发展到今天,已经到了一个关键性阶段,到了非解决物价问题不可的时刻。物价改革是要冒风险的,改革过

① 《邓小平文选》第3卷,人民出版社1993年版,第262页。
② 《邓小平文选》第3卷,人民出版社1993年版,第262页。
③ 《邓小平文选》第3卷,人民出版社1993年版,第263页。

程中，某些人的利益暂时受到一些影响，最终总是会得到解决的。

火柴涨价，引起了连锁反应。1988 年春节前后，江西八家定点火柴生产厂产量普遍下降，城乡市场火柴行情紧俏。3 月 1 日，部分食品和工业品调价措施出台，一些个体户纷纷率先“搭车”提高火柴价格，一些国营、集体商店很快仿而效之。与此同时，部分生产厂家趁着火柴紧张，也趁机提高火柴出厂价。南昌有家火柴厂将 300 多件（每件 1000 盒）火柴以零售价卖出，这些火柴流入市场后，便又以更高的价格卖给了消费者。于是，烟酒、蔬菜、丝袜、奶粉、煤制品、卫生纸、牙刷、牙膏等，从吃穿用商品到学校收费、停车场收费，乃至个体摊上的修理费、服务费，纷纷上涨。在“搭车”涨价风刮起之时，抢购风便往往相伴而生。1988 年 7 月，统计局公布的物价上涨幅度为 19.3%，为改革开放以来的最高纪录。8 月 19 日清晨，中央人民广播电台播发价格闯关的消息，当天就出现抢购。有的人一下子买 200 公斤食盐，买 500 盒火柴，商店被抢购一空。银行发生挤兑，有的地方银行因不能及时支付，群众在愤怒之下把柜台推倒。当时，只要听说商店要出售电冰箱等家电产品，天还没亮，人们就从四面八方来到商店门口排队。生产厂家才将产品运到商店，不等摆上柜台，人们就涌向运货车，抢着自己动手往下搬，好像白送一样。卸下车后，打开外包装检验产品质量，如果没有问题，再到商店里交钱，然后自己拉走。

在普通老百姓参与抢购之前，商人们已经开始了囤积居奇，当时流行的囤积物品包括钢材、水泥等基建物资和彩电、冰箱之类的家用电器。囤家电在今天看来是不可思议的一件亏本生意，而在 1988 年，一些开始有钱的中产者把存款从银行提出来，走“后门”去换成若干彩电冰箱，给每个子女先囤积一台以备将来婚嫁用。抢购持续了一个月之久。

此次价格闯关波及面之广、抢购商品种类之多、商品零售总额增幅之大，都堪称共和国历史之最。据统计局统计，在1988年8月，扣除物价上涨因素，商品零售总额增加了13%，其中粮食增销30.9%，棉布增销41.2%，电视机增销56%，电冰箱增销82.8%，洗衣机增销130%。8月份城乡储蓄存款减少26.1亿元。其中定期减少27.8亿元。面对强大压力，中央不得不调整对策。8月30日，李鹏主持召开了国务院第二十次常务会议，重提“稳定经济，深化改革”的方针，原来政治局会议提出的“五年左右时间”已修订为“五年或者更长一点的时间”。会议要求国务院采取有力措施，确保明年的社会商品零售物价上涨幅度明显低于今年。

改革开放整整十个年头的时候，一场价格放开引发的抢购成为最大的一次经济波动，并在之后引发了一系列经济、社会、政治问题。对此，人称“价格闯关”失败。

根据吴敬琏的回忆，在1988年2月的十三届二中全会前后，理论界曾发生过一次关于通货膨胀的争论。国务院发展研究中心的一些人认为，通胀已成当前经济的“最大敌人”，必须着手治理。而国家体改委所属的体改所的一些学者则持相反观点，他们认定当前物价问题的焦点在食品，而食品价格之所以上涨，说到底是因为供给不足。1988年4月，七届全国人大召开。到了5月上旬，中央提出启动物价“闯关”。“闯关”的意思是，在短期内迅速理顺紊乱的价格体系，从而让经济运行趋于正常。由于体制内外落差很大，价格一并轨，势必会导致物价在一定时期内的上涨，所以，这是一个凶险的“关”，而且必须以“闯”的方式才可能顺利通过。这是一个有着巨大风险和争议的经济决策。5月16日到19日，中共中央政治局常委会制定了物价改革方案，宣布用五年时间把物价放开。为此，国务院建立了物价委员会，以国务院副总理姚依林为主任。

8月，北戴河政治局会议正式公布“闯关”决定，确定五年理顺价格方案，前三年走大步，后两年微调，计划五年物价总计上升70%至90%，工资上升90%至100%。“闯关”政策一公布，迅速震动全国。从当月开始，全国中心城市的猪肉和其他肉食价格以70%左右的幅度上涨，其他小商品迅速跟进。出乎决策层预想的是，“物价闯关”很快就呈现全面失控的可怕趋势，各地物价如脱缰的野马，撒蹄乱窜。当时，全国居民的存款为3000亿元（1992年为1万亿元，2008年为24万亿元），并不是一个很大的数字，但是由于公众的看涨恐慌心理，却造成全国性的抢购风，这似乎应了凯恩斯的那句名言，“社会心理决定了人类的永久的经济问题”。据当时的报纸报道，“人们像昏了头一样，见东西就买，既抢购保值商品，也抢购基本消费品，连滞销的也不放过”。

8月下旬，上海抢购狂潮进入最高潮，市政府不得不采取紧急措施，实行凭票供应食盐和火柴，铝锅只能以旧换新或凭结婚证和户口证申请购买。8月27日晚，中央召开紧急会议，宣布暂停物价改革方案。8月30日，国务院正式发布通知，下半年不再出台新的调价措施，下一年的价格改革也是走小步，工作重点从深化改革转到治理环境、整顿秩序上来。

1988年秋季爆发的这场物价暴涨和全面抢购，被认为是1978年改革以来最大的一次经济失控。国家物价局的《中国物价年鉴》记载：“1988年是我国自1950年以来物价上涨幅度最大、通货膨胀明显加剧的一年。”“闯关”失败后，宏观经济陷入紊乱，全国上下弥漫着阴郁的紧张气氛。

调整整顿，为深入改革扫清障碍

“价格闯关”政策并没有取得预期的效果，结果诱发全国性抢购风潮,影响了社会的安定。为扭转严峻的经济形势,1988年9月26日,十三届三中全会召开。批准了中央政治局提出的治理经济环境、整顿经济秩序、全面深化改革的指导方针和政策、措施。全会建议国务院在之后五年或较长一段时间内,根据严格控制物价上涨的要求,并考虑各方面的实际可能,逐步地、稳妥地组织实施。全会还原则通过了《中共中央关于加强和改进企业思想政治工作的通知》和《关于价格、工资改革的初步方案》。

这次全会确定了治理经济环境、整顿经济秩序、全面深化改革的指导方针,强调压缩社会总需求,抑制通货膨胀;整顿经济生活中特别是流通领域中出现的各种混乱现象;进一步推动政企分开,一是有条件的企业真正放开经营,二是认真完善承包制,进行以公有制为主体的股份制试点和发展企业集团试点。

当时,我国总的经济形势是好的,但存在的困难和问题较为突出,特别是物价上涨幅度过大。为了创造理顺价格的条件,为了经济建设持续、稳步、健康地发展,必须在坚持改革、开放总方向的前提下,必须认真治理经济环境和整顿经济秩序。治理经济环境,主要是压缩社会总需求,抑制通货膨胀。整顿经济秩序,就是要整顿目前经济生活中特别是流通领域中出现的各种混乱现象。在这两方面都要采取坚决有力的措施。

全会把之后两年改革和建设的重点突出地放到治理经济环境和整顿经济秩序上来。治理经济环境,整顿经济秩序,必须同加强和改善新旧体制转换时期的宏观调控结合起来。宏观控制要体现在中央能够说话算数。在新旧体制转换时期,尤其不能过早地轻率地放弃行政手段,以免出现经济生活的混乱。加强行政手段的目的,是为了更好地推进改革,而不是走老路。治理经济环境和整顿经济秩序是长期要注意的大问题,最要紧的是之后两年一定要抓出成效,首先要确保1989年的物价上涨幅度明显低于1988年。根据这一决定,国务院相继采取一系列治理整顿的措施,压缩投资和消费需求,加强对物价的调控和管理,整顿经济生活特别是流通领域中的各种混乱现象。经过一年左右的治理整顿,取得初步效果,一度过旺的社会需求开始得到控制,过高的工业生产速度有所回落。

按照设计,十三届三中全会开始的治理整顿可以大致分为三个阶段,每一个阶段的政策侧重点和经济形势的变化不尽相同,各有特点。第一阶段,从1988年9月至1989年8月,政策的侧重点主要在于多管齐下压需求、整秩序,使经济降温,遏制通货膨胀,稳定经济形势。第二阶段,从1989年9月至1990年8月,政策的侧重点在于坚持总量控制,适当调整紧缩力度,解决市场疲软、工业速度下滑过猛问题,在稳定中求经济适度发展。第三阶段,从1990年9月至1991年11月,政策的侧重点在于保持经济的正常增长,提高经济效益,促进经济结构优化。

后来的经济发展表明,三年的国民经济治理整顿工作取得了很大成就,基本实现了治理整顿的主要目标,创造了一个相对宽松的经济环境,基本的经济秩序正在改革中逐渐形成,为进一步解决经济生活中存在的矛盾和问题,推进改革开放,建设有中国特色的社会主义,奠定了一个比较好的基础。

四、争论再起:姓"社"姓"资"的思想交锋

针对1988年"价格闯关"的失利,十三届三中全会后,中央提出"宏观调控,治理整顿"的方针,开始了严厉的宏观调控。经过一年左

右的治理整顿，中国的经济形势发生了较大的变化。过旺的社会需求得到有效控制，市场开始降温，1989 年 1 月至 9 月，工业生产速度回落到 8.9%，国家信贷收支比 1988 年前 9 个月少发放 377 亿元贷款。此后，又经过十三届五中全会对治理整顿的目标和措施作了进一步调整，到 1991 年底治理整顿的任务才宣告完成。经过三年的治理整顿，过热的经济明显降温，供求失衡的矛盾明显缓解，经济秩序明显好转，进出口贸易由逆差转顺差。在经济好转后，经济发展中新的问题尚待解决，改革期待进一步深化。

"价格闯关"的失利，对全国民众的改革热情是一次重大的挫败，在通货膨胀中利益受到损害的民众对"价格双轨制"下大发横财的"官倒"更为痛恨，并由此产生了"改革造成社会不公"的印象。社会公平和社会效率的辩论屡见报端。在这种思潮的影响下，自 1981 年以来规模和力度最大的、针对私营企业的整顿运动开始了。整治首先是从对私营企业的偷税漏税打击开始的，然后是开始清理整顿国营体系外的新兴企业。来自政治和经济上的双重压力，使很多私营老板产生极大的恐慌心理，10 月 16 日的《经济日报》在头版头条写道，"近一段时期，一些地方的个体工商户申请停业或自行歇业，成了社会的一个热点话题"。有人回忆说，那一年大环境很紧张，没有人愿意来私营企业工作。为了避免遭到更大的冲击，一些人主动地把工厂交给了"集体"。在私营经济最发达的广东省，则出现企业家外逃小高潮。根据新华社的报道，到 1990 年 3 月为止，广东全省共有 222 名厂长经理外逃，携款额为 1.8 亿元。宏观调控所造成的经济骤冷，对通货膨胀下的投资过热确实起到了遏制的效应，但却让所有的商业活动变成一局乱棋。1989 年初，在民营企业发达的浙江省，企业之间互相拖欠贷款造成资金全面紧张，工厂没钱备料，商业无款进货，外贸收购压单，不少企业停工停产。到3月末,全国企业超过正常结算期的拖欠总额已达1085亿元,再加上一些没有列入托收承付的拖欠,其数额远远超过了政策的商业信用范围。

与之形成鲜明对比的是,一些有头脑有见识的领路人,开始不断探索着市场经济下企业的运行机制。1986年以后,股份制改革开始吹响了冲锋号。全国各种类型的股份制企业如雨后春笋般蓬勃发展起来。深圳市在1986年10月出台了《深圳经济特区国营企业股份化试点暂行规定》,将赛格集团公司、建设集团公司、物资总公司等六家市属大型国有企业作为股份制改革试点单位,市政府向这六家企业派出董事长,实行董事会领导下的总经理负责制。时任深圳市委书记的李灏主张用股份制作为国有企业改革的目标和方向,也极力主张引进现代企业公司制度来改造企业经营管理。1988年4月1日,深圳发展银行在特区证券公司的柜台上开始了最早的证券交易。随后深圳市国投证券部和中行证券部相继开业,万科、金田、安达、原野(世纪星源的前身)等也陆续发了股票并上柜交易。

但实际上在思想领域内,直到1991年的中国,依然弥漫着“改革是姓‘社’还是姓‘资’”的硝烟。经过3年的宏观调控,过热的经济趋于平稳,各项经济指标大大降了下来,人们在改革上变得缩手缩脚,尽管中央提出了浦东开放,并重申海南特区政策不变,但是,在总体的发展思路上、各阶层仍然摸不透未来的方向。2月15日至3月22日,上海的《解放日报》根据邓小平在上海的讲话,先后发表四篇署名“皇甫平”的评论,提出要继续坚持解放思想,敢冒风险,大胆改革,不要再囿于姓“社”姓“资”的诘难。这组社论一经刊登,便在一片沉闷的舆论界掀起轩然大波,一些重要报刊也纷纷发表文章,对文章进行批评和反击,提出要问一问改革开放是姓“社”还是姓“资”,并将其与资产阶级自由化联系起来上纲上线。姓“社”还是姓“资”问题成为改革开放推进到这个阶段后出现的理论分歧，一时间，理论界风波骤起，思想陷入迷茫。直到1992年春，邓小平发表南方谈话指出：“计划经济不等于社会主义，资本主义也有计划；市场经济不等于资本主义，社会主义也有市场。计划和市场都是经济手段。”①邓小平的谈话犹如一股强劲的东风，掀起了一轮新的思想解放高潮，为中国特色社会主义指明了前进的方向。

① 《邓小平文选》第3卷，人民出版社1993年版，第373页。

第四章　十四届三中全会：勾画社会主义市场经济体制的基本框架

1993年11月，继十一届三中全会、十二届三中全会之后，又一个在经济体制改革历程中具有里程碑意义的三中全会——十四届三中全会在社会的热切期盼中召开。会议审议通过的《中共中央关于建立社会主义市场经济体制若干问题的决定》，第一次勾画出了社会主义市场经济体制的基本框架，为建立社会主义市场经济体制提供了一个可操作的蓝图。如果说，把"市场经济"写入党的十四大报告中，是一个新时代的标志和起点的话，那么十四届三中全会通过的《决定》则迈出了把经济运行机制从计划体制转到市场体制的第一步。作为世界上第一个关于如何在社会主义条件下搞市场经济的文件，它所承载的丰富意义，不只是一场深刻的社会变革、一次具有深远意义的战略性转移，更有中国共产党人在面对艰巨又伟大的民族复兴任务时，那永不放弃的求索创新和无所畏惧的挑战精神。

一、制定《决定》是顺应改革发展需要的历史必然

把社会主义与市场经济结合起来，建立社会主义市场经济体制，是

前无古人的全新事物。西方的资产阶级政治家甚至对此表示质疑。基辛格曾经对邓小平说:如果你们搞成功的话,是同时给社会主义国家和资本主义国家共同提出了一个哲学问题。撒切尔夫人访华时说过:社会主义市场经济不可能兼容,社会主义不可能搞市场经济,要搞市场经济,就实行资本主义,实行私有化。

十一届三中全会以后,中国开始对高度集中的计划体制进行市场化取向的改革。改革使经济发展焕发出前所未有的活力,但是关于改革取向的争论也从未间断,争论的核心在于如何看待计划与市场的关系。1989 年春夏之交的严重政治风波后,这种争论更加激烈和尖锐。这与当时国际国内形势是紧密相连的。在国内,十余年的改革取得了很大成就,但也积累了一些矛盾,遇到了一些问题。1988 年实行的物价改革和工资制度改革,由于准备工作不足和缺乏经验,引发了比较严重的通货膨胀,物价大幅度上涨,引发了全国性的挤兑存款、抢购商品的风潮。经济体制上的双轨制引发权钱交易的腐败问题也越来越引起社会大众的普遍不满。

国际上,东欧一些社会主义国家相继发生剧变,政权易帜,特别是 1991 年世界上第一个社会主义国家苏联解体。而这些国家大都进行了程度不同的市场化改革。

国际国内出现的这些新情况,使一些原本就反对市场化取向改革的人,把国际国内所发生的这些重大问题和事件的原因,都归结于搞了市场化的改革。他们认为,市场化的改革是资本主义化的改革。

改革是姓“社”还是姓“资”的问题就这样提出来了。实际上,自 20 世纪 20 年代起,关于计划与市场关系的争论在世界范围内持续了近一个世纪,不过那更多的只是经济学家之间的学说争论。而此时的中国,关于计划与市场关系的争论,不仅仅是一个学说问题,更多的是一个政治问题，关系到中国道路向何处去。中央对这场争论高度关注，曾多次把国内知名的经济学家请进中南海，就经济体制改革的方向进行研讨、调研。

1991 年 5 月中旬，中共中央总书记江泽民对苏联进行访问。此时，东欧一些社会主义国家已纷纷改旗易帜，苏联的存亡也岌岌可危。访问苏联回国之后，江泽民亲自策划和部署了 11 次座谈会。

关于座谈会的内容，江泽民明确提出，主要围绕三个专题：第一，用马克思主义观点分析战后资本主义发展；第二，苏联、东欧剧变的原因和教训；第三，建设有中国特色的社会主义。关于参加人员，江泽民提出了三点要求：一是在思想解放、实事求是方面比较突出；二是对改革开放的设计、论证和文件起草等工作参与较多；三是找一至两名海外学成人员。另外，还要有 9 个能介绍并讨论资本主义经济和苏联东欧经济的专家。

座谈会是从 1991 年 10 月 17 日上午开始的，一共开了 11 次。参加座谈会的经济专家名单由江泽民亲自审定，其中包括刘国光、张卓元、蒋一苇、陈东琪、吴敬琏、林毅夫、王慧炯、江春泽、周小川、郭树清、李景贤等有关部门的 21 个专家。这 11 次座谈会都由江泽民亲自主持，引导讨论，他明确表示这是闭门会议，可以自由、放开、活泼地研讨，允许争论。他还自己带头，不作长篇大论讲话，在讨论中随时插话、提问。

对于会议研讨的三个专题，会议讨论形成的倾向性意见是：首先，最初的资本主义自由市场经济在凯恩斯之后发展成为有宏观调控的市场经济；其次，市场配置资源总体上是有效的，苏联、东欧国家尽管反复不断地试图改进计划体制，但始终没有成功，传统计划体制有其内在的、无法克服的根本性障碍；再次，如果市场体制是有效的，运用于我国需要担心的问题是什么？主要有三个方面：一是完全自由市场经济会出现总量供求不平衡和周期波动性，因此需要国家宏观调控；二是市场不是万能的，其配置资源也存在失灵的情况，需要政府去补充；三是某些环节还有外部效应。从体制比较的既有经验看，市场配置资源的效率总体上要比计划体制高，值得借鉴和运用。

这11次座谈会虽然看起来议题宽泛，从国际到国内，从资本主义到社会主义，但实际上每一个议题都集中指向我国当时正在探索问路的经济体制改革。在11次座谈会中，讨论中国特色经济的占到了5次。这5次，是集中在12月10日、12日、13日下午和14日全天进行的。应当说，这11次座谈会比较充分地讨论了我国经济体制的选择和改革目标，出现了“社会主义市场经济”的倾向性提法。而在座谈会上江泽民的插话和专家发言，也为十四届三中全会“五十条”的诞生提供了许多重要观点和素材。

江泽民后来回忆说：“1991年我花了很长一段时间研究西方经济学。我得出结论，在经济不发达的国家，夺取政权以后，要把经济搞上去，必须用市场经济的办法。要通过平等竞争促进经济发展。有人说，你们搞市场经济不要走到资本主义道路上去。我说，市场并不是资本主义的专利品。它只是一种手段，资本主义可以用，社会主义也可以用。”①

1992年10月12日，中国共产党第十四次全国代表大会在北京举行，江泽民在向大会作报告时明确提出我国经济体制改革的目标是建立社会主义市场经济体制，从而形成社会主义认识史上的重大突破。

十四大报告明确要求“必须抓紧制定总体规划，有计划、有步骤地实施”。然而，社会主义市场经济应该如何搞，没有成功的经验可循，也没有失败的教训可以吸取。从何做起、如何推进，更是千头万绪。当

① 中共中央文献研究室《中国道路》课题组编：《中国道路——马克思主义中国化经典文献回眸》，中央文献出版社2011年版，第97页。

时的情况是:一方面,经过十多年的努力和实践,各体制环节间的内在关系已暴露得较为清楚,改革的具体目标和框架已经廓清,改革的重点也很明显,改革的风险与复杂程度已可估计,改革需要更多的审时度势的理性指导。同时,以公有制为主体、多种经济成分共同发展的格局初步形成,市场在资源配置中的作用迅速扩大,全方位对外开放的格局逐步展开,已经具备了实现改革的全局性整体推进、重点突破的条件。另一方面,在经济高速增长中,出现了一些新的矛盾和问题,从根本上讲在于原有体制的弊端没有消除,社会主义市场经济体制尚未形成。解决发展中的问题,必须通过深化改革,更好地发挥计划和市场机制的作用,理顺经济和社会发展的各种关系。由于经济体制改革是渐进的,往往是从局部试点逐步推开,虽然在许多方面都有明显进展,但一些重要领域的改革滞后,成为经济体制链条上突出的薄弱环节,影响着改革的深化和经济的健康发展,迫切要求改革的综合协调和全局性整体推进。

因此,加快建立社会主义市场经济体制,不仅是深化改革、建设有中国特色社会主义的历史必然,也是保持国民经济持续、快速、健康发展的现实需要。

在这样的情况下,顺应社会和时代的发展,顺应人民群众的需要,制定一个全面而又具体指导我们进一步深化改革、扩大开放、建立起社会主义市场经济体制的纲领性文件,已成为无法回避的重大课题。

1993 年 5 月,中共中央政治局举行全体会议,决定下半年在北京召开十四届三中全会,主要内容是讨论建立社会主义市场经济体制问题,并作出建立社会主义市场经济体制的相关规定。

二、《决定》起草：逐步廓清对社会主义市场经济的认识

1993年5月31日，由各方面人士组成的25人起草小组悄然进驻北京西北郊的玉泉山，任务就是为年底召开的十四届三中全会起草《中共中央关于建立社会主义市场经济体制的决定》。

起草组在中央政治局常委会领导下进行工作。起草组组长是时任中央政治局候补委员、中央书记处书记、中央财经领导小组秘书长温家宝，副组长是当时的中央财经领导小组副秘书长兼办公室主任曾培炎和中央政策研究室主任王维澄。起草组成员有：何椿霖（国务院副秘书长）、郑必坚（中宣部副部长）、项怀诚（财政部副部长）、王仕元（国家体改委副主任）、张彦宁（全国人大财经委委员）、高尚全（全国政协经济委员会委员）、孙琬钟（全国人大法工委委员）、徐匡迪（上海市副市长）、桂世镛（国家计委副主任）、刘国光（中国社会科学院副院长）、王梦奎（国务院研究室副主任）、陆百甫（国务院发展研究中心宏观经济研究部部长）、傅芝邨（财政部部长助理）、罗元明（国有资产管理局副局长）、傅丰祥（证监会副主席）、李剑阁（国家经贸委政策法规司副司长）、周小川（中国银行副行长）、曾国祥（国家体改委综合规划司副司长）、赵海宽（人民银行金融研究所名誉所长）、段应碧（农业部农研中心主任）、张卓元（中国社会科学院财贸所所长）、郑新立（国家计委研究室副主任），没有列入这个名单而参加起草工作的，还有外贸部的年轻人张松涛。

起草小组在温家宝领导下分成若干小组。初稿先由各小组根据全体会议讨论的精神研究提出，每个部分写若干条。比如，第一部分和最

后一部分由王梦奎负责,陆百甫、李剑阁参加。第二部分由张彦宁负责,罗元明、曾国祥参加。第三部分由高尚全负责,张卓元、郑新立参加。各小组写出初稿后由王维澄主持,对初稿初步综合和统筹,然后提交温家宝主持的起草小组全体会议讨论修改。

5 月 31 日,在中共中央总书记江泽民的主持下,起草组召开第一次全体会议。江泽民在会上作了长篇重要讲话,就《决定》的框架、主要内容及需要回答的问题等提出了一系列要求。他强调,起草这个《决定》要以邓小平建设有中国特色社会主义理论和十四大报告精神为指导思想,为社会主义市场经济体制的建立提供一份纲领性的文件。

江泽民还指出,这个《决定》一定要有所前进,有所发展;改革既要有长远目标,又要有针对性;要从当前的实际出发,从中国的国情出发。这个指导思想,江泽民在此后的起草工作中多次强调。

温家宝在会上对起草工作提出要求。他说:《决定》在如何建立社会主义市场经济体制上,要比十四大前进一步,在推进改革的政策措施上要有突破,长远目标要明确,起步要扎实。

要把十四大确定的改革目标具体化,勾画出社会主义市场经济体制的基本框架,绝不是轻而易举的事。起草小组成员都感到责任重大,也知道难度不小。

经过两天半的学习和讨论,起草组明确了起草工作要力求做到的几条原则要求:既要大胆解放思想,又要坚持实事求是,从我国国情出发;既要有一个比较完整的总体设想,又要紧紧抓住当前改革和发展中的突出矛盾和问题重点突破;既要体现市场经济的一般规律,吸收和借鉴国外成功经验,又要体现社会主义制度的本质特征,总结我们自己的实践经验;既要反映抓住时机、加快建立新体制的紧迫性,又要考虑到建立和完善新体制需要一个发展过程，注意到它的渐进性；既要有一定的思想高度，又要能指导实际工作，便于操作。

同时，根据江泽民的意见，初步确定了《决定》的框架，共分十个大的部分，每个部分写若干条。至于每个部分写哪几条，以及每一条的具体内容，根据起草组内部分成若干小组的分工负责，先由各小组根据全体会议讨论的精神研究提出。

起草组成员王梦奎回忆说：“采取这样的构架，是考虑到，社会主义市场经济体制是个复杂的系统，文件涉及面很广，头绪纷繁，这样做便于剪除枝蔓，勾画出一个比较清晰的轮廓，也有利于避免起承转合所难以避免的虚话，突出每一条的‘干货’。”

很快，起草组首先拿出了一份共十个部分、五十三条的提纲。中共中央政治局常委听取了起草小组关于《决定》起草内容的汇报，并原则同意这个提纲，要求据此开始正式文件的起草。

《决定》的起草工作，是和广泛而深入的调查研究结合进行的。

1993 年 6 月，在文件起草的同时，中央就组织了由中央和国务院有关部委和地方 360 多人参加的 16 个专题调研组，就建立社会主义市场经济体制的有关问题深入各地，进行广泛而又有重点的调查研究，为文件的起草提供来自实践的依据和认识基础。

调研组的调研内容相当丰富，包括社会主义市场经济体制的基本原则和目标、所有制问题、企业制度问题、市场体系建设、财税金融体制、分配制度、社会保障体系、农村改革、科技教育体制、法制建设等等。起草文件遇到什么问题，调研组就研究什么问题，研究成果及时提供文件起草组参考。各专题小组根据中央财经领导小组部署，积极组织有关专家学者进行调查研究，先后于 1993 年八九月份提交调研报告。比如，第一专题调研组由国家体改委牵头，其他有关部门参加，形成了建立社会主义市场经济体制的基本原则与具体目标的调研报告。报告提出,我们所要建立的社会主义市场经济体制,是将公有制与市场经济内在统一,各类企业平等竞争,在积极有效的国家宏观调控下,市场对资源配置起基础作用,能够实现效率与公平高水平结合的经济体制。调研报告还对建立市场经济体制的推进方式、改革重点和阶段目标作了论述。又如,《所有制结构以及国有资产的经营与管理》调研报告,是由国家体改委、国有资产管理局牵头,国家计委、国家经贸委、财政部、国务院研究室、国家工商总局、中国工业经济协会、中国法学会组成的调研小组提供的。调研小组赴广东、江苏、上海、浙江等地实地调研,总结试点经验,召开了专家学者和部分省市的研讨会,广泛听取各方面的意见,对什么是现代企业制度和现代企业制度的基本特征作了理论概括,等等。这些专题调研为起草组提供了丰富的背景材料,其中许多好的意见被《决定》稿吸收了。起草小组和各调研组之间保持着密切的联系,不断交换意见,对各个专题反复进行磋商、探讨,对一些问题的看法逐渐取得一致。

从传统的计划经济向社会主义市场经济的转变,是一次历史性的跨越,是一次根本性的变革。在文件起草过程中,各方面讨论最多、起草组费工夫最大的问题,是关于现代企业制度问题。

这个问题,《决定》开始起草时就提出来了,但直到提交全会之前还在讨论和修改,全会上也进行了热烈的讨论。据起草小组成员之一、著名经济学家张卓元回忆,当时,对于企业改革的方向是建立现代企业制度,这个观点大家是一致的。但在现代企业制度有哪几个基本特征这个问题上却反复讨论了好久,直至请国家经委的一些同志过来一块反复商议。最后《决定》为现代企业制度概括了四个特征,这就是“产权清晰、权责明确、政企分开、管理科学”。

这从一个侧面再次说明国有企业改革是经济体制改革的重点和难点所在。

如果从20世纪70年代末发轫于四川，又经过京、津、沪、闽四省市的扩展而遍行全国的“扩大企业自主权”（“放权”）改革开始算起，国有企业改革已经进行了十余年。稍有记忆的人都会知道，那时报纸上面的说法是“一放就活”。

此后，改革的办法绵绵不绝，舆论也总是给我们以振奋的消息。“利改税”政策出台后，报纸上便“一改就灵”；“承包制”一来，报纸上便“一包就灵”；政府讲要“优化组合”，报纸上又是“一优就灵”……

然而，改革的实际效果却无法让人乐观。经过十几年的改革，我们所能看到的依然是工业经济效益全局性的下降、企业亏损全面性的上升；当时的国有企业1/3明亏、1/3暗亏，加起来2/3亏损，长期亏损、资不抵债的企业成为国家的沉重包袱。剩下的1/3赢利，而赢利的企业又受到各种鞭打快牛政策的困扰。那么在社会主义市场经济体制目标确立后，刚从“国营企业”更名为“国有企业”的改革方向何在？党内外、国内外都在拭目以待。

可以说，这是一个关系整个经济体制改革成败和国民经济持续健康发展的大课题。

在社会主义条件下搞市场经济，一个关键问题就是市场经济能不能与公有制结合。有些人之所以认为在社会主义条件下实行不了市场经济体制，就是觉得市场经济无法实现与公有制的结合。而社会主义市场经济能不能同社会主义公有制结合在一起，关键在于能不能解决国有企业的问题。建立现代企业制度便是把社会主义同市场经济结合起来的一个重要途径。

创建现代企业制度，实现公有制特别是国有制企业同市场经济的有机结合,以更好地发挥其主导和骨干作用,促进经济发展,是建立社会主义市场经济的关键所在。当然,建立现代企业制度是一个过程,其中有许多新问题需要人们不断去发现、去认识、去解决,因而《决定》对此留出了广阔的探索试验的空间。

在《决定》的起草过程中,也不可避免地会出现这样那样认识上的分歧,甚至争论。比如,当时对市场体系要素市场,尤其是资本市场、劳动力市场,要不要也列到社会主义市场经济整体框架里头,是有争论的。关于资本市场,本来是客观存在的事物,但在计划经济条件下,因为怕"资本"跟"资本主义"画等号,"资本"改称为"资金"。实际上,资本作为生产要素,不只与资本主义相联系,社会主义同样要利用这个要素。最后《决定》实事求是地使用了"资本市场"的概念。关于劳动力市场的争论更加激烈。在讨论的时候,有同志提出来不要把劳动力市场列进去。之所以回避"劳动力市场"的提法,顾忌的是,说劳动力是商品,和工人阶级的主人翁地位相矛盾,担心引起政治上的不良影响。然而,如果市场体系只保留商品市场,不保留要素市场当中的两个最关键的劳动力和资本市场的话,社会主义市场经济就缺胳膊少腿,不完整了。从理论上说,这个问题应该是很清楚的,劳动者出卖的只能是劳动力而不是"劳动"或者"劳务",因为"劳动"或者"劳务"是在劳动者和雇主交易行为发生后才进行的,这一点马克思在《资本论》中有精辟的分析。根据起草组分工,高尚全、张卓元、郑新立负责起草"培育和发展市场体系"这一部分,高尚全就这个问题给江泽民写了一个报告,随后这个报告被江泽民批印给中央政治局常委各同志传阅。后来在中央政治局常委会讨论《决定》时,高尚全再次发言谈提出"劳动力市场"的五条理由:第一,劳动力的价值只能通过交换才能体现出来。劳动力进入市场是劳动的能力进入市场,而不是劳动者本身进入市场。第二,确立劳动力市场是市场经济体制的内在要求。如果劳动力这个最活跃的要素不能进入市场,统一开放的市场体系就很难建立。第三,不开放劳动力市场,我们的就业压力解决不了。第四,现实生活中已经有了劳动力市场。第五,提出“劳动力市场”不会影响工人阶级的主人翁地位。最后经过中央政治局常委会讨论,决定采纳这个提法。

把包括劳动力在内的金融、房地产、技术和信息等生产要素都纳入市场体系,实行市场化,这是重大的理论突破。十二届三中全会通过的《关于经济体制改革的决定》中明确说:“在社会主义条件下,劳动力不是商品,土地、矿山、银行、铁路等等一切国有的企业和资源也都不是商品。”

王梦奎回忆说:“从6月下旬开始,起草组用两个月时间,先后完成了第一稿至第三稿,于9月9日将第三稿提交中央政治局常委会审议。根据中央政治局常委会讨论的意见,修改后形成第四稿,于9月20日提交中央政治局审议。根据中央政治局讨论意见又作了修改,形成征求意见稿,于9月底下发全国各省、自治区、直辖市以及中央和国务院各部门、军队各大单位征求意见。十四届中央委员和候补委员,中央党、政、军各部门负责同志,各省、自治区、直辖市和各大军区的党委负责同志,都参加了对《决定》征求意见稿的讨论,并向中央写出报告。总共收到138份报告和修改意见,包括30个省(自治区、直辖市)、92个部门和16位老同志的意见。这些报告和修改意见,都转到文件起草组认真阅读和研究。各方面对《决定》征求意见稿给予充分肯定,也以极其认真负责的精神,对稿子大到框架结构、内容表述,小到遣词造句和标点符号,总共提出1050多条修改意见。”

9月29日,江泽民在中南、西南十省区经济工作座谈会上谈到了《决定》的起草情况。他说:“建立新的经济体制是一项宏大的系统工程,越是向深入发展,复杂性和难度越大,必须配套改革,循序渐进,重点突破。中央政治局决定,将在近期召开党的十四届三中全会,研究建立社会主义市场经济体制的若干重要问题,并作出决定。这个决定将对社会主义市场经济体制勾画出一个基本框架,主要涉及与社会主义市场经济体制相适应的企业制度、市场体系、政府职能、农村改革、对外开放、社会保障以及科教、法律体系等方面的内容。在文件起草过程中,做了大量、深入的调查研究工作。文件力求体现从我国的国情出发,按照解放思想、实事求是的原则,既要有一个比较完整的总体设想,又要紧紧抓住当前改革和发展中的突出矛盾和问题重点突破;既要体现市场经济的一般规律,吸收和借鉴国外的成功经验,又要体现社会主义制度的本质特征,总结我们自己的实践经验;既要体现抓住时机、加快建立新体制的紧迫性,又要考虑到建立和完善新体制需要有一个发展过程,注意到它的渐进性;既要有一定的思想高度,又要能指导实际工作,便于操作。总之,我们要不失时机地推进改革,加快建立社会主义市场经济体制。”

经过 5 个半月的起草工作,集中了全党智慧的《中共中央关于建立社会主义市场经济体制若干问题的决定》,终于在广泛调研的基础上形成了。

11 月 3 日,中央政治局常委会听取起草组关于各方面对《决定》征求意见稿的意见和修改情况的汇报,并进行讨论。会后,起草组根据中央常委会讨论的意见对《决定》稿作了修改。11 月 6 日,中央政治局召开会议,对《决定》修改稿进行讨论,原则同意并决定修改后提交十四届三中全会讨论。

至此,提交全会讨论的《决定》草案,经历了八易其稿。起草组有同志开玩笑说,“七搞(稿)八搞(稿),总算搞出来了”。

1993年11月11日至14日，十四届三中全会在北京召开，审议通过了这个《决定》。如同巨石击水，《决定》在国内外产生了强烈反响。

一家有影响的国外报纸这样评论道："刚刚通过《决定》的十四届三中全会意义非凡，其重要性仅次于去年春天邓小平南方谈话和秋季召开的党的十四大。如果把这三个重要阶段比喻成三级跳，那么，三中全会就是这最后一跳。"

三、《决定》对建立社会主义市场经济的重大贡献：勾画出社会主义市场经济的基本框架

十四届三中全会通过的《中共中央关于建立社会主义市场经济体制若干问题的决定》，除开头和结束语各一段简短的文字外，分十个部分，五十条，因此又被称作"五十条"。

第一部分是总论，讲我国经济体制改革面临的新形势和新任务，对社会主义市场经济体制勾画了一个基本框架，指出推进改革需要注意把握的主要之点，这些主要之点实际上也是对以往改革经验的总结。从第二部分到第五部分，分别讲建立现代企业制度、培育和发展市场体系、建立健全宏观经济调控体系、建立合理的个人收入分配和社会保障制度，阐述社会主义市场经济体制基本框架的几个主要方面。第六部分到第九部分，是四个专题，分别讲农村经济体制改革、对外经济体制改革、科技体制和教育体制改革，以及加强法律制度建设这样四个专门问题。最后一部分，讲加强和改善党的领导的问题，这是建立社会主义市场经济体制的政治保证。

这十个部分，构成了建立社会主义市场经济体制的总体蓝图。

（一）社会主义市场经济体制的基本框架

《决定》清晰地描绘出社会主义市场经济体制的基本框架，是对十四大提出的社会主义市场经济体制改革目标的具体化和系统化，是我们建立新体制的总体规划和行动纲领。《决定》鲜明地指出：社会主义市场经济体制是同社会主义基本制度结合在一起的。建立社会主义市场经济体制，就是要使市场在国家宏观调控下对资源配置起基础性作用。为实现这个目标，必须坚持以公有制为主体、多种经济成分共同发展的方针，进一步转换国有企业经营机制，建立适应市场经济要求，产权清晰、权责明确、政企分开、管理科学的现代企业制建立全国统一开放的市场体系，实现城乡市场紧密结合，国内市场与国际市场相互衔接，促进资源的优化配置；转变政府管理经济的职能，建立以间接手段为主的完善的宏观调控体系，保证国民经济的健康运行；建立以按劳分配为主体，效率优先、兼顾公平的收入分配制度，鼓励一部分地区一部分人先富起来，走共同富裕的道路；建立多层次的社会保障制度，为城乡居民提供同我国国情相适应的社会保障，促进经济发展和社会稳定。这些主要环节是相互联系和相互制约的有机整体，构成社会主义市场经济体制的基本框架。

在这个框架中，"坚持以公有制为主体、多种经济成分共同发展的方针"，是社会主义市场经济体制的基石或基础。在这个基础上，现代企业制度、全国统一开放的市场体系、完善的宏观调控体系、合理的收入分配制度、多层次的社会保障制度这五个相互联系和相互制约的主要环节，构成社会主义市场经济体制的五大支柱。如果把社会主义市场经济体制比作一座大厦，这五个环节就是这座大厦的五大支柱，以公有制为主体、多种经济成分共同发展的所有制结构就是这座大厦的基石。

这样一个基本框架，是对十四大提出的社会主义市场经济体制改革目标的具体化和系统化，是在十四大基础上的重大突破。十四大确立了社会主义市场经济体制的改革目标，并且强调两点：一是，社会主义市场经济体制是同社会主义基本制度结合在一起的；二是，“我们要建立的社会主义市场经济体制，就是要使市场在社会主义国家宏观调控下对资源配置起基础性作用”。《决定》的起草，一开始就是以这两个基本论断为指导来设计各个方面的改革方向和措施的。9 月 9 日，中央政治局常委会讨论《决定》送审稿时提出：要提纲挈领地勾画出社会主义市场经济体制的基本框架，使人能够一目了然。起草组负责综合的几个同志经过攻关，反复推敲琢磨，提出了这样一个具有高度概括性的社会主义市场经济体制的基本框架。

江泽民在十四届三中全会的讲话中说：“这次全会决定所勾画的社会主义市场经济体制基本框架，虽然还需要在实践中接受检验和继续完善，但有了这个基本框架，可以增强我们对改革工作指导的预见性，使改革更加富有成效。”

《决定》对社会主义市场经济体制框架的这种勾画，是在十四大基础上的重大突破，也是对社会主义理论的一个重要贡献。

我们注意到，《决定》在描述框架时，首先强调了必须坚持以公有制为主体、多种经济成分共同发展的方针。之所以这样做，是因为形成以公有制为主体、多种经济成分共同发展的所有制结构，是建立社会主义市场经济体制的基础。市场经济要求参与经济活动的微观经济主体是有独立利益的市场竞争者，而不能是计划经济条件下行政部门的附属物或算盘珠。按照这个要求，必须大力调整所有制结构以形成多元的市场主体。如果所有制结构单一，仍然是公有制或国有制一统天下，没有多元的市场主体，就不可能有真正的市场竞争，因而也就不存在市场经济了。改革开放以来，我国经济的所有制结构已经发生了很大的变化。到1992年，国有经济、集体经济和非公有制经济（包括个体、私营和外资经济）所占比例，由1978年的80%、20%和0.7%，变为52%、35%和13%，初步形成了以公有制为主体多种经济成分共同发展的格局，对发展生产、活跃市场、方便生活起了明显作用。《决定》着眼于改革实践，打破了长期以来对所有制的崇拜，改革的锋芒触及了所有制，强调在建立新经济体制进程中，要按照市场经济的要求继续完善所有制结构，总的变化趋势就是《决定》指出的："随着产权的流动和重组，财产混合所有的经济单位越来越多，将会形成新的财产所有结构。就全国来说，公有制在国民经济中应占主体地位，有的地方、有的产业可以有所差别。公有制的主体地位主要体现在国家和集体所有的资产在社会总资产中占优势，国有经济控制国民经济命脉及其对经济发展的主导作用等方面。"根据这个思路，完善的所有制结构将包括三个方面的内容：一是充分体现以公有制为主体、以国有经济为主导。公有制的主体地位是就整个国民经济而言，不同地区、不同行业、不同企业可以有所不同，其主体地位表现为在全社会总资产中占有多数，在创造的价值中亦应占多数；国有经济主导作用表现为控制国民经济命脉，对整个经济、对其他经济成分有导向作用和具有决定性意义。公有制经济的主体作用是在市场竞争中形成的，应该是最有活力的。公有制经济的实现形式将是多样化的，可以说财产混合所有的经济单位会越来越多，单纯的公有制会逐步减少，这是一种趋势。二是鼓励非公有制经济，在国家产业政策引导和法规规范下健康发展，同时加强管理和监督，使之成为整个国民经济的组成部分。我们不可能事先规定其发展速度和增长比例，但我们可以用法律和税收政策加强宏观调控。三是多种经济成分之间，应该是长期并存、优势互补、共同发展、公平竞争的。要实现公平竞争，国家就必须为各种经济成分创造大体相同的政策环境、法律环境、社会环境和市场环境，改变按所有制性质制定经济政策和法规的传统做法，实行一视同仁的政策。这样的所有制结构，就能保证利益主体的多元化，是适应市场经济发展的。

（二）建立现代企业制度

在我国构建社会主义市场经济体制，碰到的一个关键问题就是国有企业所有制结构以及公有制形式单一。

市场经济要求参与经济活动的微观经济主体是有独立利益的市场竞争者。而我们当时的国有企业在所有制结构上都是单一的公有制。在我国当时的工业总产值中，国营占 56.1%，集体占 35.7%，两者加起来超过了 90%。这样一种单一的公有制结构，不可能形成有独立经济利益的主体。没有多元的市场主体，就不可能有真正的市场竞争。国有企业是社会主义市场经济的主体，如果国有大中型企业不能进入市场，参与市场的竞争，社会主义市场经济就不是真正的市场经济了。

有些人断言，在社会主义条件下实行不了市场经济体制，很重要的一个理由就是基于这样的一个体制障碍；认为市场经济无法实现与公有制的结合，也是基于这样的理由。因为，此前人类历史上自由发育的市场经济，都是建立在私有制的基础上。

为此，东欧一些前社会主义国家在 20 世纪 90 年代的市场化改革中，就选择了大规模私有化，放弃社会主义，结果并不好。中国不能搞私有化。中国共产党的选择是：既要坚持社会主义，又要实行市场经济。我们搞的是社会主义市场经济。

这种选择的一个关键问题就是：要解决怎么把国有企业推向市场，

使其成为有独立利益的市场竞争者，成为社会主义市场经济的主体。这个问题不解决，就谈不上社会主义市场经济体制的建立，也解决不了市场经济与公有制结合的问题。

怎样找到适应国有企业发展社会主义市场经济要求的管理体制和经营机制？怎样找到公有制与市场经济的有机结合方式？这就需要对传统的社会主义进行理论创新、制度创新。

总结国有企业改革十几年的经验，立足于建立社会主义市场经济体制的目标，十四届三中全会的《决定》实现了对传统社会主义的理论突破和制度创新，找到了能够使国有企业成为市场主体的管理体制和公有制与市场经济有机结合的方式，这就是现代企业制度。

十四届三中全会通过的《决定》第4条开宗明义地指出：

> 以公有制为主体的现代企业制度是社会主义市场经济体制的基础。
>
> 建立现代企业制度，是发展社会化大生产和市场经济的必然要求，是我国国有企业改革的方向。

给出这两个判断后，《决定》接下来阐明了现代企业制度的五个方面的特征：一是产权关系明晰，企业中的国有资产所有权属于国家，企业拥有包括国家在内的出资者投资形成的全部法人财产权，成为享有民事权利、承担民事责任的法人实体。二是企业以其全部法人财产，依法自主经营，自负盈亏，照章纳税，对出资者承担资产保值增值的责任。三是出资者按投入企业的资本额享有所有者的权益。四是企业按照市场需求组织生产经营，政府不直接干预企业的生产经营活动。五是建立科学的企业领导体制和组织管理制度，形成激励和约束相结合的经营机制。

现代企业制度这五个方面的特征，后来又被概括为“产权清晰、权责明确、政企分开、管理科学”。这样一些特征，其实也就是针对长期困扰国有企业的政企不分、产权不清、企业自主权不落实、自我约束机制不健全等弊端，要着力解决的几个方面的问题。

现代企业制度的要点是明确产权关系，即企业中的国有资产所有权属于国家，企业拥有包括国家在内的出资者投资形成的全部法人财产权，成为享有民事权利、承担民事责任的法人实体。但在这个问题上，也经历了一番争论。

原来设想，企业对国有资产是占有和使用，和归属意义上的所有权不同，所以一直到下发《决定》征求意见稿，用的都是“企业法人财产支配权”的提法。在讨论和征求意见过程中，国家体改委等单位认为这个概念表述不清，而“法人财产权”有比较科学的界定，与国家所有权有严格区别；采用“法人财产权”的概念，既与现行的《企业法》和《国有企业转换经营机制条例》所规定的企业经营权相衔接，又可以充实企业经营权的内容，有利于企业成为自主经营、自负盈亏的法人，符合建立现代企业制度的要求。国家体改委的洪虎为此写了一个报告。江泽民非常重视，在报告上批示：“言之有理有据”“值得我们再研究一下”。起草组经过认真讨论，并向11月3日中央政治局常委会请示，中央政治局常委会经讨论采纳了“企业法人财产权”的提法。

通过建立现代企业制度，主要解决四个方面的问题：一是理顺产权关系。二是实现政企分开。三是对国有资产来说，国家的任务在于探索和从实际上解决国有资产保值增值的管理和经营体制，从而防止目前严重存在的国有资产流失现象，切切实实地使公有制经济在市场经济中发展和壮大。四是对企业来说，要适应市场经济的发展，必须建立科学的内部管理体制，这是现代企业制度不可或缺的重要组成部分。现代企业制度的提出，使十四大确立的社会主义市场经济体制的改革目标得到了深化和丰富，既有一定的理论深度，又有重要的实践意义，是《决定》的重大贡献之一。

（三）培育和发展市场体系

要发挥市场机制在资源配置中的基础性作用，就必须培育和发展市场体系。十四大报告也提出了“加快市场体系的培育”的任务，强调：“继续大力发展商品市场特别是生产资料市场，积极培育包括债券、股票等有价证券的金融市场，发展技术、劳务、信息和房地产等市场，尽快形成全国统一的开放的市场体系。”但当时还只是原则性地强调，怎么去培育，还没有来得及具体规定。十四届三中全会的《决定》在十四大报告的基础上又有新的前进。一是明确了当前培育和发展市场体系的重点“发展生产要素市场”。《决定》指出：“当前要着重发展生产要素市场，规范市场行为，打破地区、部门的分割和封锁，反对不正当竞争，创造平等竞争的环境，形成统一、开放、竞争、有序的大市场。”而发展生产要素市场，当前重点是“发展金融市场、劳动力市场、房地产市场、技术市场和信息市场等”。二是对如何培育和发展商品市场、金融市场、资本市场、劳动力市场、房地产市场、技术和信息市场等，作出了明确具体的规定。三是把包括劳动力在内的资本、房地产、技术和信息等生产要素都纳入市场体系，实现了重大的理论突破。

市场体系的基础是商品市场，重点是发展生产资料市场，整个市场体系培育的重点是生产要素市场，特别是资本市场、劳动力市场、技术信息市场、房地产市场等。当时生产要素市场发展的滞后，制约着市场体系的形成，因此《决定》强调“当前要着重发展生产要素市场”，这是对15年来商品市场发展成效的肯定，也是对建立新体制，充分发挥市场在资源配置中的基础性作用最好的反映，具有重要意义。没有发达的要素市场，就说不上资源的合理配置，当然也就说不上市场经济。发展和培育市场体系，还需要解决好市场交易的规则、管理制度和有关法规的建设，使市场能够有序运行。同时，还必须进一步解决地区封锁、条块分割问题，真正建立全国统一开放的大市场。

（四）转变政府职能，建立健全宏观经济调控体系

《决定》还有针对性地提出要转变政府职能，建立健全宏观经济调控体系的问题。十四大确立了社会主义市场经济体制的改革目标，并且强调两点：一是，“社会主义市场经济体制是同社会主义基本制度结合在一起的”；二是，“我们要建立的社会主义市场经济体制，就是要使市场在社会主义国家宏观调控下对资源配置起基础性作用”。完善成熟的市场机制与科学的宏观调控体系都是社会主义市场经济体制的本质要求，二者是统一的，是相辅相成、相互促进的。而加快建立国家经济宏观调控体系，在从传统计划经济体制向社会主义市场经济体制转轨这一特殊历史时期中，又显得特别重要，它是新体制的建立和健康运行的组织保证。中央领导同志在讨论《决定》稿时多次强调加强和改善宏观调控的重要性，说没有制动器的汽车是不能开的。为此，在加强和改善宏观调控方面，《决定》提出了一系列重要观点和原则，既吸收了世界上市场经济搞得好的国家的成功经验，也十分注意从我国国情出发。其中有三点意见非常重要。一是对宏观调控三种手段的各自作用和相互关系，作出了清楚界定，指出要“建立计划、金融、财政之间相互配合和制约的机制”，并分别阐述了各自宏观调控的具体目标和任务，明确“运用货币政策与财政政策，调节社会总需求与总供给的基本

平衡”并与产业政策相配合,促进国民经济和社会的协调发展。这是我国建立新体制必须解决而长期又不十分明确的问题,对于我国既要从计划经济向市场经济过渡,又要保持经济持续、快速、健康发展具有非常重要的意义和很强的针对性。二是以准确的语言阐述了财税体制、金融体制、投资体制和计划体制改革的具体方向、目标和实现的途径,为今后推行五大改革指明了方向。三是强调了“合理划分中央与地方经济管理权限,发挥中央和地方两个积极性”。其新意在于指明“宏观经济调控权,包括货币的发行、基准利率的确定、汇率的调节和重要税种税率的调整等”,“必须集中在中央”,但同时,也明确省级在运用地方税收和预算,以及融资手段,来调节本地区的经济活动方面有必要的权力。强调了两个积极性,又没有提两级调控,是一种科学的、符合实际的观点,是有利于经济健康发展的。

(五)建立合理的个人收入分配和社会保障制度

建立以按劳分配为主体,效率优先、兼顾公平收入的分配制度,这是与公有制为主体,多种经济成分并存的所有制结构相适应的。公平是社会主义基本制度的要求,但公平不是平均主义。不注重效率,就失去了搞市场经济的意义。市场经济条件下的劳动分配制度,应该体现三个原则,一是效率优先的原则,二是竞争的原则,三是公平的原则。合理的个人收入分配制度是社会主义制度优越性的重要表现。要通过分配制度改革,引进优胜劣汰的竞争机制,通过竞争拉开收入差距,促进劳动者不断提高素质和技能,创造高水平的劳动生产率。要鼓励一部分人和一部分地区通过诚实劳动和合法经营先富起来,逐步实现共同富裕。要通过制定相关分配政策、法律和税收进行调节,保护合法收入,取缔非法收入,防止差距悬殊形成两极分化。

建立社会主义市场经济体制，将给人们带来更多的发展机会，同时也会带来一些风险。如何建立社会保障机制，解除人们的后顾之忧，是改革中必须解决的大问题。由此，建立多层次的社会保障制度也成为社会主义市场经济体制的重要支柱。形象地讲，一个国家的国民经济运作要保持整体结构的协调，就必须有两大系统作支持：一为动力系统，主要解决效率和经济的增长；二为稳定系统，主要解决经济和社会的稳定。这好比任何一种机动车，都离不开加速器和减震器一样。如果说，“加速器”是市场机制，那么“减震器”就是缓解社会经济矛盾的社会保障系统。市场经济从某种意义上来说就是竞争性经济，优胜劣汰机制的作用会反映到经济社会生活各个方面。企业内部的优化组合，企业间的竞争以至有的企业破产，以及职工的养老退休、医疗等等，都需要建立完善的社会保障体系，以保证企业改革的深化、社会的稳定和国民经济的顺利发展。

建立社会保障体系的重点是养老保险和失业保险，以及医疗保险和工伤保险等。《决定》强调，建立社会保障制度要注意社会保障水平与我国经济发展水平和各方面的承受能力相适应，还要把城乡社会保障办法区别开来。这是符合当时中国国情的。从一定意义上讲，社会保障虽然是一种“负效益”，但它是其他物质生产部门产生效益的基础，它从人力资本的数量和质量两个方面保障对经济发展所必需的要素投入，从更宏观的意义上促进资源有效配置。

建立在坚持以公有制为主体、多种经济成分共同发展基石上的这五个主要环节，是相互联系、相互制约的有机整体，构成了社会主义市场经济体制的基本框架。实现从旧经济体制向新经济体制过渡，就要围绕这些主要环节，协调配套地进行全面改革。

《决定》是继 1984 年十二届三中全会通过的《中共中央关于经济

体制改革的决定》之后，中国共产党人写出的又一部“马克思主义的基本原理和中国社会主义实践相结合的政治经济学”，在理论和政策上有许多新突破。

它把党的十四大提出的建立社会主义市场经济体制目标具体化，是继续深化改革的纲领性文件；它总结了我国改革开放的基本经验，并借鉴市场经济发达国家的有益经验，回答了改革实践中提出的许多重大问题；它完整阐述了社会主义市场经济体制的主要内容，指明了企业改革的方向，对转变政府职能和建立宏观调控体系作出了明确部署；它强调了建立社会主义市场经济体制要解决许多极其复杂的问题，提出积极而又稳妥地全面推进改革的方针。

这些思想，或许难以引起现在人们的惊奇，因为这些认识今天都已经成为常识，但在当时确是来之不易的。试想一下，在 1992 年邓小平南方谈话和党的十四大以前，我们党对市场经济还知之甚少，要不要搞市场经济还有争论，仅仅过了一年时间，对建立社会主义市场经济体制就有这么广泛的共识，搭起了这么一个基本框架，这是多么大的变化！

四、《决定》的推出使社会主义市场经济体制改革进入整体推进与重点突破相结合的新阶段

十四届三中全会的召开标志着中国改革进入了新的阶段：从单项突破转入整体推进，重点突破，配套进行；从对旧体制的局部变革，转入全面攻坚。

《决定》从中国的基本国情出发，完整阐述了社会主义市场经济体制的主要内容，而且强调了建立社会主义市场经济体制还要解决许多极其复杂的问题。从社会主义市场经济体系的微观基础到宏观管理，

从城市改革到农村发展,从经济运行机制到科技教育体制,从经济手段运用到法律制度建设,从生产、分配到流通、消费等各个环节和领域,都提出积极而又稳妥地全面推进改革的方针。这个框架虽然还需要在实践中受检验和继续完善,但有了这个框架,可以增强我们对改革工作指导的预见性,使改革更加富有成效。

《决定》既有比较完整的总体设想,又紧紧抓住当前改革和发展中的突出矛盾和问题重点突破,便于有计划、有步骤地实施,具有很强的指导性。《决定》中所讲的改革措施,有不少实际上是对酝酿已经比较成熟的方案的确认。全会闭幕之后,国务院迅即召开全体会议,贯彻落实《决定》精神。在很短的时间内,于1993年12月15日、12月25日和1994年1月11日,分别作出《关于实行分税制财政管理体制的决定》《关于金融体制改革的决定》和《关于进一步深化对外贸易体制改革的决定》。1994年新年伊始,中国同时展开的财税、外汇、金融、外贸改革,价格、流通等项改革也陆续出台。这些改革涉及各行各业,牵动千家万户,波及之广,风险之大,操作之难,中国15年改革史上前所未有,世界经济史上也是罕见。

1月1日,人民币汇率并轨,人民币终于从官方定价走向市场定价,与国际惯例接轨。4月1日,新的外汇体制正式运行,实行银行结汇、售汇制,银行间外汇市场开始运作。

1月1日,也是新的财税体制运行的第一天。财税改革是社会主义市场经济体制改革的重要内容,改革的重点:一是建立分税制,就是把地方财政包干制改为在合理划分中央与地方事权的基础上,建立中央税、共享税和地方税。二是按照统一税法、公平税负、简化税制和合理分权的原则,改革和完善税收制度,推行以增值税为主体的流转税制度。三是改革和规范复式预算。

金融改革也在稳步推进。金融改革的目标是：把中央银行变成真正的中央银行，把国有专业银行办成商业银行，建立统一开放、有序竞争、严格管理的金融市场。1994 年以来，人民银行转变职能，严格控制货币发行，加强金融监管。为了防止货币超经济发行，从今年起发生财政赤字不再向人民银行透支，通过扩大国债发行解决。国有专业银行正在探索向商业银行转化，银行政策性业务与经营性业务开始分离。政策性的国家开发银行、中国进出口银行已经开业，中国农业发展银行也在抓紧筹建。

粮食和化肥等重要商品的价格和流通体制改革，关系到如何看待政府在市场经济中的作用，如何看待政府对市场的宏观调控。市场放开，有些人就认为政府可以完全撒手不管。国务院领导同志反复强调，搞社会主义市场经济不能没有宏观调控，要理直气壮地管好市场。为了充分调动农民种粮积极性，稳定粮食生产，国务院决定从 1994 年 6 月 10 日起提高粮食购销价格，并加强粮食市场管理。为保证提高粮食收购价格给农民带来的实惠不流失，国务院又决定改革化肥等农业生产资料流通体制，稳定化肥价格，减少流通环节，整顿流通秩序。原油、成品油、棉花价格和流通体制也进行了改革。粮食收购价格的提高使农民尝到了甜头。农民踊跃售粮，夏粮收购进度快。

这些改革，是我们多少年想实行却没有实行得了的改革，短短数年间就在过去认为是“老大难”的宏观经济领域内取得突破性进展。分税制改革就是最典型的例子。这项改革从 1987 年最初提出到 1994 年最后出台，历经八载。财税体制是市场经济体制中最基本的制度性框架。由于我国原来实行的财政包干体制与市场经济的摩擦日益加剧，导致地区间发展不平衡的矛盾日益突出。而且财政包干体制还使得财政收入占国内生产总值的比重逐年下降，中央在全国财政收入中的比重越来越低,严重弱化了中央的宏观调控能力,到了非改不可的时候。

20世纪80年代末到90年代初,曾发生过中央财政向地方财政三次“借钱”的无奈之举。此时担任财政部部长的王丙乾说,我现在穷得只剩下背心和裤衩了。1992年,在他之后接任的刘仲藜则说,我连背心都没有,只剩下裤衩了。1993年7月,朱镕基在全国财政、税务工作会议上曾对所有参加会议的人员表示:现在不改革,中央财政的日子就过不下去了,(如果这种情况发展下去)到不了2000年(中央财政)就会垮台!改革的紧迫性可见一斑。

市场化取向的改革要求企业产权制度明晰化,分税制则发挥了直接推动作用。分税制财政体制改革,狭义上是中央和地方财政分税制度,广义上是理顺中央和地方分配关系的改革,包括分税制和转移支付制度,是解决各级政府间的财政分配关系的制度。分税制改革的指导思想是:正确处理中央与地方的分配关系,调动两个积极性,促进国家财政收入合理增长;合理调节地区之间财力分配;坚持统一政策与分级管理相结合的原则;坚持整体设计与逐步推进相结合的原则。分税制改革的主要内容是,在明确中央和地方政府的事权的基础上,按税种划分各自的财政收入范围,将全部税收划分为中央税、地方税以及中央与地方共享税。为了实现改革方案中的“保存量,调增量”的原则,确保地方既得财力。将实行分税办法后1993年中央从地方净上划的消费税全部和增值税的75%,全额返还给地方,并以此作为以后中央对地方税收返还的基数。中央通过分税制集中的财力,不断加大对落后地区的转移支付。

可以看出,分税制改革触及到地方的切身利益,将会使中央和地方的利益格局发生变化,改革的难度很大。但这项改革作为宏观管理体制改革的核心环节,“只能成功,不能失败”,如果失败了,整个改革就有失败的风险。

制定分税制的改革方案经历了反反复复，然而实施起来比制定方案还要难“一百倍”。因为针对分税制改革方案，一些地方反应强烈，主要是认为这个方案比较“紧”，并有一定的抵触情绪。

为了使改革能够顺利推进，中央下了相当大的决心。1993 年中央 6 号文件下达后，江泽民先后分片召开了西北、华北、华东、东北、中南、西南各省区市经济工作座谈会，对宏观调控和体制改革做解释和说明工作。国务院副总理朱镕基亲自带领由体改委、财政部、国家税务总局等有关部门组成的 60 多人队伍，从 1993 年 9 月 9 日到 11 月 21 日的 74 天时间里，先后分 10 站走了海南、广东（深圳）、新疆、辽宁（大连）、山东（青岛）、江苏、上海（浙江、宁波）、北京、天津、河北等 16 个省、市、自治区（包括计划单列市），与地方党政领导对话，宣传财税改革意义，说明改革方案，听取意见，改进完善，以最大程度争取改革共识。可谓东奔西走、南征北战、苦口婆心。在中央的有力领导和推动下，分税制改革终于在 1994 年元旦正式施行。

可以说，没有社会主义市场经济体制目标模式和框架的提出，就不可能进行这样大胆的改革。这些重要改革方案的推出，充分说明党中央和国务院推进改革的决心和魄力之大。

严格意义上说，理论设计只是初衷，实践才是检验的标准。

中国实行社会主义市场经济 20 年来，经济总量跃居世界第二位，人均国内生产总值迈进中等收入国家；工业规模跃居世界第一位，成为制造业第一大国；加入世界贸易组织，进出口贸易额超过法国、日本、德国和美国，成为世界第一大出口国和仅次于美国的世界第二大进口国；长期困扰我们的短缺经济状况已经从根本上得到改变，从卖方市场到买方市场，从单纯追求经济增长到追求以人为本、全面协调可持续的科学发展;人民生活实现了由温饱不足到总体小康再向全面小康的历史跨越,“学有所教,劳有所得,病有所医,老有所养,住有所居”,正从老百姓的愿景一步步变成现实;思想解放,观念更新,人员自由流动,公民政治参与,以及平等、竞争、规则、公平、法治等意识深入民心,推动社会民主政治有序前行;敏锐把握经济全球化的势头,积极参与全球竞争,成功融入世界经济主流,“中国声音”在国际舞台更加响亮……

这一切,在20年前是不可想象的。“中国20年来所发生的一切,是任何计划都计划不出来的。”有人这样来评价社会主义市场经济在中国大地创造的奇迹。从某种意义上说,这一巨变与十四届三中全会紧密相连。

第五章　十五届三中全会:为建设社会主义新农村制定行动纲领

“国以民为本,民以食为天。”回眸中国共产党领导的中国革命、建设和改革历史,一条清晰的线索贯穿始终:中国的革命从农村开始,中国的改革从农村突破。农业、农村和农民问题,在党的工作中始终处于举足轻重的地位。

从 1949 年党的七届二中全会到 1998 年的十五届三中全会,在中共中央召开的 55 次全会中,有 13 次专门研究农业和农村问题。

改革开放 20 年里,着重研究农业和农村问题并作出重要决定的中央全会就有 4 次。特别是十一届三中全会同意将《中共中央关于加快农业发展若干问题的决定(草案)》发到各地讨论和试行,揭开了中国农村改革的序幕,开创了农村工作的新局面。

在十一届三中全会召开和改革开放 20 周年之际,1998 年 10 月召开的十五届三中全会再次鲜明地提出:

——农业、农村和农民问题是关系改革开放和现代化建设全局的重大问题。

——没有农村的稳定就没有全国的稳定,没有农民的小康就没有全国人民的小康,没有农业的现代化就没有整个国民经济的现代化。

——贯彻落实党的十五大提出的战略部署，实现我国跨世纪发展的宏伟目标，必须保持农业和农村经济的持续稳定发展。

这是中国共产党人对历史、对现实、对未来的清醒把握，也是中国共产党在世纪之交作出的事关全局的重大决策。

一、进一步做好农业和农村工作是实现跨世纪发展目标的必然要求

世纪之交，在十一届三中全会召开和改革开放20周年之际，党中央把农业、农村问题作为十五届三中全会的议题，并形成《中共中央关于农业和农村工作若干重大问题的决定》，有着如下几方面的考虑。

第一，十五大提出了我国跨世纪发展的宏伟目标，我国的基本国情决定了实现这个目标的重点和难点在农村，而农村经济、社会发展中又面临着一些新的矛盾和问题，需要认真研究和解决。

当一个世纪的历史即将写完，新世纪的篇章即将展开时，把一个什么样的中国带入21世纪？世纪之交召开的党的十五大注定要承载太多太重的使命。在关注中国发展道路的人们看来，十五大报告深刻论述了邓小平理论的历史地位和指导意义，认真总结改革开放近二十年特别是十四大以来的丰富经验，第一次系统地、完整地提出并论述了党在社会主义初级阶段的基本纲领，对跨世纪的伟大事业作出了战略部署。报告指出："展望下世纪，我们的目标是，第一个十年实现国民生产总值比二〇〇〇年翻一番，使人民的小康生活更加宽裕，形成比较完善的社会主义市场经济体制；再经过十年的努力，到建党一百年时，使国民经济更加发展，各项制度更加完善；到世纪中叶建国一百年时，基本实现现代化，建成富强民主文明的社会主义国家。"

我国是一个农业大国,农民占人口的绝大多数。这是我们最基本的国情。农业兴、百业兴,农民富、国家富,农村稳、天下稳。十五大报告所列举的我国社会主义初级阶段的历史任务,主要集中在农村,难点也主要在农村。第一,农业人口和农业劳动力比重过大,城市化水平低。到1997年底,我国乡村人口占总人口的比重仍然高达70%,城镇化水平为30%。第二,农业增长率过分低于工业增长率。1997年我国第二产业劳动生产率是农业的5.5倍。1990年至1995年,我国工农业增长速度之比为4.2∶1。第三,绝对贫困居民的绝大多数集中在农村。我国农村没有解决温饱的贫困人口,从1978年的2.5亿减少到1997年的5000万人。但在这5000万绝对贫困人口中,50%以上处于极端贫困状态,缺少最基本的生产生活条件。在全国592个国家重点扶持的贫困县中,还有2800多万人和2600多万头大牲畜常年饮水困难。此外,全国农村还有2000多万人年人均收入处在温饱线的边缘,一旦遇到天灾人祸,就会重新返回到绝对贫困的行列。第四,城乡居民收入差距较大。1997年,城镇居民可支配收入为农村居民人均纯收入的2.5倍。1996年,在城乡居民储蓄存款余额中,城镇储蓄占80.1%,城镇人均储蓄能力是农村的9.4倍。第五,农村居民的文化水平过低。在全国农村4.57亿劳动者中,平均受教育程度只有5年,相当于城市劳动者的一半,大专以上文化程度的只占0.05%,文盲、半文盲占22.3%。第六,农村商品化、市场化的程度低。主要表现在:以粮食为代表的农产品的商品率较低,商品市场的层次低,辐射面较小的区域性市场仍然是主体,作为现代市场经济重要标志的金融市场、劳动力市场、房地产市场、技术和信息市场等等还很不发达,甚至还不存在,更没有形成统一的市场体系。

以上分析表明,我国农业和农村经济发展显著滞后,农民收入和生活水平相对低下。尤其是20世纪90年代中期以来我国农民收入增长异常困难、农民负担日趋沉重的问题，引起了中央领导的高度重视。江泽民指出："实现跨世纪发展的目标，难度最大而又非完成不可的一项任务，就是保持农业和农村经济持续稳定增长。"①

从统计数据上看，改革开放以来的1978年至1984年是农民收入增长最快的时期。1985年开始，农民增收速度显著放慢。1989年至1991年，农民收入连续三年出现增长幅度下降，这是改革开放以来的第一次。1997年开始，农民收入增长速度连续四年下降。20世纪90年代中期，农民负担也日趋沉重，很多民谣俚语反映了这个问题，比如："七只手，八只手，都向农民来伸手。"再如："你集我集他集，农民发急；你筹我筹他筹，农民最愁。""催粮催款催姓名，防火防盗防干部。"等等。在有的地方，甚至连乡镇结婚登记一事，就得征收14项费用。除收取结婚证工本费外，还要征收介绍信费、婚姻公证费、婚前检查费、妇幼保健费、独生子女保证金、婚宴消费费、杀猪屠宰费、结婚绿化费、儿童乐园筹建费、计划生育保证金、晚育保证金、夫妻恩爱保证金、金婚保证金等等。农民负担之沉重可见一斑。农民负担的沉重使得农村干群关系紧张，社会摩擦加剧，上访、集体上访、越级上访大量增加。有些地方农民私下办起来上访培训班，有的地区农民广为传抄《上访须知》《上访手册》。农村经济、社会发展中面临着这些新的矛盾和问题，迫切需要认真研究和解决。

1998年是全面贯彻落实党的十五大战略部署的第一年，历史经验证明：农村的稳定是整个社会稳定的基础，农业丰收是整个国民经济稳定高速发展的前提。正因为如此，中央决定在十五届三中全会讨论农

① 《江泽民文选》第2卷，人民出版社2006年版，第207页。

业和农村问题,具有重要战略意义。

第二,1998年是十一届三中全会召开20周年,全会认真总结过去20年农村改革的经验,规划部署农业和农村的跨世纪发展,时机比较好,条件也比较成熟。

以1978年十一届三中全会为标志,中国进入了波澜壮阔的改革开放新时期。中国的改革事业,发端于农村。农村改革的成功又推动了城市经济体制的全面改革。十一届三中全会重新确立了解放思想、实事求是的思想路线,果断作出了把党的工作重点转移到社会主义现代化建设上来的重大决策,揭开了我国经济体制改革的序幕。20年前,安徽凤阳小岗村21位农民摁下红手印,毅然实行“大包干”。农民群众的首创精神和探索勇气,受到党中央尊重和保护。势如破竹的改革历程首先从农村起步、率先在农村突破,并以磅礴之势推向全国,形成不可阻挡的滚滚洪流改革从农村率先突破,并以一泻千里之势推向全国,极大地调动了亿万农民的生产积极性,农业发展在短时间内出现重大转机,带来了农村经济社会面貌的巨大变化。

20世纪80年代初,5个中央“一号文件”启动了中国农村发展的第一个重要时期。主要拉动力是农民首创的家庭联产承包责任制。从1982年到1986年,中央连发5个“一号文件”,总的方向是一步步消除“左”的束缚,解放农民和农村生产力,从而为中国农村的现代化奠定了最初的政策基础。这5个连贯发布、指导农村改革和发展的“一号文件”,其主要精神分别是:1982年——正式承认包产到户的合法性;1983年——放活农村工商业;1984年——疏通流通渠道,以竞争促发展;1985年——调整产业结构,取消统购统销;1986年——增加农业投入,调整工农城乡关系。

这5个“一号文件”启动了中国农村发展的第一个重要时期,极大调动了农民生产积极性，集中释放了压抑已久的农村社会生产力，一举解决了中国人吃饭问题。从1980年至1985年，农民收入年增长率超过10%，出现了超常规增长。

从1985年至1988年，农村改革超出农业生产领域，农产品流通体制改革，城乡改革交织进行，乡镇企业异军突起。农村自普遍实行家庭承包责任制后，农民生产积极性大增，产生了两个直接后果，一是农产品大量生产出来了；二是农村出现了大量剩余劳动力，他们要求寻找新的致富门路，于是农民就在原来社队企业的基础上，发展小型的工业和第三产业。1984年，社队企业正式改称乡镇企业。乡镇企业的迅猛发展使之逐渐成为农村的支柱产业。邓小平在1987年6月12日接见外国朋友时说："农村改革中，我们完全没有预料到的最大的收获，就是乡镇企业发展起来了，突然冒出搞多种行业，搞商品经济，搞各种小型企业，异军突起。"①

进入20世纪90年代，尤其是邓小平南方谈话后，新一轮全国经济高速增长，全国出现了开发区热、房地产热，大量农业生产要素转到非农业领域，农业生产受到很大压力，再度出现粮食等农产品供给紧张、物价猛涨的局面。以江泽民同志为核心的党的第三代中央领导集体高度重视并不断加强农业和农村工作，及时根据形势的变化实施一系列重大决策。在深化农村改革方面，坚持十一届三中全会以来我们党确立的一整套符合农村客观实际和广大农民根本利益的政策，特别是稳定以家庭承包经营为基础、统分结合的双层经营体制，切实减轻农民负担。在此基础上，按照建立社会主义市场经济体制的要求深化农村改革，为农业和农村经济发展注入活力。1996年，农业迎来第三次特大丰收。

① 《邓小平文选》第3卷，人民出版社1993年版，第238页。

到1998年十一届三中全会召开20年来，我国农业和农村经济发生了历史性的变革，取得了举世瞩目的成就。粮食总产量增加了近2000亿公斤，结束了主要农产品长期短缺的历史；农民人均收入达到2090元，与1978年人均134元相比，增加了14.6倍；乡镇企业异军突起，到1997年产值占全国工业产值的一半，吸纳农村富余劳动力达1.3亿人。我国农村正经历由温饱到建设小康，进而实现现代化的伟大历史进程。

总结农村改革20年的基本经验，可以概括为以下几条：第一，必须承认并充分保障农民的自主权，把调动广大农民的积极性作为制定农村政策的首要出发点。这是政治上正确对待农民和巩固工农联盟的重大问题，是农村经济和社会发展的根本保证。调动农民的积极性，核心是保障农民的物质利益，尊重农民的民主权利。在任何时候，任何事情上，都必须遵循这个基本准则。第二，必须发展公有制为主体的多种所有制经济，探索和完善农村公有制的有效实现形式，使生产关系适应生产力发展要求。实行土地集体所有、家庭承包经营，使用权同所有权分离，建立统分结合的双层经营体制，理顺了农村最基本的生产关系。这是能够极大促进生产力发展的农村集体所有制的有效实现形式。第三，必须坚持以市场为取向的改革，为农村经济注入新的活力。确立农户自主经营的市场主体地位，鼓励农民面向市场发展商品生产，进入流通领域。改革农产品流通体制，主要由市场形成价格，在国家宏观调控下发挥市场对资源配置的基础性作用。加强和改善国家对粮食这一特殊商品的宏观调控，保护农民积极性，保证供给和价格基本稳定。农村经济转入社会主义市场经济的轨道，在这个新的条件下把农民的积极性引导到更高的阶段，对于实现农业的专业化、市场化、现代化具有全局性意义。第四，必须充分尊重农民的首创精神，依靠群众推进改革的伟大事业。包产到户和乡镇企业，都是党领导下我国农民的伟大创造。坚持从群众中来、到群众中去的根本工作路线，以“三个有利于”为标准，鼓励试、允许看、不争论，及时总结经验，加强指导，对的就坚持，不对的就改正，把农村改革不断引向深入。第五，必须从全局出发，高度重视农业，使农村改革和城市改革相互配合、协调发展。坚持以农业为基础，从政策、科技、投入等方面大力支持农业。首先启动农村改革，以农村的改革和发展推动城市，又以城市的改革和发展支持农村，这是中国改革的成功之路。

在十一届三中全会召开和改革开放20周年之际，以江泽民同志为核心的党的第三代中央领导集体认为，20年来，在党的领导和邓小平理论指引下，亿万农民为建设有中国特色社会主义新农村进行了伟大的实践和创造，系统地总结农村改革的成功经验，根据党的十五大的战略部署，进一步对农村改革和发展作出决定，对于全党更加自觉地坚持十一届三中全会以来的路线方针政策，继续推动农村乃至全国的改革和发展，具有重大而深远的意义，也是对十一届三中全会20周年的最好纪念。

第三，面对亚洲金融危机的严峻挑战，面对深化国有企业改革及其他各项改革的艰巨任务，首先把农业这个基础打牢，把农村这个大头稳住，可以增加我们应对国际金融风波冲击的回旋余地，可以为国有企业改革创造良好的环境。

1997年，一场突如其来的金融风暴席卷亚洲。当年7月2日，泰国被迫宣布泰铢与美元脱钩，实行浮动汇率制度，当天泰铢汇率狂跌20%。泰铢贬值立即冲击到菲律宾、印度尼西亚和马来西亚等国，并迅速扩散至包括新加坡、韩国、日本、中国台湾等国家和地区，由此开始了一场波及世界的亚洲金融危机。1998年8月这场危机席卷了俄罗斯，1999年初又殃及巴西。风暴骤降，给我国的改革和发展带来了极其不利的影响和巨大压力。

亚洲金融危机爆发后,由于许多危机发生国货币贬值,直接影响到我国的进出口贸易。我国净出口增长受到影响,利用外资减少,国际收支平衡形势相对恶化。比如说1998年进出口贸易总额为3240亿美元①,与1997年相比,下降了0.4%。1998年我国实际利用外资额由上年的644亿美元下降为586亿美元,1999年更下降至527亿美元。由于上世纪90年代以来对外贸易对我国国民经济增长的拉动作用持续增强,危机导致的外需下降相应地减少了对社会再生产所需资金的追加投资,投资规模相对减弱。社会生产部门向社会提供的生产消费和生活消费的有效商品和劳务总量下降。

亚洲金融危机的冲击与内需不足的叠加效应使我国经济的持续快速增长面临更加困难的局面。从1997年10月和1998年3月开始,我国的商品零售价格指数和居民消费价格指数相继出现了负增长,而生产资料批发价格指数则早在1999年10月就已经出现了负增长;货币供应量增长幅度和货币流通速度也都出现了下降趋势。截至1999年底,商品零售价格指数连续27个月、居民消费价格指数连续21个月低于上年同期水平。

可以说,在党的十五大以后,中国经济发展已然跨过了一条时代的分界线:由于社会生产力实现了长期稳定的高速发展,短缺经济的时代宣告终结,买方市场初步形成,我国出现了结构性生产能力的相对过剩,经济发展受市场的约束越来越大。这是社会主义建设史上从未出现过的情况,也是十五大以后我国经济运行环境发生的重大而深刻的变化。这一变化,使中国经济社会的进一步发展遇到了新的挑战。主

① 国家统计局:《中国统计年鉴2000》,中国统计出版社1998年版,第587页。

要问题是,有效需求不足,就业压力增大,农民收入增长缓慢,结构不合理的矛盾更加突出。

而此时,也正是国有企业改革攻坚的重要时刻。根据党的十五大作出的部署,国有企业的改革加快了步伐。在某种程度上,这是当时国有企业现状的倒逼。在其他各项改革顺利推进并取得大的成效后,国有企业的改革却显得步履艰难。

十四届三中全会提出建立现代企业制度的改革方向,标志着国有企业改革的指导思想从政企间的放权让利转向企业制度创新,改革层面从运行机制的调整深入到解决国有企业制度性缺陷。这是对国有企业改革认识上一次质的飞跃。此后,国有企业改革通过采取一系列措施在公司制改造,国有资产管理,优化企业结构,减轻企业债务、人员及社会负担,再就业工程,提高企业管理水平等方面取得了明显成效。但是国有企业仍然面临着严峻的经济环境和巨大的困难。

到 1997 年前后,国有企业问题已经到了非常尖锐的程度。国有大中型企业亏损日益严重,引发了一系列严重问题:大面积的企业停产、半停产,开工不足;相当数量的职工下岗、失业;职工工资收入下降;大量企业拖欠银行贷款本息;企业缺乏流动资金进行简单再生产。对于一项涉及 20 多万家企业、数千万职工的改革来说,任务十分艰巨、复杂。在财政难以提供亏损补贴、银行不愿提供贷款的情况下,国有亏损企业的问题已经成为一个影响稳定的社会问题,尤其在社会主义保障体系尚未健全的背景之下。

面对亚洲金融危机的冲击和国内通货紧缩的压力,以及国有企业改革攻坚的艰难,党中央表现出绝不回避困难的巨大勇气。1998 年 3 月 17 日,朱镕基以高票当选新一届政府总理。两天后举行的记者招待会上,朱镕基语惊四座,他说:“不管前面是地雷阵还是万丈深渊,我都将一往无前，义无反顾，鞠躬尽瘁，死而后已。”①字里行间，让人们从中深刻感受到当时继续推进改革之难。

在对国内外形势科学分析的基础上，党中央提出，进一步加强农业和农村工作，使农业增产、农民增收，有利于扩大内需，是应对亚洲金融危机的一项重要举措。我国有 12 亿人口的大市场，特别是 9 亿人口的农村市场蕴藏着极大的潜力，可以为工业发展提供广阔的空间。要在充分利用国外市场的同时，把立足点放在开拓国内市场特别是农村市场上来，增加我国在国际合作与竞争中的回旋余地。保持农业和农村经济的稳定并实现更大发展，让农民尽快富裕起来，对于缓解当前困难，保持国民经济持续稳定发展，具有重要意义。

一个共识逐渐形成：1998 年是全面贯彻落实党的十五大战略部署的第一年。首先把农业农村问题进一步解决好，不仅有利于农业和农村经济的持续发展，也能为完成其他各方面的任务打下好的基础，对全面完成“九五”计划和实现 2010 年远景目标起到巨大的促进作用。归根结底一句话，稳住农村这个大头，就有了把握全局的主动权。

正是在这样的背景下，中共中央政治局决定，十五届三中全会集中研究农业和农村工作，并作出相应的决定。其意义非同寻常。

二、起草过程：真正把邓小平理论作为文件的指导思想

《决定》的起草工作，自始至终在党中央直接领导下，在邓小平理论指导下进行。

① 《朱镕基答记者问》，人民出版社 2016 年版，第 8 页。

在十五届三中全会议题确定后，中央决定成立文件起草组。1998年4月28日，在中央政治局常委会领导下，由25位中央有关部门和地方的负责同志及专家学者组成的文件起草组，开始了紧张的起草工作。

5月4日，江泽民在文件起草组全体会议上就文件起草工作发表了重要讲话。他要求整个起草过程，一定要坚持高举邓小平理论伟大旗帜，系统地学习邓小平关于农业、农村和农民问题的一系列论述，深刻理解农村深化改革、农业持续发展、农村社会稳定，对于改革发展稳定全局的重大意义，真正把邓小平理论作为文件的指导思想。

江泽民指出，文件的起草要认真贯彻党的十五大精神。要充分认识到，起草好这个文件，是把十五大精神，把十五大提出的跨世纪的宏伟任务，具体落实到农村工作中去的一件至关重要的大事。要根据十五大精神，深入研究农村经济、政治、文化各个方面的问题，搞出一个对农村改革的发展具有全局性、长期性、指导性的纲领性文件。

江泽民强调，在文件起草过程中要把握好三个问题：第一，坚持用邓小平理论和党的基本路线来统领整个农村工作，体现农村工作一切以发展农业和农村经济为中心的原则；第二，要保持农业和农村政策的稳定性和连续性，坚持十一届三中全会以来一系列行之有效的党的农村政策，在这个基础上深化农村改革；第三，要坚持解放思想、实事求是，一切从实际出发的原则，着力研究解决新问题，文件要有现实性。江泽民希望起草组把几个涉及农村全局和长远，又是人们普遍关注的重大问题写清楚，写出一个经得起历史检验的文件，为农村工作开创新局面起到指导作用。

江泽民的重要讲话，为整个起草工作定下了基调。此后的几个月里，起草组根据江泽民的讲话精神反复讨论，反复研究，反复修改，八易其稿，并先后多次提交中央政治局常委会和中央政治局会议讨论。据参加文件起草工作的陆学艺回忆："4月下旬，我们25人组成的文件起草小组集中。5月4日，江泽民同志召集文件起草小组讲话，主要是关于文件的基本精神和内容。然后我们开始具体工作，首先讨论文件的框架。有关农业农村的问题很多，最初大概列出了二十几个问题，经过讨论、浓缩，集中到了10个问题，大家再分成若干个小组分头写作。6月底写出初稿，经集体讨论后，在7月下旬产生一个送呈稿，提交政治局常委会。"8月11日，政治局常委会开会对送呈稿提出修改意见，根据这些意见起草小组对送呈稿进行了修改。修改后再次提交政治局，根据政治局委员们的意见作了进一步修改，形成了征求意见稿。

与此同时，江泽民带着对农业和农村工作中若干重大问题的思考，从春到秋，先后赴重庆、江苏、新疆、安徽、上海、浙江等地农村调查研究。9月25日，江泽民在安徽考察时发表了重要讲话，系统总结了我国农村改革的基本经验，明确指出了继续推进农村改革的方向，深刻阐述了加强和改善党对农村工作的领导等问题。江泽民在安徽的重要讲话，为十五届三中全会的召开作了思想上、理论上的重要准备。

8月31日，在充分调查研究基础上形成的《决定》征求意见稿印发中央党政军机关和地方100多个单位，广泛征求各方面意见。

各地各部门收到文件后，充分发扬民主，及时组织讨论。大家普遍认为，在改革开放20周年之际，面对世纪之交，中央全会专门研究农业和农村工作，主题选得准，时机把握得好，非常及时，非常必要，对征求意见稿给予充分肯定，同时也提出了一些修改意见和建议，经合并整理后达1000多条。

9月11日，中共中央专门召开座谈会，江泽民亲自主持听取了各民主党派、全国工商联负责人和无党派人士的意见。在文件起草过程中，起草组也通过座谈会和其他方式，听取了从事农业和农村工作的领导同志和专家的意见。

中央对各方面的意见高度重视,责成起草组认真研究吸取。起草组逐条研究,对《决定》征求意见稿作了认真修改。9月下旬,经中央政治局常委会和中央政治局会议再次讨论修改,形成了提交全会审议的讨论稿。到10月11日全会正式召开的前一天晚上将修改稿送到各位中央委员和中央候补委员手里。

10月12日至14日,十五届三中全会举行。出席会议的中央委员、候补中央委员和列席会议的有关负责同志在会议讨论时普遍认为,决定草案主题鲜明,内容全面,论述深刻,政策措施符合实际。同时,集思广益,畅所欲言,提出了修改意见和建议。起草小组20多人在会议进行过程中分别到各小组听取意见,晚上根据大家的意见和建议进行修改补充。一直到10月14日会议闭幕式那天中午12点才最后定稿。10月14日下午,全会一致通过《决定》。

全会通过的《决定》先后数易其稿,广泛吸收了各个方面的意见和建议。文件起草真正是“字斟句酌”。如果从起草小组开始集中算起,到文件定稿一共175天,字数没超过1.3万字,可以说,《决定》的形成过程是充分发扬民主、走群众路线的过程,它集中了全党的智慧,反映了人民的意愿。

三、重大贡献:为建设社会主义新农村制定行动纲领

十五届三中全会通过的《决定》共分十个部分:一、农村改革二十年的基本经验。二、农业和农村跨世纪发展的目标和方针。三、长期稳定以家庭承包经营为基础、统分结合的双层经营体制。四、深化农产品

流通体制改革，完善农产品市场体系。五、加快以水利为重点的农业基本建设，改善农业生态环境。六、依靠科技进步，优化农业和农村经济结构。七、推进农村小康建设，加大扶贫攻坚力度。八、加强农村基层民主法制建设。九、加强农村社会主义精神文明建设。十、加强农村基层党组织建设和干部队伍建设。

《决定》充分肯定了十一届三中全会以来农村改革和发展的巨大成就和基本经验，明确提出了农业和农村工作跨世纪的发展目标和必须遵循的基本方针，对我国农村经济、政治、文化建设作出了全面部署，制定了推进农业和农村工作的重大政策措施，是指导我们建设社会主义新农村的行动纲领。可以看出，《决定》并不是一个部署年度农业、农村工作的文件，而是一个关于农村改革和发展全局性、长期性、指导性的政策性文件。正因为如此，《决定》公布后在海内外引起了强烈反响。

《决定》反复强调的一个问题，就是十一届三中全会后，农村虽有了很大变化，但仍处于不发达阶段。《决定》第二部分用几百字勾画出农村当前的面貌，从几个方面说明为什么农村还不发达：生产力落后、靠手工劳动、市场化程度低、就业压力大、文盲半文盲多、几千万人尚未解决吃饭问题、城乡差别大等。怎么解决这个问题？只有一个办法，就是要坚持以经济建设为中心，这是在文件中反复强调的。历史经验证明，只有经济发展了，其他的建设才能跟得上。

《决定》第一次比较完整地提出了建设有中国特色社会主义新农村的纲领。按照十五大确定的我国社会主义初级阶段的基本纲领和总体部署，《决定》从经济、政治、文化三个方面，提出了从现在起到2010年，建设有中国特色社会主义新农村的奋斗目标：——在经济上，坚持以公有制为主体、多种所有制经济共同发展，不断解放和发展农村生产力。基本建立以家庭承包经营为基础,以农业社会化服务体系、农产品市场体系和国家对农业的支持保护体系为支撑,适应发展社会主义市场经济要求的农村经济体制;农业科技、装备水平和综合生产能力有显著提高,农产品更好地满足国民经济发展和人口增长、生活改善的需求;农村产业结构进一步优化,城镇化水平有较大提高;农民收入不断增加,农村全面实现小康,并逐步向更高的水平前进。

——在政治上,坚持中国共产党的领导,加强农村社会主义民主政治建设,进一步扩大基层民主,保证农民依法直接行使民主权利。全面推进村民自治,完善乡镇人民代表大会制度;乡镇机构精干,以党支部为核心的村级组织健全,干群关系密切;加强法治,保持农村良好的社会秩序和治安环境。

——在文化上,坚持全面推进农村社会主义精神文明建设,培养有理想、有道德、有文化、有纪律的新型农民。加强思想道德教育,倡导健康文明的社会风尚;发展教育事业,普及九年制义务教育,扫除青壮年文盲,普及科学技术知识;发展农村卫生、体育事业,使农民享有初级卫生保健;建设农村文化设施,丰富农民的精神文化生活。

这是党的十五大提出的我国社会主义初级阶段的基本纲领和下世纪第一个十年的奋斗目标在农业和农村工作中的具体落实。有了这个目标,就能更好地凝聚全党全国和农村广大干部群众的智慧和力量,全面推进农村的现代化建设。为了保证这个目标的实现,《决定》提出了必须长期坚持的十条方针。

(一)始终把农业放在国民经济发展的首位。农业是国民经济的基础。大力发展农业不仅是保障人民生活的要求,也是发展工业和第三产业的需要。调整国民收入分配格局,加大对农业的投入。加强农业立法和执法,支持和保护农业。

（二）长期稳定农村基本政策。以公有制为主体、多种所有制经济共同发展的基本经济制度，以家庭承包经营为基础、统分结合的经营制度，以劳动所得为主和按生产要素分配相结合的分配制度，必须长期坚持。在这个基础上，按照建立社会主义市场经济体制的要求，深化农村改革。

（三）不放松粮食生产，积极发展多种经营。必须稳定发展粮食生产，同时又要调整农村产业结构，实行农林牧副渔并举，并且把发展多种经营同支持和促进粮食生产结合起来，确保农产品有效供给和农民收入持续增长。

（四）实施科教兴农。农业的根本出路在科技、在教育。实行农科教结合，加强农业科学技术的研究和推广，注重人才培养，把农业和农村经济增长转到依靠科技进步和提高劳动者素质的轨道上来。

（五）实现农业可持续发展。必须加强以水利为重点的基础设施建设和林业建设，严格保护耕地、森林植被和水资源，防治水土流失、土地荒漠化和环境污染，改善生产条件，保护生态环境。

（六）大力发展乡镇企业，多渠道转移农业富余劳动力。立足农村，向生产的深度和广度进军，发展二、三产业，建设小城镇。开拓农村广阔的就业门路，同时适应城镇和发达地区的客观需要，引导农村劳动力合理有序流动。

（七）切实减轻农民负担。这是保护农村生产力，保持农村稳定的大事。坚持多予少取，让农民得到更多的实惠：农村各项建设都要尊重群众意愿，量力而行。

（八）实行计划生育基本国策。控制人口过快增长的重点和难点在农村。大力提倡少生优育，使农村人口同经济、社会发展相适应。

（九）推进农村基层民主政治建设。经济体制改革要求政治体制改革相配合。坚持和改善农村基层党组织的领导，加强乡镇政权和村民自治组织建设，依法保障农民当家作主的权利。

（十）物质文明建设和精神文明建设两手抓。两个文明都搞好，农村经济、社会协调发展，才是有中国特色社会主义的新农村。

这十条方针，是对 20 年来我们党在指导农业和农村工作中形成的一系列方针的概括和总结，具有长远的指导意义。

坚持党的农村基本政策不动摇，在此基础上推进和深化农村改革，推动农业和农村经济的更大发展，是十五届三中全会《中共中央关于农业和农村工作若干重大问题的决定》的鲜明主题。

通读《决定》全文，可以看出十五届三中全会的基本精神是“稳定”，因为这 20 年改革是成功的，我们现有的政策就是保持稳定。稳定党的农村政策，关键是稳定以家庭承包经营为基础、统分结合的双层经营体制，稳定土地承包关系，这是党的农村政策的基石。要坚定不移地贯彻土地承包期再延长 30 年的政策，同时抓紧制定确保农村土地承包关系长期稳定的法规，赋予农民长期而有保障的土地使用权。这是保证农村长远发展和稳定的重大战略措施。既然强调要“稳定”，就说明存在着不稳定因素。对于家庭承包制一直有争议，相当一部分同志还是认为将来发展起来，还是要搞集体经营。事实上，在稳定这个问题上中央和绝大多数农民的利益是一致的。但有一些人想变，比如有些村干部利用土地重新调整时机为自己谋利，农民中也有一部分人，比如原来的单身汉成家了，一口变成了三口或四口，他们就要求重新分地。如果总是根据人口变化来调整土地，这个制度就不能稳定。农业部做过一个调查，发现有的地方 15 年来土地重新分配达 7 次之多，平均每两年就要调整一次，农民说这是“年年搞土改”，这对于农业发展、农村稳定都是很不利的。

为此,《决定》深入论述了长期稳定农业基本经营体制和农村基本经济制度的重要性和必要性,并进一步明确了若干重要的政策。坚持家庭承包经营和土地承包关系这两个“长期稳定”,是《决定》对我国农业基本经营体制论述的核心内容和鲜明特点,也是真正贯彻落实党的农村基本政策的关键所在。现在手工劳动是这样,将来机械化水平提高了,家庭经营的方式还是不变。同时,土地承包关系也不能变。所谓“30 年不变”,就是指的这两个方面。

《决定》还出现了一些新的提法。比如说,提出扩大农村基层民主,实行村民自治,是党领导亿万农民建设有中国特色社会主义民主政治的伟大创造。众所周知,家庭联产承包责任制是中国农民的伟大创造,这是 1983 年讲的。后来加了一个,乡镇企业是农民的伟大创造,这次又加进来村民自治这个伟大创造。这些创造在党的历史上,在马克思主义发展史上都具有重要贡献。首先看家庭联产承包责任制。历史上社会主义国家的农业体制都是按斯大林模式搞的集体农庄制,然而实行的结果却是没有饭吃。俄罗斯原来是欧洲的粮仓,30 年代后开始进口粮食。苏联模式搞不下去,怎么办?出现了三种方式:第一种是朝鲜,坚持老办法,结果粮食还是不够;第二种是俄罗斯、波兰,解散集体农庄,搞私有化,粮食还是不够;第三种就是我国的包产到户。从 1980 年开始有组织的试验,到 1983 年底,全国有 99%的农村实行了这种体制。人民公社体制解体,建立乡镇政府在 1983 年 10 月底,包产到户极大调动了农民的积极性,中国的许多重要变化,都是由此产生出来的。第二个伟大创造是乡镇企业。多年来,国家没有投资一分钱,靠农民自己搞起来。1997 年,全国有各类乡镇企业 2015 万个,数量比国有企业数量还多,就业职工 13050 万人,就业人数也超过国有企业。1997 年乡镇企业创造增加值 20740 亿元,占全国工业产值的 46%、出口产品的

38%,乡镇企业上缴税款占全国税收的25%。乡镇企业已成为中国农村经济的重要支柱,也大大加快了中国工业化的步伐。第三个伟大创造就是村民自治,这个创造引起了国外的很大关注。村民自治是完全选举的,不是间接选举,是直接选举。有的地方连候选人都是农民推举的。这件事发展开来会很了不起。

《决定》还对进一步推进农业和农村经济的发展提出了一系列重大政策措施。《决定》指出,发展农村生产力,推进农业现代化,是一项长期任务。必须着力解决制约我国农业长期稳定发展的突出问题,全面提高农业综合生产能力。要加快以水利为重点的农业基本建设,改善农业生态环境,切实保护耕地、森林植被和水资源,为农业和农村经济的可持续发展奠定更加坚实的基础。水利建设要坚持全面规划,统筹兼顾,标本兼治,综合治理的原则,实行兴利除害结合、开源节流并重、防洪抗旱并举。当务之急要加大投入,加快长江黄河等大江大河大湖的综合治理,提高防洪能力。要把推广节水灌溉作为一项革命性措施来抓,大幅度提高水的利用率。农业的根本出路在科技、在教育。由传统农业向现代农业转变,由粗放经营向集约经营转变,必然要求农业科技有一个大的发展,进行一次新的农业科技革命。要加强农业科学研究和技术推广,调整和优化农村经济结构,确保粮食等主要农产品的产量稳定增长,品种质量得到改善,经济效益不断提高。加快乡镇企业的结构调整和体制创新,制定和完善促进小城镇健康发展的政策措施,增强农村经济的活力。要推进农村小康建设,加大扶贫攻坚力度,努力增加农民收入,切实减轻农民负担。

《决定》指出,实现农村经济和社会的协调发展,保持农村社会稳定,必须切实加强农村基层民主法制建设、社会主义精神文明建设、基层党组织和干部队伍建设。实行村民自治,是党领导亿万农民建设有中国特色社会主义民主政治的伟大创造。这项工作要在党的统一领导下有步骤、有秩序地进行,建立健全各项制度,并同健全法制紧密结合。要加强农村的思想道德教育和法制教育,广泛开展创建“文明户”“文明村镇”活动,大力发展农村教育事业,全面提高农民的思想道德素质和科学文化素质。建设富裕民主文明的社会主义新农村,关键在于加强和改善党的领导。要充分发挥乡镇党委和村党支部的领导核心作用,造就一支高素质的农村基层干部队伍。从中央到地方各级党委和政府,都要把农业和农村工作摆在重要地位,各行各业都要大力支持农业。

这些政策措施的提出,无疑将为中国农业和农村经济的发展提供更为强劲的推动。总之,《决定》的形成,标志着全党对农村改革和发展规律的认识更深刻,对农业和农村工作更加主动了。

四、深远意义:吹响继续向农业现代化进军的号角

首先,十五届三中全会认真总结了农村改革 20 年的成功经验,对于推进农村乃至全国的改革具有重要意义。

十五届三中全会高度评价了农村改革 20 年来所取得的巨大成就,指出:“我国改革率先从农村突破,并以磅礴之势迅速推向全国,取得了举世瞩目的伟大成就。认真总结二十年来农村改革积累的丰富经验,对于全党自觉坚持十一届三中全会以来的路线方针政策,进一步推动农村乃至全国的改革和发展,具有重要意义。”如前所述,全会对农村改革 20 年来所创造的丰富经验作出全面总结,概括了五条基本经验。

中国的改革为什么首先从农村开始?这与中国的国情和社会主义

建设的坎坷历程紧密相连。中国是一个人口众多农民占绝大多数的大国，人多地少，人均耕地只有 0.12 公顷。农业和农村经济的发展直接影响到整个国家经济社会的稳定和发展。新中国成立以后，广大农民在共产党领导下分得了土地，成为土地的主人，农业发展一度处于黄金时代。然而随着高度集中计划经济体制的形成和发展，在农村实行了“三级所有，队为基础”的体制，生产资料集体所有，统一经营，集体劳动，统一分配，超越了生产力发展阶段，从而严重压抑了广大农民的生产积极性，使农业和农村经济长期徘徊不前。到十一届三中全会前后，广大农民强烈迫切地要求改革。党和政府顺应农民期待，积极支持和引导农村改革，通过实施家庭承包责任制、改革农产品流通体制、发展乡镇企业、发展小城镇、实行村民自治等各项改革，一步步把农村改革引向深入，积累了宝贵的改革经验。

比如说，回顾 20 年农村改革的历史，改革是从改革农业经营管理体制突破的。十一届三中全会通过的农业文件，提出了 25 条加快农业发展的政策和措施，农民从一开始就认准了生产责任制，现实搞包产到组，不久就转向包产到户、包干到户。中央尊重农民创造，因势利导，经过不断实践，仅仅 3 年就在全国普遍实行了。很快，长期想解决却没有解决的粮食等农产品供应问题在短期内解决了。这就说明，凡是某个问题成为全国性的、长期解决不了，那就不是一般的工作问题，而是体制问题、制度性问题，必须对这方面的体制、管理制度进行改革。像农民负担过重、土地纠纷、农产品买卖难的问题，国有企业效益不好长期亏损等问题，这些都不是靠加强领导、做好工作所能解决的，必须对经营体制、管理制度进行彻底改革，找到原来体制的症结所在，对症下药才能奏效。

再比如，农村改革 20 年来，我国农业生产形势很好，但也几受挫折。拿农业最主要的产品——粮食来说,可谓三起三落。1984 年粮食总产量 8146 亿斤,当年冬天卖粮难,1985 年粮食减产,此后连续徘徊四年。1990 年第二次大丰收,粮食总产量 8925 亿斤,又出现卖粮难,粮价大跌,农民增产未增收,1991 年粮食减产,之后又连续徘徊四年。1996 年粮食第三次大丰收,粮食总产量达 10090 亿斤,这次国家敞开收购余粮,1997 年仍减产,当然这次减产的原因主要在农产品流通体制上。可以看出,在社会主义市场经济条件下,必须从工农一体、城乡一体和整个国民经济的体系来讨论解决农业生产问题。1997 年前后,我国农业生产体制是可以持续稳定发展的,但当时粮食和农产品加工、流通体系还没有进行相应改革,还不完善。正因为如此,由朱镕基领衔的新一届政府把“三农”问题作为了工作中的“重中之重”。其中粮食流通体制改革,则被朱镕基纳为新一届政府“五项改革”中的重要一环。这项改革,也在十五届三中全会通过的《中共中央关于农业和农村工作若干重大问题的决定》中予以确认。中央政府对这项改革极为重视,政策力度很大。新政府组成后召开的第一个全国性工作会议,就是 4 月的“全国粮食流通体制改革工作会议”。6 月,又召开全国粮食购销工作电视电话会议。7 月,举办全国粮食流通体制改革学习班。11 月,召开全国粮食流通体制改革工作座谈会。朱镕基总理对这项改革更是亲自指导,临阵指挥。几次全国会议他都拨冗莅临,发表重要讲话,并多次亲下基层调查研究。在调研时,他目光敏锐,下面想蒙他骗他,门儿也没有。他曾自己举过一例:“不久前我到安徽省南陵县去察看粮食仓库,在我没去之前粮库都是空的,后来他们把一些粮站的粮都搬过来,摆得整整齐齐。连我都敢骗,真是胆大包天!”[①]因此,要顺利

① 《朱镕基讲话实录》第 3 卷,人民出版社 2011 年版,第 233 页。

解决农业、农村问题，既需要加快农业和农村自身改革，也要加快城市和第二、三产业的改革步伐。

总之，十五届三中全会总结农村改革的五条经验，既有理论意义，也具有很实际的现实意义。

第二，十五届三中全会在新的历史条件下针对当前农村改革、发展的新情况、新问题，提出了若干重大政策措施，对我国农业和农村实现跨世纪发展产生了巨大推动作用。

中国农村改革 20 年来，取得了巨大成就，在整个改革中起到了重大带头作用和推动作用。20 年来，农村经济体制得到转换，从原来的计划经济体制逐步转变到社会主义市场经济体制；粮食和各种农产品大幅度增产，保证了国民经济发展的需要；农民收入大幅度增长，农民生活水平普遍提高；乡镇企业的发展带动了农村产业结构和就业结构的变革，对整个国民经济作出了越来越多的重要贡献。

然而，农村改革和发展任务还非常艰巨，今后要走的路还很漫长，农村改革和发展面临很多需要解决的新情况、新问题。比如，众多农业人口和农业劳动力的出路问题。1997 年，我国农村总人口 86637 万人，农村总劳动力为 49393 万人。在农业就业的劳动力 34730 万人。据专家测算，按照现在中国农业劳动生产力水平，全国只要有 1 亿劳动力从事农业生产即可。剩下的 2 亿多农业剩余劳动力出路何在？比如，农产品加工流通渠道不顺问题。改革以前，农业生产处于自给半自给状态，靠国营粮食、商业部门统购统销，流通渠道单一。改革以后，农产品的价格和经营放开了，但加工、储存、运输、经营、销售等市场体系还未完全建立起来，所以买卖难的状况交替发生。再如，经济发展不平衡，城乡之间地区之间的差别扩大问题。经过 20 年的实践，随着经济的全面增长，人民的收入普遍提高，城乡之间、地区之间、行业之间、单位之间、人与人之间的差别扩大了。在农村内部，不同地区之间，经济发展水平和农民收入的差距也在迅速扩大，且还有继续扩大的趋势。

上述农村面临的几个问题，只是迫切需要解决的问题，事实上深层次的问题还有很多。毕竟一个传统的农业社会，又实行了多年人民公社和计划经济体制，要转成社会主义市场经济体制、实现向现代社会转变，是一个庞大的系统工程，为此只有继续深化农村改革，加快农村经济社会事业发展，才能一步步达到既定目标。

十五届三中全会正是基于这样的考虑，对进一步推进农业和农村经济的发展提出了三个坚持不动摇。

第一，坚持党的农村基本政策不动摇。要在这个基础上推进和深化农村改革，推动农业和农村经济取得更大的发展，这是全会的主题。改革开放 20 年的实践证明，党在农村的基本政策，符合我国国情，符合广大农民的意愿，符合生产关系适应生产力发展的规律，是完全正确的。稳定党的农村政策，关键是稳定以家庭承包经营为基础、统分结合的双层经营体制，稳定土地承包关系，这是党的农村政策的基石。要坚定不移地贯彻土地承包期再延长 30 年的政策，同时抓紧制定确保农村土地承包关系长期稳定的法规，赋予农民长期而有保障的土地使用权。这是保证农村长远发展和稳定的重大战略措施。过去 20 年的实践已经证明，农村只有改革才有出路。

今后的实践必将继续证明，农村只有深化改革，才有发展。农业和农村工作存在的问题不少，但是潜力很大，重要的是继续深化改革。问题要通过深化改革去解决，任务要通过深化改革去完成，潜力要通过深化改革去发掘。通过改革，广大农民的积极性和创造力必将进一步释放出来，形成巨大的生产力，形成推动农村跨世纪发展的强大力量。

第二，坚持把发展农村经济，提高农业生产力水平作为整个农村工作的中心不动摇。农村的各项工作,都要服从和服务于这个中心。我国社会主义初级阶段经济不发达的特征,在农村尤其明显。

我国农业生产力还比较落后,农民生活还不富裕,这个状况不改变,整个国家的现代化就难以实现。农村的各项工作,都要服从和服务于发展农村经济、提高农业生产力水平这个中心。当前特别要大力加强农田水利基本建设;加大科教兴农力度;切实保护农业资源和农业生态环境,实施可持续发展战略。

第三,坚持党对农村工作的领导不动摇,这是贯彻落实全会精神的关键所在,也是开创农业、农村工作新局面的关键。只要牢牢把握全会精神,艰苦奋斗、扎实工作,就一定能够开创农业和农村工作的新局面。一是要坚持用邓小平理论和党的基本路线指导农村改革和发展。我国农村改革的成功是邓小平理论的伟大胜利。十五届三中全会的《决定》,是在邓小平理论指导下作出的。贯彻《决定》,继续推进农村改革,必须牢牢掌握这个强大的思想武器。要进一步兴起学习邓小平理论的高潮。要认真学习邓小平对农业、农村和农民问题,对农村改革、发展和稳定所作的重要论述。要坚持解放思想、实事求是的思想路线,善于用邓小平理论去分析新的情况,剖析新的矛盾,解决新的问题,总结新鲜经验。二是切实把农村基层组织建设好。以党支部为核心的农村基层组织是党在农村全部工作的组织基础,只有把农村基层组织建设好,才能把广大农民群众紧密团结在党的周围,保证各项方针政策和任务落实到农村基层。三是大力加强农村基层干部队伍建设。这支队伍主流是好的,是完全可以信赖的,但从新形势新任务的要求看,还不完全适应。要继续加强对农村基层干部的培训,在他们当中广泛进行全心全意为人民服务宗旨教育、农村政策教育和法制教育。各级干部要切实转变作风,学习掌握新的历史条件下做好农村工作的本领和方法。四是坚持两手抓、两手都要硬的方针,在建设物质文明的同时,切实加强农村社会主义精神文明建设和民主法制建设,扩大农村基层民主,搞好社会治安,保持农村社会长期稳定。各级领导干部要把革命热情和科学精神有机结合起来,尊重自然规律和经济规律,求真务实,勇于探索,提高对农业和农村工作的领导水平。

在此基础上,《决定》提出的一系列重大政策措施,比如,农村出现的产业化经营是我国农业逐步走向现代化的现实途径之一;在积极发展公有制经济的同时,采取灵活有效的政策措施,鼓励和引导农村个体、私营等非公有制经济有更大的发展;我国是农业大国,要把农业科技作为整个科技工作的一个重点,努力赶上世界先进水平;乡镇企业是推动国民经济新发展的一支重要力量,在技术进步、产品更新换代和开拓国内市场等方面蕴藏着巨大的潜力;发展小城镇,是带动农村经济和社会发展的一个大战略;千方百计解决好农民增收问题,始终是农业和农村工作的一项重要任务;要增强全民族的水患意识,动员全社会力量把兴修水利这件安民兴邦的大事抓紧抓好;大力发展节水农业,把推广节水灌溉作为一项革命性措施来抓,大幅度提高水的利用率,努力扩大农田有效灌溉面积;改善生态环境是关系中华民族生存和发展的长远大计,也是防御旱涝等自然灾害的根本措施;等等。这些重大政策措施,必将对我国农业和农村实现跨世纪发展产生巨大推动作用。

第三,十五届三中全会召开之际,正值我国改革和发展处在关键时期,全会强调进一步加强农业和农村工作,不仅有利于应对亚洲金融危机和经济全球化挑战,而且对国民经济健康稳定发展具有重要意义。

十五届三中全会公报中有这样一句话:“全会指出,当前我国改革和发展正处在一个非常关键的时期”。所谓“关键时期”,一是改革开放 20 年来我国经济持续发展,已经提前实现了国民生产总值翻两番的目标,综合国力有了很大提高,人民生活有了极大改善。1998年,全国农民人均年收入达2160元,扣除物价因素,比1978年的133.6元增长3.4倍,平均每年增长8.1%。1998年城镇居民人均可支配收入5425元,扣除物价因素比1978年的343元实际增长2.1倍,年增长6.1%。全国大多数省市自治区已进入小康社会阶段,少部分经济发达地区已进入实现现代化的阶段。

二是指我国已告别“短缺经济”,由“卖方市场”向“买方市场”转变,有效需求不足成为经济生活的主要问题。据统计,1998年下半年,有403种商品供求基本平衡,有206种商品供过于求,供不应求的只有一种。1997年我国人均粮食400公斤、肉类35公斤、布17米,人均钢材80公斤、煤1吨,大致只达到世界平均水平,比发达国家还差得很远。1997年我国生产电视机3513万台,其中彩电2643万台,电冰箱986万台,洗衣机1257万台。面对我国3.4亿家庭(其中农民家庭23402万个),这些家电不应该销不出去。据国家统计局抽样测算,1997年每百户农民家庭拥有彩电27.3台,冰箱8.5台,洗衣机21.9台,可见家电市场潜力很大,主要原因在于有效需求不足。一方面,我国经济正处于上一轮宏观经济调整后期。1992年邓小平南方谈话以及党的十四大召开后,又出现经济过度扩张、通货膨胀率不断攀升、金融秩序混乱的局面,经济生活中的“四高”“四热”现象突出。为此,1993年党中央、国务院开始了新一轮的宏观调控,这轮宏观调控主要运用经济手段,既抑制了通货膨胀,又保持了经济快速增长。到1996年,我国的国内生产总值增长率为9.6%,居民消费价格指数涨幅从1994年的24.1%降低到了8.3%。1997年,我国的国内生产总值增长率为8.8%,居民消费价格指数涨幅降至2.8%左右。至此,我国宏观经济呈现出“高增长、低通胀”的良好发展态势,实现了“软着陆”。我国经济从此告别了短缺经济时代,初步形成了主要生产资料和消费品的买方市场。我们实现了“软着陆”,但在紧缩政策的惯性作用下,经济增长已呈下行之势。另一方面,当时许多工农业产品销售困难的根本原因,在于城乡社会结构性矛盾。比如在农业内部,粮食多了卖粮难,多种瓜菜,瓜菜也多了,还是卖不出去。农产品多了,多发展工业产品,工业产品也卖不出去。服装、家电等日用工业品多了,生产资料产品也多了,煤炭、钢材、水泥等也卖不出去。只有加快城镇化发展步伐,逐步增加城镇人口,从而扩大内需,推动经济持续发展。

三是我国正在由全面实现工业化向城市化、现代化转变。1997年,我国有69600万就业劳动力,其中从事第一产业的占49.9%,从事第二产业的占23.7%,第三产业占26.4%。按国际上工业化的通行标准,我国于1957年实现了工业总产值超过农业总产值;1997年在第二、三产业就业的劳动力超过了在农业就业的劳动力。当然,工业化还有第三个要求,即城乡居民比例中城镇居民要超过50%,这一点还未做到。可以设想,如果我们在城乡人口比例上达到世界平均水平,将有近2亿农村人口转化为城镇居民。农民进了城,布鞋就要换成皮鞋,要穿西装、打领带;城里有电,要买冰箱了;有自来水,要买洗衣机了;要盖房子,需要买建筑材料。中央在1998年提出扩大内需的决策,仅这些就能增加多少需求。

由此可见,当前农村和整个社会经济发展的一个关键问题就是加快城市化进程。也就是说,原来我们主要解决吃饭问题,现在要解决小康问题,解决现代化问题。要解决这些问题,必须依靠社会结构的调整,依靠城市化的发展,逐步提高城镇人口比例。为此十五届三中全会通过的《决定》指出“发展小城镇,是带动农村经济和社会发展的一个大战略”,具有重要意义。

这些经济社会发展的事实说明,我国发展已到了一个经济社会变化的关节点上。当时关系全局的两大问题,一是国有企业问题,二是农村改革和发展问题。面对亚洲金融危机的严峻挑战,面对深化国有企业改革及其他各项改革的艰巨任务,首先把农业这个基础打牢,把农村这个大头稳住,可以增加我们应对国际金融风波冲击的回旋余地,可以为国有企业改革创造良好的环境。

1978 年召开的十一届三中全会,中国共产党系统总结了新中国成立以来农村正反两方面的经验,提出了新时期农业和农村工作的指导方针和政策原则,一场波澜壮阔的农村改革从此在全国兴起。20 年后的 1998 年,十五届三中全会在系统总结 20 年农村改革的成功经验、深入分析研究农业和农村发展现状的基础上,又作出了关于农业和农村工作若干重大问题的决定。十一届三中全会在国民经济濒于崩溃边缘的关键时刻,拨乱反正,解放思想,揭开了改革的序幕,开启了中国改革开放和现代化建设的伟大历史进程;十五届三中全会在建立社会主义市场经济体制的新条件下,在世纪之交吹响了继续向农村现代化进军的号角,动员亿万农民建设富裕、民主、文明的社会主义新农村,实现改革开放和现代化建设的跨世纪发展,具有深远的历史意义。十五届三中全会也因其对中国农村改革和发展作出全局性和战略性的部署而载入史册。

第六章　十六届三中全会:描绘经济体制改革的新蓝图

2003 年 10 月 11 日至 14 日,党的十六届三中全会在北京召开,会议审议通过了《中共中央关于完善社会主义市场经济体制若干问题的决定》。《决定》全面总结了改革开放以来特别是十四届三中全会以来的经验,提出了完善社会主义市场经济体制的目标和任务,明确了强化经济体制改革的指导思想和原则,从全局上描绘了经济体制改革的新蓝图,对新世纪新阶段我国经济体制改革作出了全面部署,是一个进一步深化经济体制改革、促进经济社会全面发展的纲领性文件。在改革的关键时期,十六届三中全会吹响了我国经济体制改革的新号角。

一、背景:社会主义市场经济体制成为社会生活中最重要的制度基础

1992 年,党的十四大明确提出建立社会主义市场经济体制的改革目标。1993 年,十四届三中全会通过《中共中央关于建立社会主义市场经济体制若干问题的决定》,勾画出这种新体制的基本框架,是中国经济体制改革史上的重要里程碑。在那个时候,人们对于市场经济体

制还比较陌生。经过十年的探索和发展，以公有制为主体、多种所有制经济共同发展的基本经济制度确立起来，以按劳分配为主多种分配方式并存、各种生产要素参与分配的格局初步形成，全方位、宽领域、多层次的对外开放格局基本形成。总体而言，社会主义市场经济体制初步建立，市场经济体制已经成为不可逆转的变革进程，成为社会生活中的最重要的制度基础。

在这十年里，我们国家战胜了严重的自然灾害和重大疫情，经受住了国际金融危机的冲击，克服了国内通货膨胀和通货紧缩的不利影响，经济继续保持快速增长。2002 年，我国国内生产总值为 117252 亿元，比 1993 年增长 202. 56%；国民总收入为 103553. 6 亿元，比 1993 年增长 199. 63%；财政收入为 18903. 64 亿元，比 1993 年增长 334. 67%。这些成就的取得，对坚持社会主义市场经济方向的改革起了关键作用。

但是，由于我国的社会主义市场经济体制还只是初步建立，因此这种新体制还存在一些不完善的地方。比如，制度方面还有缺陷，运行机制还不健全，社会利益关系还未理顺，经济法制还不完备，经济效率不高的状况还没有得到根本改变。

与 1993 年相比，2003 年的中国发生了巨大变化。

首先，非公有制经济获得极大发展，经济社会形态发生深刻变革。在这十年中，个体、私营等非公有制经济迅速发展，成为促进我国生产力发展的重要力量。到 2002 年底，我国个体工商户达到 2377 万户，就业人数达到 4743 万人，注册资金达到 3782 亿元，分别比 1993 年增长 34. 53%、61. 36%和 342. 85%；私营企业达到 243 万家，就业人数达到 3409 万人，注册资金达到 24756 亿元，分别比 1993 年增长 921%、815. 92%、814. 92%。与此同时，到 2002 年底，注册运行中的外资企业达到 23 万家，就业人数达到 2350 万人。在该年度，外资企业实现工业增加值 8091 亿元,占全国工业增加值的 25.2%;出口额达到 1699.37 亿美元,占全国出口总值的 52.2%;纳税额达到 3475.33 亿元,占全国税收总额的 20.44%。在一些沿海省份,非公经济已经成为左右经济增长的关键因素。以浙江省为例,2002 年该省的非公经济增加值、纳税额和出口总额分别占到全省的 47%、40.6%和 79%。在这种形势下,非公经济的长足发展,使得新兴的市场主体对市场体系、金融体制、投资门槛、国企垄断以及政府职能等一系列体制性障碍提出改革诉求。

其次,人均国内生产总值突破 1000 美元,进入改革的关键时期。2003 年,我国的人均国内生产总值首次突破 1000 美元大关。按照国际发展的经验,当人均国内生产总值从 1000 美元向 3000 美元迈进时,可能出现两种情况:一种是重要机遇期,由于经济社会转型为经济的持续健康发展提供了强大动力,因而可以保持一个较长时期的经济增长,顺利实现工业化和现代化;另一种是矛盾凸显期,由于产业结构变化和社会格局调整,以利益关系为主要内容的社会矛盾明显增多,如果处理不当,矛盾激化,经济社会发展就会停滞不前,引发社会动荡。是进入重要机遇期还是误入矛盾凸显期?当时的经济社会形势不容乐观,虽然广大人民群众的根本利益始终一致,但在具体利益上,利益主体日益多元化导致我国利益格局深刻变化,利益关系更加复杂化,大量具体利益相互纠结甚至彼此冲突,不同利益群体往往在同一问题上产生不同的利益诉求,协调各方面利益的难度越来越大。如何解决各种矛盾,成为关键问题。这些矛盾包括:发展中的现代工业社会与传统农业社会之间的矛盾,初步建立的市场经济体制与传统的计划经济体制之间的矛盾,城乡、地区、产业之间不断扩大的差异,不同社会群体之间日益拉大的收入差距,公共服务不足与逐渐升级不断多样化的社会需求之间的矛盾,弱势群体如下岗工人、失地农民对社会的怨恨,官员腐败问题引发的人民群众的不满,等等。如何防止这些矛盾的积累和激化?如何化解这些矛盾?成为摆在新一届中央领导集体面前的关键问题。

最后,加入世界贸易组织使我国的对外开放进入新的阶段。入世对我国的经济体制改革提出了新的要求,带来了很大的压力和动力。随着过渡期终结时间的临近,经济体制改革的任务日益紧迫。

这些任务包括:加强对产业结构调整和技术改造,提高科技创新能力和市场竞争力,使它们能够在国内外市场的激烈竞争中站住脚跟;建立适应发展社会化大生产和市场经济要求的现代企业制度,增强企业市场竞争能力、技术创新能力和抵御风险的能力,打造一批有国际竞争力的大型企业和跨国公司;转变政府职能,改进各级政府管理经济的方式和办法,完善合乎社会主义市场经济要求的行为规范和法律体系,充分发挥市场对资源配置的基础性作用;等等。只有通过深化改革,完善社会主义市场经济体制,形成有利于对外开放的体制和环境,才能更好地适应世界贸易组织的要求,在经济全球化浪潮中趋利避害,推进我国的现代化建设事业。

此外,在这一年春天,一场突如其来的非典疫情暴露出一系列体制性问题。党的十六大之后,新一届中央领导集体在领导全面建设小康社会的实践中,积极探索新的发展思路。这一进程刚开始,一场前所未有的非典疫情在全国范围暴发,严重影响了正常的社会生产和生活秩序,给国家的经济发展和人民群众的生命财产带来了巨大损失。在党中央的正确领导下,中国的经济发展并未停顿,但集中暴露出我国发展中存在的薄弱环节和突出问题。比如,片面重视经济增长,忽视社会发展和环境保护;在推动经济增长时往往又更注重数量、速度而忽视质量、效益;等等。这些问题,急需通过进一步深化改革确立新的发展观来予以解决。

《中共中央关于完善社会主义市场经济体制若干问题的决定》就是在这种形势下作出的。

二、起草：要经得起历史检验

党的十六大为进入新世纪新阶段的中国指明了前进的方向，开启了中国特色社会主义事业新的伟大征程。以胡锦涛同志为总书记的新一届中央领导集体，把学习贯彻十六大精神作为一切工作的重中之重。在十六届一中全会上，胡锦涛就明确指出，新一届党的中央领导集体当前和今后一个时期的首要政治任务，就是全面贯彻落实十六大精神。十六大提出的一项重大任务就是“建成完善的社会主义市场经济体制和更具活力、更加开放的经济体系”，这是进一步深化改革的总方向和依据。在研究十六届三中全会主题时，中央认为：全面建设小康社会，最根本的就是坚持以经济建设为中心，不断解放和发展社会生产力；要以十六大精神为指导，重点就当前和今后一个时期需要解决的重要体制问题提出改革目标和任务，作出决策和部署。

为起草这份要经得起历史检验的《中共中央关于完善社会主义市场经济体制若干问题的决定》，中央明确要求，要集中一批思维活跃、见解深刻、了解国情、熟悉经济工作的人，在深入调研、认真研讨、广泛征求各方面意见的基础上，集中党内外集体智慧，完成文件起草工作。《决定》的起草，始终在中央政治局常委会直接领导下进行。

为了总结25年的经济体制改革取得的经验和存在的问题，明确完善社会主义市场经济体制方向、任务和目标，进入2003年以来，胡锦涛先后奔赴北京、广东、四川、天津、湖南、江西等地调研。

在调研中，发现存在的深层次问题引起他的深思。在江西调研时，胡锦涛明确提出:要牢固树立协调发展、全面发展、可持续发展的科学发展观,积极探索符合实际的发展新路子,进一步完善社会主义市场经济体制,把加大结构调整力度同培育新的经济增长点结合起来,把推进城市发展和推进农村发展结合起来,把发挥科学技术的作用和发挥人力资源的优势结合起来,把发展经济和保护资源环境结合起来,把对外开放和对内开放结合起来,努力走出一条生产发展、生活富裕、生态良好的文明发展道路。① 牢固树立科学的发展观,胡锦涛的这一重要思想,成为起草工作的重要指导原则。

2003 年 4 月 18 日,《决定》起草组在北京成立。起草组中既有德高望重的专家、学者,又有来自部门和地方经验丰富的领导干部。国务院总理温家宝担任起草组组长,国务院副总理曾培炎任副组长。会上,温家宝就起草组的工作任务、指导思想、组织领导以及文件的基本框架等作了重要讲话,并对起草组的工作日程提出了要求。温家宝指出,写好文件的有利条件是从 1992 年建立社会主义市场经济体制目标开始,已经有 11 年的经验,初步形成了社会主义市场经济体制,在理论和实践上都有很大提高。党的十五大又有两大突破:一是寻求公有制的多种有效实现形式,提出公有制的控制作用不在数量比例,而在控制力;二是提出资本、劳动力、技术、管理和知识都能进入市场,都可以参与分配。同时,起草文件也存在困难,即容易解决的问题过去已经解决了,但是难度大的问题、新的问题摆在面前。比如,金融体制改革剥离不良资产如何评估?国有资产管理体制如何与企业的经营自主权相协调?温家宝还阐述了对农村改革、国有企业改革、完善市场、宏观调控体制改革、社会保障、对外开放、法治建设、政治体制改革等议题的方向性意

① 《胡锦涛在江西考察工作时强调　继承发扬党的优良革命传统　加快全面建设小康社会步伐》,《人民日报》2003 年 9 月 3 日。

见。他希望继党的十二届三中全会、十四届三中全会之后再搞一个历史性的文件。① 历时半年的《决定》起草工作,由此拉开帷幕。

胡锦涛始终关注着《决定》的起草工作,多次询问起草进展情况,并作出许多重要指示。起草组上报的每一稿,他都要逐字逐句地认真审阅,提出许多指导性意见并作出许多重要修改。《决定》初稿完成后,7 月 4 日、31 日,胡锦涛两次主持召开中央政治局常委会会议,对《决定》稿进行审议。常委会会议充分肯定了《决定》稿的框架结构和主要内容,认为体现了"三个代表"重要思想和十六大精神,是一个比较成熟的稿子。常委会试就如何处理好改革发展稳定的关系、如何有步骤有重点地推进改革、如何把社会主义制度与市场经济体制更好地结合起来、如何在完善市场经济体制的过程中充分发挥政治优势等重大问题,作出了重要指示。8 月 11 日,胡锦涛又主持召开中央政治局会议,审议《决定》稿。会议对初稿给予充分肯定,提出了需要进一步研究的重大问题。8 月 26 日,胡锦涛主持召开党外人士座谈会,就《决定》稿听取各民主党派中央、全国工商联领导人和无党派人士的意见和建议。9 月 18 日、29 日,胡锦涛分别主持中央政治局常委会议和政治局会议,对修改后的《决定》稿再次进行讨论。起草组随即根据会议精神再次修改,形成了《决定(讨论稿)》,供十六届三中全会讨论。

作为起草组组长,温家宝先后 8 次主持起草组全体会议,对《决定》的起草和修改提出了许多具体的指导意见。他反复强调,完善社会主义市场经济体制的文件要把 5 年到 10 年内能办的事情、必须要推进的改革写清楚,讲一条能做一条。一时办不了,但必须改革的,要明确改革的方向。他还说,要突出重点,不要面面俱到。文字要精练,用

① 高尚全:《改革只有进行时——对 3 个三中全会改革决定的回顾》,人民出版社 2013 年版,第 88 页。

平实的语言，让普通党员和群众看得懂。

10月11日，十六届三中全会在北京举行，温家宝就讨论稿向全会作了说明。会议安排3个半天，对《决定（讨论稿）》进行讨论。12日晚和13日下午，起草组召开全体会议，汇总全会各小组的意见、建议，对讨论稿作进一步修改。13日晚，胡锦涛主持中央政治局常委会会议，对修改后的讨论稿进行审议。14日上午，根据当天上午全会讨论情况，起草组对讨论稿又进行一次修改，形成《决定（草案）》。14日下午3时，经过数十次修改的《中共中央关于完善社会主义市场经济体制若干问题的决定》，获得全会的一致通过。

从成立起草组到获得全会一致通过，《决定》的起草过程始终发扬民主，广开言路。

据起草组成员高尚全回忆，《决定》第二部分“进一步巩固和发展公有制经济，鼓励、支持和引导非公有制经济发展”中的第5节中的表述“个体、私营等非公有制经济是促进我国社会生产力发展的重要力量”，原来在“重要力量”后面还有“和生力军”四个字。后来，他提出“生力军”的提法可以不写，因为在有些领域非公有制经济已经成为主力军了，例如就业问题，五分之四是靠非公有制经济解决的。最后，中央就把“和生力军”删掉了。

此外，根据中央政治局的要求，《决定》稿还下发中央党政军机关和地方100多个单位，广泛征求各方面意见。起草小组还邀请专家、学者、企业负责人和有关部门负责同志，举行10多场座谈会；20多个部委围绕产权制度、国有资产管理监督、农村土地制度、社会信用体系等问题，展开历时两个月的专题调研，形成一批极具参考价值的专题报告。据不完全统计，起草组共收到各类意见、建议1700多条。大至文件框架、总体思路，小至遣词用字、标点符号。

起草组经过分类汇总,慎重研究,对全部意见、建议逐条提出处理建议,报起草组全体会议审议后,对《决定》稿进行了修改。

三、内容:对深化和完善社会主义市场经济体制进行全方位布局

《中共中央关于完善社会主义市场经济体制若干问题的决定》共分12部分42条。

《决定》第一部分是"我国经济体制改革面临的形势和任务"。

这一部分在分析了深化经济体制改革的重要性和紧迫性的基础上,提出了完善社会主义市场经济体制的目标和任务,以及深化经济体制改革的指导思想和原则。《决定》指出,完善社会主义市场经济体制的目标是:按照统筹城乡发展、统筹区域发展、统筹经济社会发展、统筹人与自然和谐发展、统筹国内发展和对外开放的要求,更大程度地发挥市场在资源配置中的基础性作用,增强企业活力和竞争力,健全国家宏观调控,完善政府社会管理和公共服务职能,为全面建设小康社会提供强有力的体制保障。主要任务是:完善公有制为主体、多种所有制经济共同发展的基本经济制度;建立有利于逐步改变城乡二元经济结构的体制;形成促进区域经济协调发展的机制;建设统一开放竞争有序的现代市场体系;完善宏观调控体系、行政管理体制和经济法律制度;健全就业、收入分配和社会保障制度;建立促进经济社会可持续发展的机制。《决定》提出,深化经济体制改革的指导思想和原则是:以邓小平理论和"三个代表"重要思想为指导,贯彻党的基本路线、基本纲领、基本经验,全面落实十六大精神,解放思想、实事求是、与时俱进。坚持社会主义市场经济的改革方向,注重制度建设和体制创新。坚持尊重群

众的首创精神,充分发挥中央和地方两个积极性。坚持正确处理改革发展稳定的关系,有重点、有步骤地推进改革。坚持统筹兼顾,协调好改革进程中的各种利益关系。坚持以人为本,树立全面、协调、可持续的发展观,促进经济社会和人的全面发展。

第二部分到第十二部分,《决定》从十一个方面对深化和完善社会主义市场经济体制进行了全方位布局。

《决定》第二部分是“进一步巩固和发展公有制经济,鼓励、支持和引导非公有制经济发展”。关于“推行公有制的多种有效实现形式”,要积极推行公有制的多种有效实现形式,加快调整国有经济布局和结构;要适应经济市场化不断发展的趋势,进一步增强公有制经济的活力,大力发展国有资本、集体资本和非公有资本等参股的混合所有制经济,实现投资主体多元化,使股份制成为公有制的主要实现形式。关于“大力发展和积极引导非公有制经济”,要清理和修订限制非公有制经济发展的法律法规和政策,消除体制性障碍;放宽市场准入,允许非公有资本进入法律法规未禁入的基础设施、公用事业及其他行业和领域。关于“建立健全现代产权制度”,要建立归属清晰、权责明确、保护严格、流转顺畅的现代产权制度,这是完善基本经济制度的内在要求,是构建现代企业制度的重要基础。

《决定》第三部分是“完善国有资产管理体制,深化国有企业改革”。关于“建立健全国有资产管理和监督体制”,要坚持政府公共管理职能和国有资产出资人职能分开;国有资产管理机构对授权监管的国有资本依法履行出资人职责,督促企业实现国有资本保值增值,防止国有资产流失;积极探索国有资产监管和经营的有效形式,完善授权经营制度;建立健全国有金融资产、非经营性资产和自然资源资产等的监管制度。关于“完善公司法人治理结构”,要按照现代企业制度要求,规范公司股东会、董事会、监事会和经营管理者的权责，完善企业领导人员的聘任制度；继续推进企业转换经营机制，深化劳动用工、人事和收入分配制度改革，分流安置富余人员，分离企业办社会职能，创造企业改革发展的良好环境。关于“加快推进和完善垄断行业改革”，对垄断行业要放宽市场准入，引入竞争机制；有条件的企业要积极推行投资主体多元化。

《决定》第四部分是“深化农村改革，完善农村经济体制”。关于“完善农村土地制度”，农户在承包期内可依法自愿、有偿流转土地承包经营权，完善流转办法，逐步发展适度规模经营；实行最严格的耕地保护制度，保证国家粮食安全；按照保障农民权益、控制征地规模的原则，改革征地制度，完善征地程序；征地时必须符合土地利用总体规划和用途管制，及时给予农民合理补偿。关于“健全农业社会化服务、农产品市场和对农业的支持保护体系”，要支持农民按照自愿、民主的原则，发展多种形式的农村专业合作组织；鼓励工商企业投资发展农产品加工和营销，积极推进农业产业化经营；深化农业科技推广体制和供销社改革，形成社会力量广泛参与的农业社会化服务体系；完善农产品市场体系，放开粮食收购市场，把通过流通环节的间接补贴改为对农民的直接补贴，切实保护种粮农民的利益；国家新增教育、卫生、文化等公共事业支出主要用于农村。关于“深化农村税费改革”，要完善农村税费改革试点的各项政策，取消农业特产税，加快推进县乡机构和农村义务教育体制等综合配套改革；在完成试点工作的基础上，逐步降低农业税率，切实减轻农民负担。关于“改善农村富余劳动力转移就业的环境”，要建立健全农村劳动力的培训机制，推进乡镇企业改革和调整，大力发展县域经济，积极拓展农村就业空间；逐步统一城乡劳动力市场，形成城乡劳动者平等就业的制度；深化户籍制度改革，完善流动人口管理,引导农村富余劳动力平稳有序转移。

《决定》第五部分是“完善市场体系,规范市场秩序”。关于“加快建设全国统一市场”,要大力推进市场对内对外开放,加快要素价格市场化,发展电子商务、连锁经营、物流配送等现代流通方式,促进商品和各种要素在全国范围自由流动和充分竞争;废止妨碍公平竞争、设置行政壁垒、排斥外地产品和服务的各种分割市场的规定,打破行业垄断和地区封锁。关于“大力发展资本和其他要素市场”,要建立多层次资本市场体系,完善资本市场结构,丰富资本市场产品;加快发展土地、技术、劳动力等要素市场。关于“建立健全社会信用体系”,要按照完善法规、特许经营、商业运作、专业服务的方向,加快建设企业和个人信用服务体系;建立信用监督和失信惩戒制度;逐步开放信用服务市场。

《决定》第六部分是“继续改善宏观调控,加快转变政府职能”。关于“完善国家宏观调控体系”,财政政策要在促进经济增长、优化结构和调节收入方面发挥重要功能;货币政策要在保持币值稳定和总量平衡方面发挥重要作用;完善统计体制,健全经济运行监测体系,加强各宏观经济调控部门的功能互补和信息共享,提高宏观调控水平。关于“转变政府经济管理职能”,要深化行政审批制度改革,切实把政府经济管理职能转到主要为市场主体服务和创造良好发展环境上来;加强国民经济和社会发展中长期规划的研究和制定,提出发展的重大战略、基本任务和产业政策;加强对区域发展的协调和指导。关于“深化投资体制改革”,要进一步确立企业的投资主体地位,实行谁投资、谁决策、谁收益、谁承担风险;国家只审批关系经济安全、影响环境资源、涉及整体布局的重大项目和政府投资项目及限制类项目,其他项目由审批制改为备案制,由投资主体自行决策;国家主要通过规划和政策指导、信息发布以及规范市场准入,引导社会投资方向,抑制无序竞争和盲目重复建设。

《决定》第七部分是“完善财税体制，深化金融改革”。关于“分步实施税收制度改革”，要改革出口退税制度；统一各类企业税收制度；增值税由生产型改为消费型，将设备投资纳入增值税抵扣范围；完善消费税，适当扩大税基；改进个人所得税，实行综合和分类相结合的个人所得税制；实施城镇建设税费改革，条件具备时对不动产开征统一规范的物业税；创造条件逐步实现城乡税制统一。关于“推进财政管理体制改革”，要完善转移支付制度，加大对中西部地区和民族地区的财政支持；建立预算绩效评价体系。关于“深化金融企业改革”，要选择有条件的国有商业银行实行股份制改革，加快处置不良资产，充实资本金，创造条件上市；要完善农村金融服务体系，国家给予适当政策支持；通过试点取得经验，逐步把农村信用社改造成为农村社区服务的地方性金融企业。关于“健全金融调控机制”，要稳步推进利率市场化，建立健全由市场供求决定的利率形成机制；完善人民币汇率形成机制，保持人民币汇率在合理、均衡水平上的基本稳定。关于“完善金融监管体制”，要健全金融风险监控、预警和处置机制，依法严格实行市场退出制度；建立健全银行、证券、保险监管机构之间以及同中央银行、财政部门的协调机制，提高金融监管水平。

《决定》第八部分是“深化涉外经济体制改革，全面提高对外开放水平”。关于“完善对外开放的制度保障”，要加快内外贸一体化进程；形成稳定、透明的涉外经济管理体制；建立健全外贸运行监控体系和国际收支预警机制，维护国家经济安全。关于“更好地发挥外资的作用”，要扩大利用外资规模，提高利用外资水平；更多地引进先进技术、管理经验和高素质人才；力争再形成若干外资密集、内外结合、带动力强的经济增长带。关于“增强参与国际合作和竞争的能力”，鼓励国内企业充分利用扩大开放的有利时机，增强开拓市场、技术创新和培育自主品牌的能力；继续实施“走出去”战略，完善对外投资服务体系，赋予企业更大的境外经营管理自主权，健全对境外投资企业的监管机制，促进我国跨国公司的发展；积极参与和推动区域经济合作。

《决定》第九部分是“推进就业和分配体制改革，完善社会保障体系”。关于“深化劳动就业体制改革”，要把扩大就业放在经济社会发展更加突出的位置，实施积极的就业政策，努力改善创业和就业环境；坚持劳动者自主择业、市场调节就业和政府促进就业的方针。关于“推进收入分配制度改革”，要整顿和规范分配秩序，加大收入分配调节力度，重视解决部分社会成员收入差距过分扩大问题；加强对垄断行业收入分配的监管。关于“加快建设与经济发展水平相适应的社会保障体系”，要完善企业职工基本养老保险制度，健全失业保险制度，继续完善城镇职工基本医疗保险制度，继续推行职工工伤和生育保险，积极探索机关和事业单位社会保障制度改革，完善城市居民最低生活保障制度；农村养老保障以家庭为主，同社区保障、国家救济相结合；有条件的地方探索建立农村最低生活保障制度。

《决定》第十部分是“深化科技教育文化卫生体制改革，提高国家创新能力和国民整体素质”。关于“营造实施人才强国战略的体制环境”，要加强西部和民族地区人才开发，建立促进优秀人才到西部、基层和艰苦地方工作的机制；尊重知识，鼓励创新，实行公平竞争，完善激励制度，形成优秀人才脱颖而出和人尽其才的良好环境；建立和完善人才市场体系，进一步促进人才流动。关于“深化科技体制改革”，必须由国家支持的从事基础研究、战略高技术、重要公益研究领域创新活动的研究机构，要按照职责明确、评价科学、开放有序、管理规范的原则建立现代科研院所制度；面向市场的应用技术研究开发机构，要坚持向企业化转制,加快建立现代企业制度;建设哲学社会科学理论创新体系,促进社会科学和自然科学协调发展。关于“深化教育体制改革”,要推进教育创新,优化教育结构,改革培养模式,提高教育质量,形成同经济社会发展要求相适应的教育体制;巩固和完善以县级政府管理为主的农村义务教育管理体制;完善和规范以政府投入为主、多渠道筹措经费的教育投入体制,形成公办学校和民办学校共同发展的格局。关于“深化文化体制改革”,公益性文化事业单位要深化劳动人事、收入分配和社会保障制度改革,加大国家投入,增强活力,改善服务;经营性文化产业单位要创新体制,转换机制,面向市场,壮大实力;完善文化产业政策,鼓励多渠道资金投入,促进各类文化产业共同发展,形成一批大型文化企业集团,增强文化产业的整体实力和国际竞争力;深化体育改革,构建群众体育服务体系,健全竞技体育体制,促进体育产业健康发展,增强全民体质。关于“深化公共卫生体制改革”,要加强公共卫生设施建设,充分利用、整合现有资源,建立健全疾病信息网络体系、疾病预防控制体系和医疗救治体系,提高公共卫生服务水平和突发性公共卫生事件应急能力;加快城镇医疗卫生体制改革;改善乡村卫生医疗条件,积极建立新型农村合作医疗制度,实行对贫困农民的医疗救助;健全卫生监管体系,保证群众的食品、药品和医疗安全。

《决定》第十一部分是“深化行政管理体制改革,完善经济法律制度”。关于“继续改革行政管理体制”,要进一步调整各级政府机构设置,理顺职能分工,实现政府职责、机构和编制的法定化;推进依法行政,严格按照法定权限和程序行使权力、履行职责;建立健全各种预警和应急机制,提高政府应对突发事件和风险的能力。关于“合理划分中央和地方经济社会事务的管理责权”,属于全国性和跨省(自治区、直辖市)的事务,由中央管理,以保证国家法制统一、政令统一和市场统一;属于面向本行政区域的地方性事务,由地方管理,以提高工作效率、降低管理成本、增强行政活力;根据经济社会事务管理责权的划分,逐步理顺中央和地方在财税、金融、投资和社会保障等领域的分工和职责。关于"全面推进经济法制建设",要完善市场主体和中介组织法律制度,产权法律制度,市场交易法律制度,预算、税收、金融和投资等法律法规,劳动、就业和社会保障等方面的法律法规,以及社会领域和可持续发展等方面的法律法规。关于"加强执法和监督",要加大执法力度,提高行政执法、司法审判和检察的能力和水平,建立权责明确、行为规范、监督有效、保障有力的执法体制;改革行政执法体制,相对集中行政处罚权,推进综合执法试点;推进司法体制改革,维护司法公正。

《决定》第十二部分是"加强和改善党的领导,为完善社会主义市场经济体制而奋斗"。关于"党的领导是顺利推进改革的根本保证",全党同志要充分认识肩负的历史责任,不断学习新知识、研究新情况、解决新问题,继续探索社会主义制度和市场经济有机结合的途径和方式;要改革和完善党的领导方式和执政方式,坚持谋全局、把方向、管大事,进一步提高科学判断形势的能力、驾驭市场经济的能力、应对复杂局面的能力、依法执政的能力和总揽全局的能力;要统筹推进各项改革,努力实现宏观经济改革和微观经济改革相协调,经济领域改革和社会领域改革相协调,城市改革和农村改革相协调,经济体制改革和政治体制改革相协调。关于"加强和改进党风廉政建设",要进一步抓好党和国家机关工作人员特别是领导干部的廉洁自律,坚决查处各种违纪违法案件,切实纠正损害群众利益的不正之风;要坚持标本兼治、综合治理,注重思想道德教育,加强廉政法制建设,完善监督制约机制,建立健全与社会主义市场经济体制相适应的教育、制度、监督并重的惩治和预防腐败体系。关于“坚持社会主义物质文明、政治文明和精神文明协调发展”,要积极稳妥地推进政治体制改革,扩大社会主义民主,健全社会主义法制,巩固和壮大爱国统一战线,加强思想政治工作,为发展社会主义市场经济提供强有力的政治保证;要大力加强社会主义文化建设,着力建立社会主义思想道德体系,为改革和发展提供强大的精神动力和智力支持。

四、创新:第一次正式提出“坚持以人为本,树立全面、协调、可持续的发展观”

《中共中央关于完善社会主义市场经济体制若干问题的决定》是党中央在新的历史条件下,汇集全党和全国人民的智慧,进一步深化改革的纲领性文件,在理论上有许多重大突破和创新。

(一)第一次正式提出“坚持以人为本,树立全面、协调、可持续的发展观”,使之成为指引国家持续发展的重要理念。

“以人为本”是科学发展观的核心,体现了我们党的根本性质和宗旨,体现了科学社会主义的基本原则。在《决定》起草过程中,是采用“以人为本”的提法还是采用“以民为本”的提法,起草组进行了认真的讨论。

起草组成员高尚全认为,应该采用“以民为本”的提法,因为我国是“中华人民共和国”而不是“中华人共和国”,毛主席提出“为人民服务”而不是“为人服务”,江泽民的“三个代表”重要思想中是代表最广大人民群众的根本利益,胡锦涛提出的是“情为民所系,权为民所用,利为民所谋”,讲的都是民。起草组另一位成员郑必坚则认为,“以民为本”带有政治色彩,因为有些人不是“民”,应该扩大到“以人为本”。

最后,《决定》采用了“以人为本”的提法。①

所谓“以人为本”,就是指我们的各项工作都要把努力满足人的需要和促进人的全面发展作为根本出发点和归宿。“以人为本”同以经济建设为中心是完全一致的,因为只有社会生产力的极大发展和社会财富的极大丰富,才能较好地满足人的需要,促进人的全面发展。“以人为本”又是一个不断发展和进步的过程,因为只有随着社会财富的不断增加和社会文明的持续进步,人的需要才能充分得到满足,人的全面发展才能充分得到实现。要做到以人为本,就必须从眼前做起,从具体事情做起,把这个原则贯彻到各项工作中去,从而使广大群众充分共享经济和社会发展的成果。

“全面、协调、可持续的发展观”,是建设中国特色社会主义的必然要求,也是全面建设小康社会的必然要求,符合社会发展的客观规律。这一发展观所提倡的发展,不只是经济增长,而是要坚持以经济建设为中心,在经济发展的基础上实现社会全面发展。只有坚持这一发展观,才能推动社会主义物质文明、政治文明和精神文明协调发展,才能在坚持经济发展的基础上促进社会全面进步和人的全面发展,才能在开发利用自然中实现人与自然的和谐相处。把“以人为本”和“全面、协调、可持续”的概念放在一起,使得这种发展观有了不同于一般发展观的理论品质。

《决定》还针对我国的发展在城乡、区域、经济与社会、人与自然、国内发展与对外开放五个方面存在的突出矛盾,提出了“五个统筹”的原则要求,即“按照统筹城乡发展、统筹区域发展、统筹经济社会发展、统筹人与自然和谐发展、统筹国内发展和对外开放的要求,更大程度地

① 高尚全:《改革只有进行时——对3个三中全会改革决定的回顾》,人民出版社2013年版,第93页。

发挥市场在资源配置中的基础性作用,增强企业活力和竞争力,健全国家宏观调控,完善政府社会管理和公共服务职能,为全面建设小康社会提供强有力的体制保障”。这一要求,丰富了新的发展观,也丰富了关于经济体制改革的指导思想,是新的发展观和改革观的进一步升华。

统筹城乡发展,是因为全面建设小康社会和实现社会主义现代化,难点不在城市而在农村。新阶段的经济体制改革,不仅要着眼于城市,也要着眼于农村,着眼于促进城乡协调发展。这是社会稳定和整个国民经济持续、协调发展的基础。同样,统筹区域发展,是因为全面建设小康社会和实现社会主义现代化,难点不在东部而在中西部,特别是西部经济落后地区。区域发展的不平衡、不协调,必然影响国民经济健康持续发展,必然影响社会稳定、民族团结和国防巩固。因此,要通过实施西部大开发战略、支持中西部地区加快改革开放等,推进经济落后地区加快发展。统筹经济社会发展,是因为中国特色社会主义要实现经济发展和社会全面进步,单纯的经济增长不等同于社会的全面进步。随着改革的深入,一些社会问题日益凸显出来,只有关注和解决诸如失业、贫困、教育、医疗、公共卫生以及社会公正和反腐败等社会问题,才能在经济发展的基础上实现社会的全面进步。统筹人与自然和谐发展,是因为只有这样才能走上生产发展、生活富裕、生态良好的文明发展道路。我国人均资源占有量相对较少,环境承载能力较弱,经济高速增长给资源和环境带来巨大压力。因此,在经济发展的同时,要注重改善生态环境,合理开发和利用资源,从而实现经济发展和环境保护的双重目标,实现人与自然和谐发展。统筹国内发展和对外开放,是因为只有积极推进全方位、多层次、宽领域的对外开放,善于利用国外的资金和技术力量,才能充分发挥我国市场、资源和劳动力的比较优势;只有实施“走出去”战略和“引进来”战略的有机结合,才能逐步形成独特的产业优势。当今世界是一个开放的世界,对外开放要服务于国内发展和改革,同样地,国内发展和改革又必须考虑国际环境。只有这样,才能充分利用国内国际两个市场,真正实现可持续发展。

"以人为本""全面、协调、可持续""五个统筹",这样一些重要概念作为一个内在联系的有机整体同时出现在《决定》中,使得这种新的发展观有了最初的理论形态。这样,十六届三中全会就成为科学发展观初步形成的标志。在科学发展观形成之初,"以人为本""全面、协调、可持续""五个统筹"就成为其概念体系的重要组成部分。

在这次全会的第二次全体会议上,胡锦涛在讲话中阐述了树立和落实科学发展观的重要意义,认为"这是二十多年改革开放实践的经验总结,是战胜非典疫情给我们的重要启示,也是推进全面建设小康社会的迫切要求"。在胡锦涛看来,忽视社会主义民主法制建设,忽视社会主义精神文明建设,忽视各项社会事业的发展,忽视资源环境保护,经济建设是难以搞上去的,即使一时搞上去了最终也可能要付出沉重的代价。因此,他要求各级党委和政府"一定要坚持科学发展观,不断探索促进全面发展、协调发展和可持续发展的新思路新途径"。① 至此,全面、协调、可持续的科学发展观成为指引国家持续发展的重要指导思想。

(二)提出了大力发展混合所有制经济,使股份制成为公有制的主要实现形式的观点。

《决定》对推行公有制的多种有效实现形式进行了部署,提出要适应经济市场化不断发展的趋势,进一步增强公有制经济的活力,"大力发展国有资本、集体资本和非公有资本等参股的混合所有制经济,实现

① 中共中央文献研究室编:《十六大以来重要文献选编》(上),中央文献出版社2005年版,第483、484页。

投资主体多元化,使股份制成为公有制的主要实现形式”。

在以往的提法中,股份制只是公有制实现形式的一种。“使股份制成为公有制的主要实现形式”,是对传统的单一成分的公有制概念的根本性突破。这一决策,是对改革开放以来党的文献中关于这个问题相关论述的继承和重大发展,是国有企业改革理论的新进展,反映了经济体制改革的深化和发展趋势。

公有制是社会主义经济制度的基础,是国家引导、推动经济和社会发展的基本力量。在发展社会主义市场经济的新形势下,必须毫不动摇地巩固和发展公有制经济,充分发挥国有经济的主导作用。改革开放以来,我们党对公有制的多种实现形式进行了不懈的探索。早在改革开放初期,在谈到国有企业改革时,邓小平就提出了探索公有制新的实现形式的要求。他指出:“用多种形式把所有权和经营权分开,以调动企业积极性,这是改革的一个很重要的方面。这个问题在我们一些同志的思想上还没有解决,主要是受老框框的束缚。其实,许多经营形式,都属于发展社会生产力的手段、方法,既可为资本主义所用,也可为社会主义所用,谁用得好,就为谁服务。”①实践证明,推行公有制的多种有效实现形式,是坚持公有制主体地位和发挥国有经济重要作用的必然选择。

股份制是社会化大生产和市场经济发展到一定阶段的必然产物,是企业赢得市场竞争优势的一种有效组织形式和运营方式。股份制实现了所有权和经营权的分离,大大提高了企业和资本的运作效率;能够把分散的社会资本集中起来,扩大企业的生产和经营规模;同时,股份制企业的治理结构比较合理,充分保障了经营者和所有者双方的利益。

---

① 《邓小平文选》第3卷,人民出版社1993年版,第192页。

马克思曾经说过，股份企业是“发展现代社会生产力的强大杠杆”“对国民经济的迅速增长的影响恐怕估价再高也不为过”。①

在我们社会主义国家，“使股份制成为公有制的主要实现形式”，到底有哪些好处呢？一是国有资本可以吸引和组织更多的社会资本，扩大国有资本的支配范围，从而放大国有资本的功能，增强国有经济的控制力。二是国有资本可以通过资本市场在不同行业和企业间流动。比如，通过股权转让的方式，国有资本可以退出市场前景黯淡、资本回报率低的行业或经营管理不善的企业；同样的，国有资本还可以通过兼并、联合、资产重组等方式进入市场前景较好、利润丰厚的行业或经营管理完善的企业。三是实现投资主体多元化，国有资产监督管理机构或授权投资机构代表国家拥有股权，依法派股东代表和董事进入企业，行使所有者职责，国家不再直接干预企业的生产经营，实行所有权和经营权分离，做到自主经营、自负盈亏，从而使企业成为独立的法人实体和真正的市场主体。这样，既保证了国有资本所有者的权益，又使企业真正实现经营机制的转变，以市场主体身份参与竞争。

党的十五大提出，股份制是现代企业的一种资本组织形式，资本主义可以用，社会主义也可以用，国家和集体控股的股份制具有明显的公有性。自十五大以来，我们逐步对国有企业进行了股份制改造，股份制在经济生活中发挥着越来越重要的作用。据统计，截至 2002 年底，已有 3468 家国有重点企业完成了股份制改造，改造面接近 80%。国有及国有控股企业在境内外新增上市公司 442 家，累计筹资 7436 亿元。这些改制企业，积极吸纳非国有资本参股，非国有资本占全部注册资本的比例达到 42%，投资主体呈现多元化。在抓好国有重点企业改革的同

① 《马克思恩格斯全集》第 12 卷，人民出版社 1962 年版，第 610、609 页。

时，国家继续采取改组、联合、兼并、租赁、承包经营、股份合作、出售等形式，放开搞活国有中小企业。国有企业改革使得企业生产经营状况得以明显改善，市场竞争力不断增强，大大推动了国有经济的发展。2002年底，国有及国有控股工业企业实现利润2636亿元，比1997年增长了2.3倍；国有企业资产达到15.46万亿元，比1997年增长了23.7%。美国《财经》杂志评选的年度世界500强企业中，2002年中国内地有11家企业入选，而在1997年只有3家企业入选，并且都不是工业企业。

在这3468家国有重点企业完成股份制改造的过程中，国家投入资本7710亿元，但这些企业的全部注册资本却达到了13304亿元，国有资本支配范围扩大了将近一倍。十五大以来的实践充分表明，股份制在经济生活中发挥了越来越重要的作用，已经成为搞好国有企业的重要途径。

（三）提出了放宽非公有制经济市场准入，使其与其他企业享受同等待遇的观点和政策。

大力发展和积极引导非公有制经济，是完善基本经济制度的重要方面。改革开放以来，我国的非公有制经济得到了迅猛发展。2002年，我国个体工商户达到2377万户，从业人数为4743万人，注册资金3782亿元；私营企业达到243万户，从业人数为3409万人，注册资金24756亿元；注册运营的外资企业约23万家，从业人数为2350万人，实现工业增加值8091亿元，缴纳税款3475亿元。

尽管取得了这些成就，但是我国非公有制经济发展仍然存在一些体制性、政策性的制约因素。比如，受传统观念的影响，有一些人总认为非公有制经济同社会主义经济相矛盾，从而在行动上采取压制非公有制经济发展的措施。又如，在政策上，无论是市场准入，还是企业融资、土地使用,国家对非公有制经济的限制都比较多;在法律上,国家对私有财产的保护,不像对公有财产的保护那样得力,缺乏对合法私有财产保护的专门法律规定。再如,政府管理行为不适应非公有制经济发展的需要,一些政府部门沿用计划经济体制下的管理方式,不能为非公有制企业发展创造公平的竞争环境。

基于这些制约因素,《决定》进一步提出要大力发展和积极引导非公有制经济,强调要清理和修订限制非公有制经济发展的法律法规和政策,消除体制性障碍,为非公有制经济的发展创造良好的外部环境;要放宽市场准入,允许非公有资本进入法律法规未禁入的基础设施、公用事业及其他行业和领域。贯彻《决定》的精神,就需要解放思想,转变观念,充分认识发展非公有制经济对发展社会主义市场经济的重要作用,对于现阶段有利于生产力发展的非公有制经济,应毫不动摇地鼓励、支持和引导其快速健康发展;需要完善法律法规,切实保护私有财产权,支持非公有制中小企业的发展,鼓励有条件的企业做强做大;需要在投融资、税收、土地使用和对外贸易等方面,改变歧视政策,使非公有制企业与其他企业享受同等待遇,实现公平竞争;需要转变政府职能,改进政府对非公有制企业的服务和监管。

(四)提出了建立有利于逐步改变城乡二元经济结构的观点和设想。

党的十六大提出,统筹城乡经济社会发展,建设现代农业,发展农村经济,增加农民收入,是全面建设小康社会的重大任务。为了贯彻这一战略思想,《决定》提出要建立有利于逐步改变城乡二元经济结构的体制,并针对农村改革发展中存在的突出问题,从统筹城乡发展的高度,提出了深化农村改革的措施。

一是完善农村土地制度。土地家庭承包经营是农村基本经营制度的核心，是促进农村经济发展和社会稳定的根本保证，必须长期坚持。有的地方违背法律规定和政策要求，侵犯农民的土地承包经营权益。如随意缩短承包期、收回承包地和提高承包费；随意调整承包地，多留机动地；不尊重农民的生产经营自主权，强迫农民种这种那，强迫流转承包地；等等。针对这些现象，《决定》提出，要长期稳定并不断完善以家庭承包经营为基础、统分结合的双层经营体制，依法保障农民对土地承包经营的各项权利。同时，《决定》还提出，“实行最严格的耕地保护制度，保证国家粮食安全”。据统计，到2002年底，我国共有各级各类开发区3837家，其中省级以下开发区2586家。一些开发区根本不具备招商引资的条件，造成大量耕地荒芜。全国开发区圈占的耕地中，有43%处于闲置状态。一些企业动辄占地几百几千亩，远远超过投资办厂的需要。一些城市盲目扩大城区，公路修到哪里，楼房建到哪里，占用了大量耕地。“实行最严格的耕地保护制度”，对于我们国家在加强工业化城镇化的阶段，具有明显的针对性。此外，在征地过程中，近年来也暴露出很多问题和矛盾。农民的合法权益得不到保障，失地又失业。一些地方把农民土地作为生财之道，违法违规征地不断发生，农民的“命根子”变成开发商的“钱袋子”。因征地问题引发的群体性事件以及恶性事件不时见诸各类媒体，严重影响社会稳定。为此，《决定》明确提出：“按照保障农民权益、控制征地规模的原则，改革征地制度，完善征地程序”。“征地时必须符合土地利用总体规划和用途管制，及时给予农民合理补偿。”二是健全农业社会化服务体系、农产品市场体系和对农业的支持保护体系。实行家庭联产承包经营责任制后，一家一户的小规模农业经营如何与千变万化的广阔的农产品市场连接？《决定》提出要健全前述三种体系。农业社会化服务体系，是社会各方面通过各种形式向农业经营者提供的农业生产各个环节所需要的各种经济和技术服务的总和。通过这些服务，农业经营者能够降低市场风险和生产成本，提高劳动生产率和经济效益。《决定》把这一体系分为四个层面，即农村集体经济组织，包括农村基层党组织和村民委员会；农村专业合作组织；农业产业化经营体系；国家经济技术部门、供销合作社、农村信用合作社以及各类社会力量兴办的农业经济技术服务机构。农产品市场体系是连接农产品生产和消费的重要环节，包括市场本身的建设、市场运行规则的建立和政府对市场调控手段的完备等一系列服务。在现阶段，我国的农产品市场体系建设包括两大任务，即深化农产品流通体制改革和加强农产品市场本身建设。

国家对农业的支持保护体系一般分为这样几类：对农业、农村各项基础设施建设的直接投资，对农民的价格补贴，对革命老区、民族地区、边远地区和贫困地区的各种专项转移支付资金，对各类涉农服务机构和企业的特殊优惠政策，对农村教育、卫生等社会事业发展的投入和各种财政补助等。我国农村的社会公共事业明显滞后于城市，因此，《决定》将国家新增的教育、卫生、文化等公共事业支出主要用于农村的规定，显得尤为必要。

（五）提出建立归属清晰、权责明确、保护严格、流转顺畅的现代产权制度。

现代意义上的产权，是指自然人、法人对各类财产的所有权及占有权、使用权、收益权和处置权等权利，包括物权、债权、股权和知识产权及其他无形财产权等。产权制度是关于产权界定、保护和流转的一系列体制安排和法律规定的总称。现代产权制度是与社会化大生产和现代市场经济相适应的产权制度，和现代企业制度相对应。建立现代产权制度，是完善基本经济制度的内在要求，是构建现代企业制度的重要基础。早在1993年，十四届三中全会提出把现代企业制度作为国有企业改革方向时，就把产权清晰明确为现代企业制度的首要特征。实践证明，产权问题解决得好，国有企业改革成效就显著。

产权问题的重要性，随着改革的深化而日益显现。改革开放以来，随着多种所有制经济的发展，除国有资本和集体资本以外，个体、私营、外资等非公有资本和城乡居民私有财产迅速增加，这些资本之间的流动、重组和融合也日益频繁。在这种情况下，各类财产权都要求有健全的产权制度加以保护。要进一步推进深层次改革，就必须把建立健全现代产权制度提到议事日程，作出明确规定。可以说，建立现代产权制度，是在总结改革开放实践经验的基础上，根据新阶段社会主义市场经济发展的客观要求提出的。

《决定》提出："产权是所有制的核心和主要内容"，要"建立归属清晰、权责明确、保护严格、流转顺畅的现代产权制度"。"归属清晰"，是指各类财产所有权的具体所有者为法律法规所清晰界定；"权责明确"，是指产权具体实现过程中各相关主体权利到位，责任落实；"保护严格"，是指保护产权的法律制度完备，各种经济类型、各种形式的产权一律受到法律的严格保护；"流转顺畅"，是指各类产权可以通过产权交易市场自由流动，以实现产权的最大收益。建立现代产权制度，能够维护公有财产权，巩固公有制经济的主体地位；保护私有财产权，促进非公有制经济发展；促进各类资本的流动和重组，推动混合所有制经济发展；增强企业和公众创业创新的动力，形成良好的信用基础和市场秩序。由此看来，建立现代产权制度，使所有者、经营者、劳动者各得其所，让一切活力竞相迸发，让一切源泉充分涌流，不论是公有产权还是私有产权，都可以得到有效的维护与保护，使得各类资本在运行与流动中得到增值与扩展。因此，这是《决定》的一个重要亮点。

国有企业建立现代企业制度，必须解决产权明晰问题。只有这样，才能形成负责任的生产经营行为，否则，经营实体就没有发展动力或者动力不足，影响发展后劲。

产权是排他的，不是公共品，因此，产权明晰以后，就要保护产权。既要保护私有产权，也要保护公有产权。个体、私营企业的产权是明晰的，但过去对产权保护不力，随意侵犯产权的现象时有发生，挫伤了非公有制经济的积极性。在现实生活中，由于产权的缺位，对公有产权特别是国有产权的侵害也比较严重。实践证明，只有产权得到保护，才能真正确立独立的企业制度。这样，在国有企业能够形成一种激励和约束机制，确保决策者对其决策后果负责，在个体、私营企业能够提高企业所有者的积极性，从而最终促进各类企业的健康发展。产权明晰并得到严格保护以后，还要确保其流转顺畅。所有者拥有产权的目的，是为了使其保值增值。产权只有实现自由流转，才能流向那些回报率较高的领域，才能实现保值增值。通过产权的流转，可以大力发展国有资本、集体资本和非公有资本等参股的混合所有制经济，实现投资主体多元化；也可以完善国有资本有进有退、合理流动的机制，进一步推动国有资本更多地投向关系国家安全和国民经济命脉的重要行业和关键领域，增强国民经济的控制力；还可以充分发挥个体、私营企业的活力，促进非公有制经济的发展。改革开放以来，各种形式的产权流转在我国蓬勃展开，产权交易的市场化程度也不断提高，但是也存在一些体制性障碍和制度缺陷。建立现代产权制度，将大大提高产权交易的市场化程度，有效提高企业效益，大幅增加社会财富。

（六）提出建设统一、开放、竞争有序的现代市场体系。

现代市场体系是市场经济的重要组成部分。市场机制是通过市场体系来发挥调节作用的，市场运行过程、市场秩序的形成和治理也需要通过市场体系来实现。因此，市场经济必须借助市场体系，才能有效配置资源，发挥市场机制在资源配置中的基础性作用，必须培育、发展和完善现代市场体系。

改革开放以来，我国不断推进改革并采取相应措施，在维护市场统一方面作出了巨大努力，并取得了明显成效。但是，在现实经济生活中，阻碍商品和要素高效有序流动的体制性因素依然存在，一些地方和部门滥用行政权力，搞行业垄断和地区封锁，实行强制交易，采取专营、专卖、审批、许可等手段实行歧视性待遇，排斥外地产品和服务等。这些问题的存在，在一定程度上阻碍制约着全国统一大市场的形成与发展。仅 2002 年，全国工商系统就查处供电、供水、供气等公用企业强制交易案件 1002 件，查处滥用行政权力限制竞争案 195 件。为了充分发挥市场对资源的配置作用建设统一开放竞争有序的现代市场体系，《决定》强调要加快建设全国统一市场，减少政府对市场的干预，大力发展资本和其他要素市场，建立健全社会信用体系。

铲除市场壁垒，打破行政保护，建设全国统一的市场，是发展市场经济的前提。市场壁垒造成一系列问题，如低水平重复建设，不同地区之间产业结构趋同，阻碍生产技术进步，限制全国市场容量的扩大，等等。由此，《决定》提出，“强化市场的统一性，是建设现代市场体系的重要任务”。按照《决定》的要求，建设现代市场体系，需要从这样几个方面入手：一是大力推进市场对内对外开放，加快要素价格市场化，发展电子商务、连锁经营、物流配送等现代流通方式，促进商品和各种要素在全国范围自由流动和充分竞争。二是要废止妨碍公平竞争、设置行政壁垒、排斥外地产品和服务的各种分割市场的规定，打破行业垄断和地区封锁。三是积极发展独立公正、规范运作的专业化市场中介服务机构，按市场化原则规范和发展各类行业协会、商会等自律性组织。四是完善行政执法、行业自律、舆论监督、群众参与相结合的市场监管体系，健全产品质量监管机制，严厉打击制假售假、商业欺诈等违法行为，维护和健全市场秩序。

减少政府对市场的干预。确定政府与市场的合理边界，是建设统一开放竞争有序的现代市场体系的重要方面。如果政府对经济介入过深、直接管理手段过多，就会扭曲市场配置资源的有效性。这就要求我们把政府经济管理职能转到主要为市场主体服务和创造良好发展环境上来，政府不直接干预微观经济活动。以投资体制为例，《决定》提出了进一步深化投资体制改革的举措。传统的企业投资项目审批管理制度制定于20世纪70年代，虽然先后进行了一系列改革，但是基本框架没有改变。在这一框架中，各级政府根据项目建设规模或投资金额大小划分项目审批权限，这样就使得政府代替企业进行投资决策，企业难以成为真正独立的投资主体，市场配置资源的基础性作用也就不能得到充分发挥。为此，《决定》提出，要深化投资体制改革，国家只审批“关系经济安全、影响环境资源、涉及整体布局的重大项目和政府投资项目及限制类项目”，其他项目由审批制改为备案制，由投资主体自行决策。这样，其他项目的市场前景、经济效益、资金来源和产品技术方案等均由企业自主决策，解决了政府在传统投资管理中的越位问题，实现了谁投资、谁决策、谁收益、谁承担风险，真正还项目投资权于企业，从而有效确立了企业的投资主体地位。

资本市场为企业实现资本的社会化建立了一个有效的机制和适当的平台，不仅是投资场所和融资场所，还是企业价值发现、产权界定、改革重组的场所。因此，在完善商品市场的同时，大力发展资本市场尤为重要。1992年邓小平南方谈话以后，我国的证券市场克服各种阻力，进行了开创性的建设，取得了举世瞩目的成就。到2002年底，我国境内上市公司已达1224家，市价总值38329亿元，累积筹资7071亿元；

债券(包括企业债、可转换债券、国债等)上市数目 74 只,成交金额 33249 亿元;投资者开户达 6884 万户;证券公司 126 家,总资产约 5700 亿元,营业网点达 2900 多个;基金管理公司 21 家,证券投资基金 71 只,基金规模 1319 亿元;期货市场在该年度的交易额达到 39500 亿元。我国的资本市场已初具规模,为国家重点企业和重点项目建设提供了融资渠道,也为广大投资者提供了多种融资渠道。与其他要素市场相比,我国资本市场的现有结构和一些基本制度,还不能满足经济发展的需求。《决定》对十六大报告提出的推进资本市场改革开放和稳定发展的总体要求进行了具体阐释,明确了资本市场发展的主要任务。即扩大直接融资;建立多层次资本市场体系,完善资本市场结构,丰富资本市场产品;规范和发展主板市场,推进风险投资和创业板市场建设;积极拓展债券市场,完善和规范发行程序,扩大公司债券发行规模;大力发展机构投资者,拓宽合规资金入市渠道;建立统一互联的证券市场,完善交易、登记和结算体系;加快发展土地、技术、劳动力等要素市场;规范发展产权交易;积极发展财产、人身保险和再保险市场;稳步发展期货市场。

市场经济是信用经济。《决定》提出要形成“以道德为支撑、产权为基础、法律为保障”的社会信用制度。这是建设现代市场体系的必要条件,也是规范市场经济秩序的治本之策。社会信用体系建设是涉及全社会各行各业的一项长期任务,根据《决定》的要求,当前需要抓好这样几个方面。一是增强全社会的信用意识。政府、企事业单位和个人都要把诚实守信作为基本行为准则,努力营造“守信为荣、失信为耻、无信为忧”的社会氛围。在这个过程中,政府要发挥示范和带头作用,并担当起社会信用体系建设的倡导者和组织者。企业要主动加强信用建设,这是企业参与市场竞争的基石。个人信用是社会信用的基础，要把信用意识教育作为全民教育的重要组成部分。二是加快建设企业和个人信用服务体系。这是构建社会信用体系的关键环节。发达国家都已经形成了比较完善的信用服务体系，我国的信用服务体系建设还处于起步阶段，只在少数大城市开通了企业和个人联合征信服务系统，建设任务比较繁重。三是建立信用监督和失信惩戒制度。现在社会上之所以存在很多失信行为，尤其是恶意失信行为，其重要原因就在于信用监督和失信惩戒制度的缺失，失信惩戒成本太小。只有尽快建立起这两类制度，运用法律、行政、经济和道德等多种手段，加大监管和惩戒力度，才能扭转信用滑坡的状况。例如，在建立失信惩戒制度方面，就可以建立经济性惩戒机制，根据个人和企业信用记录的好坏，在金融服务、社会服务等方面，给予不同的待遇。信用好的，就给予优惠和便利；信用不好的，则给予严格限制。四是逐步开放信用服务市场。加入世界贸易组织之后，随着服务贸易市场的对外开放，将会有越来越多的国外信用服务机构进入我国信用服务市场。为了应对这一情况，就要按照我国入世后开放服务贸易市场的总体要求，有序推进信用服务市场的对外开放。

五、影响：进一步深化了中国版政治经济学

邓小平曾经这样评价十二届三中全会通过的《中共中央关于经济体制改革的决定》："写出了一个政治经济学的初稿，是马克思主义基本原理和中国社会主义实践相结合的政治经济学。"①9 年之后，十四届三中全会通过的《中共中央关于建立社会主义市场经济体制若干问

① 《邓小平文选》第 3 卷，人民出版社 1993 年版，第 83 页。

题的决定》，描绘了社会主义市场经济体制的基本框架，使这部中国版政治经济学又有了新的建树。又是十年之后，十六届三中全会通过的《中共中央关于完善社会主义市场经济体制若干问题的决定》，总结了20多年改革开放的经验，明确提出完善社会主义市场经济体制的目标、任务、指导思想和原则，是进一步深化经济体制改革的行动纲领，进一步深化了中国版政治经济学。

（一）全会初步形成的科学发展观，经过进一步的发展完善，成为全党全国的重要指导思想。

十六届三中全会是科学发展观初步形成的标志。随后几年，经过充实和丰富，科学发展观理论走向成熟，最终成为党和国家的重要指导思想。2004年3月10日，胡锦涛在中央人口资源环境座谈会上讲话，概述了科学发展观的主题，指出科学发展观是用来指导发展的，不能离开发展这个主题；初步阐述了科学发展观的重大意义，指出其与党的指导思想既一脉相承又与时俱进的关系，强调科学发展观揭示的是经济社会发展的客观规律；第一次对“以人为本”“全面发展”“协调发展”“可持续发展”的深刻内涵和基本要求，作出了明确阐释和科学界定，使科学发展观具有了较为完备的理论形态；明确把科学发展观作为检验各项工作的标准，要求凡是符合科学发展观的事情就全力以赴地去做，不符合的就毫不迟疑地去改。这年9月召开的十六届四中全会，把树立和落实科学发展观作为提高党的执政能力的重要内容。2005年10月召开的十六届五中全会通过《中共中央关于制定国民经济和社会发展第十一个五年规划的建议》，要求坚持以科学发展观统领经济社会发展全局，提出科学发展观是指导发展的世界观和方法论的集中体现，充分说明我们党对科学发展观的理论意义和指导作用的认识有了质的飞跃。

在2006年10月召开的十六届六中全会上，根据全面建设小康社会的新要求和加强改进宏观调控的新经验，胡锦涛提出扎实促进经济又好又快发展的方针。随后，在这一年的中央经济工作会议上，他又进一步阐发了又好又快发展的思想，并将“又好又快”概括为全面落实科学发展观的本质要求。2007年10月，党的十七大报告概括了科学发展观的科学内涵和精神实质，指出：“科学发展观，第一要义是发展，核心是以人为本，基本要求是全面协调可持续，根本方法是统筹兼顾。”① 十七大报告提出了中国特色社会主义理论体系的科学概念，把科学发展观与邓小平理论、“三个代表”重要思想一道作为中国特色社会主义理论体系的重要组成部分，并把科学发展观正式写入党章。2008年9月至2010年2月开展的深入学习实践科学发展观活动，把推动科学发展与加强和改进党的建设有机统一起来，增强了全党推动科学发展的自觉性和坚定性，使得贯彻落实科学发展观进一步转化为全党的自觉行动。2012年11月，胡锦涛在党的十八大报告中强调，科学发展观是中国特色社会主义理论体系最新成果，是中国共产党集体智慧的结晶，是指导党和国家全部工作的强大思想武器，科学发展观同马克思列宁主义、毛泽东思想、邓小平理论、“三个代表”重要思想一道，是党必须长期坚持的指导思想。简单梳理科学发展观发展和完善的过程，可以明确看出，十六届三中全会为使科学发展观最终成为全党全国的重要指导思想，奠定了坚实的基础。

（二）股份制已经成为公有制的主要实现形式。

国有企业曾经被比作低效、愚笨的“大恐龙”。十六届三中全会以后，大多数国企实行了股份制改革，建立现代企业制度，完善治理结构，

---

① 中共中央文献研究室编：《十七大以来重要文献选编》（上），中央文献出版社2009年版，第11—12页。

成为上市公司。国有企业成为充满生机和活力的“中国龙”。

十六届三中全会以后,中央企业积极推行股份制改革。利用境内外股票市场、产权市场和债券市场,中央企业逐步发展成国有控股、多种资本参与融合的公众化公司,一批大型央企相继在境内外上市。就连过去被认为不可能上市的军工类央企,也相继登上资本市场的舞台。到 2012 年底,中央企业股份制改制面达到 89%,央企资产总额的 56%、净资产的 70%、营业收入的 62%都在上市公司。在推行股份制改革的同时,中央企业加快资产重组和结构调整步伐,从 2003 年的 196 家减至 2011 年的 117 家。但是由于股份制改革的实施,央企资产总额却从 2002 年的 7.13 万亿元增加到 2011 年的 28 万亿元。虽然企业数量减少,但是央企的竞争力、控制力和带动力却与日俱增。其中,有 40 多家央企进入世界 500 强。

实施股份制改革的成效,在金融企业里体现得尤为明显。股改以前,国有商业银行积累了巨大风险,处于严重资不抵债状况。通过实施股份制改造、引进战略投资者、重组上市等重大举措,国有商业银行形成了良好的公司治理模式和有效的内部管控机制,实现了脱胎换骨的转变。2003 年,国务院决定选择中国银行和中国建设银行进行股份制改革试点,国有独资商业银行股份制改革正式启动。2005 年,中国建设银行正式在香港挂牌上市,成为四家国有商业银行中首家上市的银行。2010 年,中国农业银行成功上市。

经过几年的股份制改革,国有商业银行建立起规范的现代公司治理机制。中国建设银行董事长王洪章曾经谈到建行的股份制改革。在他看来,股改上市后,国有银行的公司治理结构不仅“形似”,而且“神似”:“如今,建行的董事们在讨论一些议案时会争得面红耳赤,表决时有人投弃权票和反对票。由于董事会不能干预具体经营,我担任董事长8个多月来,没批过一分钱贷款,这在过去是不可想象的!”①股份制改革使得我国银行业竞争力日益增强。主要商业银行不良贷款余额和比例从2002年末的2.2万亿元和23.6%,持续下降到2011年末的4000亿元和1%。商业银行拨备覆盖率从2002年末的6%提高到2011年末的278%。资本充足率从2003年末的-2.98%上升到2011年末的12.7%。以2008年为例,国际金融危机肆虐全球,中国银行业出淤泥而不染,当年全行业利润总额、利润增长和资本回报等指标在全球均名列第一。

(三)非公有制经济得到长足发展。

十六届三中全会以来,党和政府坚定不移地深化改革,消除影响非公有制经济发展的体制性障碍,非公有制经济得到持续健康发展,经济贡献不断扩大。

2005年,国务院出台《关于鼓励支持和引导个体私营等非公有制经济发展的若干意见》(即“非公经济36条”)。“非公经济36条”提出要放宽非公有制经济市场准入,允许非公有资本进入垄断行业和领域、公用事业和基础设施领域、社会事业领域、金融服务业领域、国防科技工业建设领域;鼓励非公有制经济参与国有经济结构调整和国有企业重组;参与西部大开发、东北地区等老工业基地振兴和中部地区崛起。“非公经济36条”还提出要加大对非公有制经济的财税金融支持,包括加大财税支持力度、加大信贷支持力度、拓宽直接融资渠道、鼓励金融服务创新、建立健全信用担保体系。随后,各地和有关部门也制定了一些贯彻落实的政策措施。“非公经济36条”的颁布实施,为非公有制经济发展创造了良好的环境,非公有制经济拿到了平等的“入场券”。

① 《市场经济:跨越发展的中国创举》,《人民日报》2012年12月26日。

“非公经济36条”对促进非公有资本投资起到了积极作用。但由于种种原因，其中的一些政策措施未真正落实到位。比如，在市场准入方面，“非公经济36条”明确规定，允许外资进入的行业和领域，也允许国内非公有资本进入。但根据2010年的统计，全社会80多个行业，允许外资进入的有62个，允许非公有资本进入的只有41个。

为进一步促进破除民间资本投资中存在的“玻璃门”“弹簧门”等现象，鼓励和引导民间资本进入法律法规未明确禁止准入的行业和领域，2010年，国务院又出台了《关于鼓励和引导民间投资健康发展的若干意见》（“新非公经济36条”），提出了鼓励民间资本进入相关行业和领域的具体范围、途径方式、政策保障等一系列政策措施，并努力增强可操作性，是继2005年“非公经济36条”后的又一个推动民间投资及非公有制经济发展的指导性文件。2012年上半年，国务院有关部门先后制定出台了42项落实“新非公经济36条”的实施细则。这些政策措施涉及与经济社会发展和人民生活相关的各行各业，在一定程度上消除制约民间投资发展的障碍。

“非公经济36条”和“新非公经济36条”以及实施细则的实行，使得我国民间投资呈现快速增长态势。以2011年为例，民间投资同比增长34.3%，比同期全社会固定资产投资增幅高10.5个百分点，占同期全社会固定资产投资的比重为58.2%，同比提高7.1个百分点。2012年，在石油和天然气开采、公共设施、教育、卫生等垄断行业和公共事业领域中，民间投资的增长速度很快，明显高于同期行业平均增速。国家采取的一系列促进民间投资健康发展的政策措施产生了积极效果，在一定程度上解除了民间投资的一系列制度障碍。然而，促进民间投资健康发展是一个长期过程，需要国家不断细化促进民间投资的各项措施，从而促进非公有制经济的发展壮大。

总之,在国家一系列促进非公有制经济发展措施的推动下,我国非公有制经济得到长足发展。2002年到2012年10年间,我国个体工商户年均增长率稳定在4.4%,私营企业年均增长率达15.5%。到2012年,我国非公经济产值占国内生产总值的比重超过一半,提供了80%以上的城镇就业岗位和90%以上的新增就业岗位。“英雄不问出处,创业不问体制”,千万家非公有制企业迸发出了生机和活力。

(四)城乡二元经济结构得到一定程度的改变。

城乡二元结构实际上是城乡利益二元结构,它包括工农业经济利益的二元化,城乡居民收入分配利益的二元化,城乡公共建设的二元化,城乡社会保障体系的二元化。统筹城乡经济社会发展,改变城乡二元经济结构,是我们党为从根本上解决“三农”问题、实现全面建设小康社会的宏伟目标而提出的新的思路和方针。

改变城乡二元结构是一项长期任务,需要持续不断地努力。十六届三中全会以后,在久违了18年之后,中央连续11年出台关于“三农”问题的“一号文件”。统筹城乡经济社会发展,改变城乡二元经济结构,是贯彻这11个“一号文件”的红线。2004年的“一号文件”是《关于促进农民增加收入若干政策的意见》,2005年的是《关于进一步加强农村工作提高农业综合生产能力若干政策的意见》,2006年的是《关于推进社会主义新农村建设的若干意见》,2007年的是《关于积极发展现代农业扎实推进社会主义新农村建设的若干意见》,2008年的是《关于切实加强农业基础设施建设进一步促进农业发展农民增收的若干意见》,2009年的是《关于促进农业稳定发展农民持续增收的若干意见》,2010年的是《关于加大城乡统筹发展力度进一步夯实农业农村发展基础的若干意见》,2011年的是《关于加快水利改革发展的决定》,2012年的是《关于加快推进农业科技创新持续增强农产品供给保障能力的若干意见》，2013年的是《关于加快发展现代农业进一步增强农村发展活力的若干意见》，2014年的是《关于全面深化农村改革，加快推进农业现代化的若干意见》。这些文件，对于强化农业基础、推动农村发展、富裕农民生活、缩小城乡差距发挥了关键性作用。

除了颁布实施“一号文件”，按照十六届三中全会《决定》的要求，中央采取了一系列措施。一是积极推进农村税费改革，农民负担大幅降低。2006年1月1日，全国范围内取消了农业税，延续了2600多年的“皇粮国税”制度退出历史舞台，全国农民每年减轻负担1335亿元。这一举措得到广大农民的热烈拥护。河北省石家庄市灵寿县青廉村村民王三妮激动万分，自费铸“告别田赋鼎”，用最古老、最庄重的方式感念党中央的这项好政策。二是实行粮食直补、良种补贴、农机具购置补贴和农资综合直补等农业补贴政策，农民不仅“种地不再交税”还享有国家补贴，开创了直接补贴农民的历史先河。2002年，农业补贴资金规模仅为1亿元，而到了2012年，这一规模达到1653亿元。三是全面放开粮食购销市场和价格，保护种粮农民的利益，迈出了农业市场化改革的关键一步。四是全面推行农村义务教育“两免一补”，惠及1.3亿农村学生，实现了真正意义上的农村免费义务教育。以广西博白县永安镇城治村为例，由于国家免除农村孩子的学费、书本费，该村没有一个孩子因为贫困而失学，每年都有不少学生考上大学。五是加快建立农村社会保障制度。建立新型农村合作医疗制度，减轻农民看病就医的负担；建立农村最低生活保障制度，构筑困难农户基本生活的最后一道保障线；建立新型农村养老保险制度，原先只有城镇居民才享有的“社会养老”在农村成为可能。

总之，十六届三中全会以后，城乡经济社会统筹发展，而不再是“以农言农”，不再是“工业优先、城市偏向”，一系列影响深远的新政策新举措,使得城乡二元经济结构得到一定程度的改变。

(五)出台《物权法》,平等保护国家、集体和私人财产。

《中华人民共和国物权法》的起草工作始于20世纪90年代初。十六届三中全会后,为了推动建立现代产权制度,进一步完善社会主义市场经济体制,《物权法》加快起草进度,最终于2007年3月16日由十届全国人大五次会议通过,并于2007年10月1日起施行。

作为重要的民事基本法律,《物权法》是确认财产、利用财产和保护财产的基本法律,是调整财产关系的重要法律。《物权法》中规定的所有权制度、用益物权制度和担保物权制度,是实行社会主义市场经济体制的基本制度。《物权法》通过确定主体的权利,明确财产的归属和利用关系,协调各种权利主体的利益关系,能起到定分止争的作用,有助于增强投资者信心。同时,《物权法》确认和保护企业及个人所得或应得的物质利益,能够激发、保护劳动创造和商业投资的积极性,促进社会主义市场经济的发展。《物权法》还确立了对国家、集体和私人的物权平等保护原则,反映了中国基本经济制度和市场经济规律的客观要求,这是多种所有制经济共同发展的前提。

(六)现代市场体系建设持续推进。

建立现代市场体系是一项长期任务。

2004年是贯彻执行《中共中央关于完善社会主义市场经济体制若干问题的决定》的第一年。为了推进现代市场体系建设,1月31日,国务院下发《关于推进资本市场改革开放和稳定发展的若干意见》(又称"国九条"),提出要以扩大直接融资、完善现代市场体系、更大程度地发挥市场在资源配置中的基础性作用为目标,建设透明高效、结构合理、机制健全、功能完善、运行安全的资本市场。在这份文件的指导之下,股权分置改革、券商综合治理等重大改革措施随之推开,资本市场迎来快速发展期。此外,与现代市场体系密切相关的国家发展和改革委员会、商务部、国家工商总局都把建立健全现代市场体系作为2004年的重要任务。例如,国家工商总局提出要大力推进企业诚信建设,维护市场交易和消费安全。为此,国家工商总局采取的举措之一就是在全国启动“百万守信企业”创建活动,积极引导企业争创“百万守信企业”,强化企业信用意识和守法经营意识。通过创建活动,在全社会营造“诚实守信,依法经营”的良好氛围,促进市场秩序的根本好转。

到了2005年,国务院颁布两个文件推进现代市场体系建设。一个是《关于2005年深化经济体制改革的意见》,从大力发展资本市场、进一步推进土地等资源市场建设、加快建设城乡统一的劳动力市场、深化流通体制改革、加快推进社会信用体系建设、推进行业协会和商会管理体制改革、继续整顿和规范市场经济秩序七个方面,进一步提出加快现代市场体系建设的任务。另外一个是《关于促进流通业发展的若干意见》,针对流通领域存在的问题,提出建设大市场,发展大贸易,搞活大流通,加快推进内外贸一体化和贸工农一体化的目标,有力地推动了流通业的发展。

2006年,商务部使得市场体系建设成为商务工作的亮点。在这一年,商务部积极统筹城乡市场协调发展,把“万村千乡市场工程”列为重点工程,全年建设连锁化农家店10.3万个,安排补贴资金7.5亿元,带动地方和企业投资117亿元,扩大农村消费约600亿元。截至2006年底,累计建设连锁化农家店16万多个,覆盖全国63%的县。商务部还加快法律和标准体系建设,起草并上报了《反垄断法》等两部法律和《城市商业网点管理条例》等五部行政法规。

颁布实施了《直销管理条例》,并出台了《零售商促销行为管理办法》等十六部部门规章。围绕完善农产品现代流通体系、保障消费安全等重要领域共发布国家标准和行业标准 49 项，下达行业标准计划 60 项。法律和标准体系建设成为完善市场体系建设的有效载体。

2007 年初，国务院办公厅下发《关于社会信用体系建设的若干意见》，加快了信用体系建设的发展步伐。时任中国人民银行征信管理局局长邵伏军透露，我国建成了世界上最大的个人信用信息基础数据库。到这一年的 8 月 29 日止，企业信用信息基础数据库已为 1232 万家企业建立了信用档案，个人信用基础数据库已为 5.86 亿自然人建立了信用档案。这意味着，国内绝大多数有收入的人都建立了信用档案。这一年，党的十七大报告进一步提出，要加快形成统一开放竞争有序的现代市场体系，发展各类生产要素市场，完善反映市场供求关系、资源稀缺程度、环境损害成本的生产要素和资源价格形成机制，规范发展行业协会和市场中介组织，健全社会信用体系。

2008 年，中央治理商业贿赂领导小组下发《关于在治理商业贿赂专项工作中推进市场诚信体系建设的意见》，提出要全面建立市场诚信记录信息库、加快构建市场信用信息公开共享平台、积极培育信用服务市场、逐步健全失信惩戒和守信褒扬机制、大力营造市场诚信道德文化环境。到 2008 年，我国现代市场体系建设取得了明显成效。例如，市场法制化和标准化建设取得突破，当时实施的市场流通行业和国家标准达到 500 多项；城乡现代流通网络初步形成，现代物流、连锁经营、电子商务等现代流通方式快速发展，全国 94% 以上的地级城市完成了商业网点规划编制；市场运行监测和调控体系基本建立，市场的监管和防护体系大大加强。

即使取得了明显成效，但建设现代市场体系任重道远。2013 年，十八届三中全会通过的《中共中央关于全面深化改革若干重大问题的决定》进一步提出，“必须加快形成企业自主经营、公平竞争，消费者自由选择、自主消费，商品和要素自由流动、平等交换的现代市场体系，着力清除市场壁垒，提高资源配置效率和公平性”，对建立现代市场体系提出了更高要求。

十六届三中全会是在我国改革开放和现代化建设重要历史阶段召开的一次十分重要的会议。全会通过的《中共中央关于完善社会主义市场经济体制若干问题的决定》，总结了我国经济体制改革的经验，系统地充实了此前来不及或者因为条件不成熟而不可能展开的内容，是完善社会主义市场经济体制的完整的纲领。《决定》的形成，标志着我们党对在社会主义条件下发展市场经济的认识进一步深化，运用市场经济规律的能力进一步提高。这是我国经济体制改革史上一座新的里程碑。“改革开放只有进行时没有完成时”①。从我国经济体制改革的长远过程来看，《决定》也是一个新的起点。

① 《习近平在中共中央政治局第二次集体学习时强调　以更大的政治勇气和智慧深化改革　朝着十八大指引的改革开放方向前进》，《人民日报》2013 年 1 月 2 日。

第七章　十七届三中全会:谱写农村改革发展新篇章

2008年是不平静的一年。自2007年10月党的十七大召开之后,国际国内形势都发生了新的变化。由美国次贷危机引发的金融危机迅速席卷全球,对国际金融市场造成严重冲击,不仅使许多国家的经济发展停滞不前甚至倒退,也给普通民众的生活带来严重影响,世界经济增长放缓,国际油价、粮价高位运行,全球通货膨胀压力加大,国际金融危机加剧。而在国内,则在开年之际就接连遭遇各种突发性事件和重大自然灾害:年初,南方部分地区发生严重低温雨雪冰冻灾害;3月中旬,西藏拉萨等地发生打砸抢烧严重暴力犯罪事件,多个中国驻外使领馆等机构遭到暴力冲击;5月12日,四川汶川发生里氏8.0级特大地震,这次新中国成立以来破坏性最强、波及范围最广、救灾难度最大的地震给老百姓生产生活都造成了巨大损失。

2008年也是不平凡的一年。全国人大和全国政协顺利换届,中国首次月球探测工程胜利实施,京沪高速铁路建设全线开工,神舟七号载人航天飞行圆满成功。8月,在接连发生重大自然灾害和反华势力加大干扰破坏的情况下,北京奥运会、残奥会取得圆满成功,中华民族百年梦圆。

2008 年也恰恰是中国改革开放 30 周年。20 世纪 70 年代末,从安徽凤阳小岗村 21 位农民摁下红手印实行“大包干”开始,中国的改革历程从农村开始起步并推向全国。

一、背景:为什么要格外关注农村的改革发展

农业稳,天下安。农业、农村、农民问题,始终关系党和国家事业发展全局,也是在中国这样一个农业大国进行革命、建设、改革,必须始终紧紧抓住的全局性、根本性、战略性问题。中国共产党始终把推进农村改革发展置于重要位置,先后作出了一系列重大决策和部署。回望改革开放以来的历史,我们能清晰地看到这一个个关键节点:十一届三中全会,农村改革的序幕由此拉开;十一届四中全会,《中共中央关于加快农业发展若干问题的决定》通过;十三届八中全会,《中共中央关于进一步加强农业和农村工作的决定》通过;十五届三中全会,《中共中央关于农业和农村工作若干重大问题的决定》通过;等等。

为了研究农村改革发展问题、部署农业农村工作而多次召开中央全会,一系列重要政策相继出台。截至 2008 年,党中央先后就农业、农村、农民问题发出的“一号文件”达 10 个之多,农业、农村、农民问题在中国的重要程度可见一斑。十六大之后,新一届中央领导集体提出建设社会主义新农村,取消了在中国存在几千年的农业税,密集出台了一系列强农惠农政策,调动了亿万农民的积极性,解放和发展了农村社会生产力,也改善了广大农民的物质文化生活。

功夫不负有心人。中央出台的这些重大战略部署在很大程度上改变了中国农村的面貌。改革开放 30 年,中国农村取得的进步是跨越式的,发生的变化是翻天覆地的。

最直观的是，农村体制改革不断取得重大突破：以家庭承包经营为基础、统分结合的双层经营体制得到确立；粮食等农产品流通全面放开，农产品和生产要素市场体系逐步建立；取消农业税，对农民实行直接补贴，强农惠农政策体系初步形成；公共财政覆盖农村范围逐步扩大，统筹城乡发展的制度框架着手构建……

与之相应的是中国的农业综合生产能力显著提高：粮食生产先后跨上7000亿斤、8000亿斤、9000亿斤、10000亿斤4个台阶，用不到世界9%的耕地养活了世界近21%的人口；除了粮食之外，蔬菜、水果、肉类、禽蛋、水产品等产量连续多年位居世界第一。对于一个世界上人口最多的最大发展中国家来说，这不能不说是一个奇迹。

再来看看农民的生活：农民人均纯收入由134元增加到4140元；农村贫困人口由2.5亿减少到1479万；农林牧渔全面发展，乡镇企业异军突起，小城镇蓬勃发展，县域经济不断壮大，农村劳动力大规模转移就业，亿万农民工进了城，成为产业工人的重要组成部分；有1.5亿农村义务教育阶段学生免交学杂费和教科书费，参加新型农村合作医疗的农民达到7.3亿人，享受最低生活保障的农村困难群众数达到3566万，农村水电路气等基础设施建设取得突破性进展，农民思想道德素质、科学文化素质和健康素质得到显著提高……

2005年12月29日，十届全国人大常委会通过了关于废止《农业税条例》的决定。2006年1月1日，全国范围内取消了农业税，延续了2600多年的"皇粮国税"制度从此退出历史舞台，全国农民每年减轻负担1335亿元。农民不但"种地不再交税"，而且还过上了"国家给补贴"的好日子。

30年农村改革发展也为建立和完善我国社会主义初级阶段基本经济制度和社会主义市场经济体制进行了创造性探索，为实现人民生活从温饱不足到总体小康的历史性跨越、推进社会主义现代化作出了巨大贡献。

然而,这些辉煌和成功的背后,也有着隐忧。有这么一组统计数据:2007年全国农民人均纯收入实际增长9.5%,为1985年以来增幅最高的一年;同期,城乡居民收入比扩大至3.33∶1,绝对差距达9646元,为改革开放以来差距最大的一年。这组数字发人深省。数字背后,折射的是农业和农村发展面临的严峻形势和城乡二元结构造成的深层次矛盾突出:农村经济体制尚不完善,构建城乡经济社会发展一体化体制机制要求紧迫;农业发展方式依然粗放,保障国家粮食安全和主要农产品供求平衡压力增大;农村社会事业和公共服务水平较低,改变农村落后面貌任务艰巨;农村社会利益格局深刻变化,加强农村民主法制建设、基层组织建设、社会管理任务繁重……从强调统筹城乡经济社会发展,到制定工业反哺农业、城市支持农村和多予少取放活方针,党中央关于农业、农村、农民问题的思考和认识在不断发展和深化。党的十七大更是从实现全面建设小康社会奋斗目标的新要求出发,对统筹城乡发展、推进社会主义新农村建设作出了全面部署。时间来到2008年,作为全面贯彻落实党的十七大作出的战略部署的第一年,又是我国改革开放30周年,在这个特殊的年头召开的中央全会,会以什么为主题呢?全党全国以至于全世界都在关注。

站在新的历史起点上,放眼国际、审视国内,党中央深刻地认识到:农业、农村、农民问题是许多矛盾和问题的根源,也是未来改革发展的"瓶颈"。正如胡锦涛所说:"对改革开放三十周年的最好纪念,就是坚持解放思想、实事求是、与时俱进,继续推进改革开放。"①纪念改革开

① 中共中央文献研究室编:《十七大以来重要文献选编》(上),中央文献出版社2009年版,第651页。

放30周年,要求我们认真总结好农村改革发展的宝贵经验;贯彻落实党的十七大作出的战略部署,要求我们从战略上谋划农村改革发展;顺应农村发生的深刻变化,要求我们系统研究破解“三农”难题的根本举措;实现经济社会又好又快发展,要求我们从全局出发强化农业基础。正是在这样的背景下,2008年3月,中央政治局常委会、中央政治局研究决定:党的十七届三中全会专题研究新形势下推进农村改革发展问题。

二、十七届三中全会报告的起草

人们注意到,中央政治局常委会同时决定成立党的十七届三中全会文件起草组,在中央政治局常委会直接领导下开展文件起草工作。2008年3月25日,文件起草组正式成立。起草组由中共中央政治局委员、国务院副总理回良玉,中央书记处书记、中央政策研究室主任王沪宁负责。来自党中央、国务院有关部门、安徽和吉林两个农业大省的负责人,以及长期研究农业、农村、农民问题的专家学者49人齐聚北京,承担起决定稿起草重任。6个多月时间里,起草组共召开9次全体会议、30次工作班子会议,反复讨论、推敲和修改,据统计,光正式修改的就有41稿。

决定稿的起草工作是在中央政治局常委会直接领导下进行的。在3月25日当天举行的起草组第一次全体会议上,胡锦涛讲话阐明了推进农村改革发展的指导思想,提出了决定稿起草需要深入研究的7个重大问题,对文件起草工作提出了明确要求。胡锦涛强调,走中国特色农业现代化道路,加快形成城乡经济社会发展一体化新格局,建立工业反哺农业、城市支持农村的体制机制,这些涉及农村改革发展带有方向性、根本性的大事,都需要从全局上统筹谋划、从战略上全面部署。他特别提出,希望起草组的同志加强学习、勇于创新、发扬民主,以高度的政治责任感和使命感,集中全党智慧和各方面意见,拿出的最终文件,要是一个中央满意、群众拥护、经得起历史检验的文件。

在之后6个多月时间里,胡锦涛先后5次主持中央政治局常委会会议、3次中央政治局会议,听取起草工作汇报,讨论、审议决定稿,提出了许多重要修改意见。其他常委也多次作出了重要指示。

2008年4月上旬,起草组分成7个调研组,分赴内蒙古、黑龙江、安徽、湖北、四川等12个省区,走村入户,实地调研。调研期间,共召开51次座谈会,听取了860多名领导干部、专家学者和基层群众的意见和建议,形成了7份调研报告。与此同时,起草组还就推进农村改革发展若干重大问题,委托中央和国家机关18个部门开展专题调研,共收到25份专题调研报告。

为了广泛听取基层农村干部群众的意见,胡锦涛还亲自带队展开了实地调研。2008年9月8日至10日,胡锦涛先后到河南省的焦作、郑州等地,深入田间地头、农科院所、龙头企业和农户家中,就推进农村改革发展问题进行调研。9月30日,又专程前往安徽省小岗村,征询民意,与基层干部群众共商新形势下推进农村改革发展大计。胡锦涛强调,当前和今后一个时期,推进农村改革发展,关键是要在以下3个方面取得重大突破。一是要大力加强制度建设,稳定和完善农村基本经营制度,推进农业经营方式转变,不断完善有利于农业农村发展的体制机制。二是要大力发展现代农业,加快转变农业发展方式,提高土地产出率、资源利用率、劳动生产率,增强农业抗风险能力、国际竞争能力、可持续发展能力,不断提高农业综合生产能力。三是要大力发展农村公共事业,统筹城乡公共资源分配,扩大公共财政覆盖农村范围,不断促进农村社会全面进步。胡锦涛一边调研一边思考，提出了很多重要论断，后来这些重要论断都体现到了决定稿中。

十七届三中全会文件的起草过程也是充分征求各方面和党内外各界人士的意见、不断进行修改和丰富的过程。早在3月下旬起草工作启动之初，中央就在党内外一定范围就推进农村改革发展问题广泛征求意见。5月初，起草组形成决定稿框架方案。报经中央审定后，起草组开始着手决定稿起草工作。6月17日，历经30多次反复修改，起草组拿出了决定初稿。6月26日和7月24日，胡锦涛先后两次亲自主持召开中央政治局常委会会议，对决定初稿进行讨论和审议，作出许多重要指示。7月25日，胡锦涛又主持召开中央政治局会议，对决定初稿进行讨论和审议。根据中央政治局常委会会议和中央政治局会议精神，起草组又对决定初稿进行了反复修改，形成决定征求意见稿。8月7日，党中央印发决定征求意见稿，向各地区各部门和军队负责同志、党的十七大代表、部分老同志等广泛征求意见。中央统战部还向各民主党派中央、全国工商联领导人和无党派人士征求了意见。这次征求意见，共有3000多人参加讨论，起草组共收到各方面意见建议2193条，扣除重复性意见后也还有1862条。8月21日，胡锦涛在中南海怀仁堂主持召开党外人士座谈会，就决定征求意见稿当面听取各民主党派中央、全国工商联领导人和无党派人士的意见和建议。起草组根据从各方面汇聚而来的一条条意见和建议对决定征求意见稿共作了487处修改。

9月18日，胡锦涛再次主持召开中央政治局常委会会议，对修改后的决定稿进行了讨论和审议。9月28日，胡锦涛主持召开中央政治局会议，再次审议决定稿。这次会议听取了决定稿在党内外一定范围征求意见的情况报告，决定根据这次会议讨论的意见进行修改后，将决定稿提请十七届三中全会审议。

10月9日,经过细致周密的筹备工作,十七届三中全会在北京开幕。回良玉就决定稿向全会作了说明,之后,全会还安排5个半天时间对决定稿进行了认真审议。全会期间,起草组共收到150条意见和建议,在反复研究和讨论后作了认真吸收。值得注意的是,党的十七大代表中从事农业农村工作的部分基层同志和研究农业、农村、农民问题的部分专家学者也列席了这次全会。全国党代会的代表列席中央全会,这在中国共产党的历史上尚属首次。这充分体现了中央对这个决定稿的重视。

10月11日晚,胡锦涛主持召开中央政治局常委会会议,听取全会分组审议情况汇报,对决定稿修改作出重要指示。根据中央政治局常委会会议精神,起草组连夜对决定稿又作了24处修改。12日上午,全会继续进行分组会议,对修改后的决定稿再次进行讨论,又提出了26条修改意见。起草组对这些意见逐条进行研究,报请中央政治局,吸收了其中6条意见,对决定稿作了最后一次修改。

2008年10月12日下午3时,党的十七届三中全会举行全体会议。这份历时半年,几经修改的文件获得全会一致通过。

三、十七届三中全会和《中共中央关于推进农村改革发展若干重大问题的决定》的主要内容

以下是《人民日报》公开发布的《中国共产党第十七届中央委员会第三次全体会议公报》:中国共产党第十七届中央委员会第三次全体会议,于2008年10月9日至12日在北京举行。

出席党的十七届三中全会的共有中央委员202人,候补中央委员166人。

中央纪律检查委员会常务委员会委员和有关方面负责同志列席了会议。如前所述，这次会议值得关注的一个点是：党的十七大代表中从事农业农村工作的部分基层同志和研究农业、农村、农民问题的部分专家学者也列席了会议。

全会听取和讨论了胡锦涛受中央政治局委托作的工作报告，审议通过了《中共中央关于推进农村改革发展若干重大问题的决定》。回良玉就《决定（讨论稿）》向全会作了说明。

全会充分肯定十七届一中全会以来中央政治局的工作，全面分析了形势和任务，特别是经济形势。在全会文件中，对经济形势的基本判断是，我国总体形势是好的，经济保持较快增长，金融业稳健运行，我国经济发展的基本态势没有改变。

与之同时，全会也指出，当前国际金融市场动荡加剧，全球经济增长明显放缓，国际经济环境中不确定不稳定因素明显增多，国内经济运行中也存在一些突出矛盾和问题，我们必须增强忧患意识、积极应对挑战。最重要的是要把我国自己的事情办好。要更加自觉、更加坚定地抓好发展这个党执政兴国的第一要务，更加自觉、更加坚定地推动科学发展，坚定信心、冷静观察，多管齐下、有效应对，采取灵活审慎的宏观经济政策，着力扩大国内需求特别是消费需求，保持经济稳定、金融稳定、资本市场稳定，保持社会大局稳定，做好保障和改善民生工作，继续推动经济社会又好又快发展。

全会研究了新形势下推进农村改革发展的若干重大问题，认为在改革开放 30 周年之际，系统回顾总结我国农村改革发展的光辉历程和宝贵经验，进一步统一全党全社会认识，加快推进社会主义新农村建设，大力推动城乡统筹发展，对于全面贯彻党的十七大精神，深入贯彻落实科学发展观，夺取全面建设小康社会新胜利、开创中国特色社会主义事业新局面，具有重大而深远的意义。

全会提出了到 2020 年农村改革发展基本目标任务。即：农村经济体制更加健全，城乡经济社会发展一体化体制机制基本建立；现代农业建设取得显著进展，农业综合生产能力明显提高，国家粮食安全和主要农产品供给得到有效保障；农民人均纯收入比 2008 年翻一番，消费水平大幅提升，绝对贫困现象基本消除；农村基层组织建设进一步加强，村民自治制度更加完善，农民民主权利得到切实保障；城乡基本公共服务均等化明显推进，农村文化进一步繁荣，农民基本文化权益得到更好落实，农村人人享有接受良好教育的机会，农村基本生活保障、基本医疗卫生制度更加健全，农村社会管理体系进一步完善；资源节约型、环境友好型农业生产体系基本形成，农村人居和生态环境明显改善，可持续发展能力不断增强。

全会还提出了实现上述目标任务需要遵循以下重大原则：必须巩固和加强农业基础地位，始终把解决好十几亿人口吃饭问题作为治国安邦的头等大事；必须切实保障农民权益，始终把实现好、维护好、发展好广大农民根本利益作为农村一切工作的出发点和落脚点；必须不断解放和发展农村社会生产力，始终把改革创新作为农村发展的根本动力；必须统筹城乡经济社会发展，始终把着力构建新型工农、城乡关系作为加快推进现代化的重大战略；必须坚持党管农村工作，始终把加强和改善党对农村工作的领导作为推进农村改革发展的政治保证。

全会对当前和今后一个时期推进农村改革发展作出了部署，强调要大力推进改革创新，加强农村制度建设；积极发展现代农业，提高农业综合生产能力；加快发展农村公共事业，促进农村社会全面进步。

全会提出，实现农村发展战略目标，推进中国特色农业现代化，必须按照统筹城乡发展要求，抓紧在农村体制改革关键环节上取得突破，进一步放开搞活农村经济，优化农村发展外部环境，强化农村发展制度保障。要稳定和完善农村基本经营制度、健全严格规范的农村土地管理制度、完善农业支持保护制度、建立现代农村金融制度、建立促进城乡经济社会发展一体化制度、健全农村民主管理制度。

全会提出，发展现代农业，必须按照高产、优质、高效、生态、安全的要求，加快转变农业发展方式，推进农业科技进步和创新，加强农业物质技术装备，健全农业产业体系，提高土地产出率、资源利用率、劳动生产率，增强农业抗风险能力、国际竞争能力、可持续发展能力。要明确目标、制定规划、加大投入，集中力量办好关系全局、影响长远的大事。要确保国家粮食安全、推进农业结构战略性调整、加快农业科技创新、加强农业基础设施建设、建立新型农业社会化服务体系、促进农业可持续发展、扩大农业对外开放。要加强农业标准化和农产品质量安全工作，严格全程监控，切实落实质量安全监管责任，杜绝不合格产品进入市场。

全会提出，建设社会主义新农村，形成城乡经济社会发展一体化新格局，必须扩大公共财政覆盖农村范围，发展农村公共事业，使广大农民学有所教、劳有所得、病有所医、老有所养、住有所居。要繁荣发展农村文化、大力办好农村教育事业、促进农村医疗卫生事业发展、健全农村社会保障体系、加强农村基础设施和环境建设、推进农村扶贫开发、加强农村防灾减灾能力建设、强化农村社会管理。

全会强调，推进农村改革发展，关键在党。要把党的执政能力建设和先进性建设作为主线，以改革创新精神全面推进农村党的建设，认真开展深入学习实践科学发展观活动，增强各级党组织的创造力、凝聚力、战斗力，不断提高党领导农村工作水平。要完善党领导农村工作体制机制，强化党委统一领导、党政齐抓共管、农村工作综合部门组织协调、有关部门各负其责的农村工作领导体制和工作机制。各级党委和政府要坚持把农村工作摆上重要议事日程，在政策制定、工作部署、财力投放、干部配备上切实体现全党工作重中之重的战略思想，加强对农村改革发展理论和实践问题的调查研究，坚持因地制宜、分类指导，创造性地开展工作。要加强农村基层组织建设，以领导班子建设为重点、健全党组织为保证、三级联创活动为载体，把党组织建设成为推动科学发展、带领农民致富、密切联系群众、维护农村稳定的坚强领导核心。要加强农村基层干部队伍建设，着力拓宽农村基层干部来源，提高他们的素质，解除他们的后顾之忧，调动他们的工作积极性。要巩固和发展先进性教育活动成果，做好发展党员工作，改进党员教育管理，增强党员意识，建设高素质农村党员队伍。要加强农村党风廉政建设，推进农村惩治和预防腐败体系建设，弘扬求真务实、公道正派、艰苦奋斗的作风，以维护农民权益为重点，围绕党的农村政策落实情况加强监督检查，切实纠正损害农民利益的突出问题，严肃查处涉农违纪违法案件。广大党员、干部要坚持权为民所用、情为民所系、利为民所谋，关心群众疾苦，倾听群众呼声，集中群众智慧，讲实话、办实事、求实效，坚决反对形式主义、官僚主义，努力创造实实在在的业绩。

这份《中共中央关于推进农村改革发展若干重大问题的决定》共六大部分，15000 多字，着眼中国特色社会主义事业总体布局和全面建设小康社会战略全局，科学判断农村改革发展所处的历史方位，鲜明地回答了一系列重大理论和实践问题，对新形势下推进农村改革发展作出了全面部署，可以说很好地承接了十七大提出的统筹城乡发展、推进社会主义新农村建设的要求。

让我们先结合原文来逐一看看《决定》包含了哪些方面的主要内容，大致来说，主要有如下十个部分。

第一,《决定》提出了新形势下推进农村改革发展的指导思想,明确了新形势下推进农村改革发展的战略任务、基本方向和根本要求。决定明确指出,新形势下推进农村改革发展,要全面贯彻党的十七大精神,高举中国特色社会主义伟大旗帜,以邓小平理论和"三个代表"重要思想为指导,深入贯彻落实科学发展观,把建设社会主义新农村作为战略任务,把走中国特色农业现代化道路作为基本方向,把加快形成城乡经济社会发展一体化新格局作为根本要求,坚持工业反哺农业、城市支持农村和多予少取放活方针,创新体制机制,加强农业基础,增加农民收入,保障农民权益,促进农村和谐,充分调动广大农民的积极性、主动性、创造性,推动农村经济社会又好又快发展。有了指导思想,明确了战略任务、基本方向和根本要求,在新的历史起点上开展农村工作就有了着力点、奋斗目标和动力。

第二,《决定》提出了到2020年农村改革发展的基本目标任务,勾勒出到2020年农村改革发展的辉煌前景:农村经济体制更加健全,城乡经济社会发展一体化体制机制基本建立;现代农业建设取得显著进展,农业综合生产能力明显提高,国家粮食安全和主要农产品供给得到有效保障;农民人均纯收入比2008年翻一番,消费水平大幅提升,绝对贫困现象基本消除;农村基层组织建设进一步加强,村民自治制度更加完善,农民民主权利得到切实保障;城乡基本公共服务均等化明显推进,农村文化进一步繁荣,农民基本文化权益得到更好落实,农村人人享有接受良好教育的机会,农村基本生活保障、基本医疗卫生制度更加健全,农村社会管理体系进一步完善;资源节约型、环境友好型农业生产体系基本形成,农村人居和生态环境明显改善,可持续发展能力不断增强。综上,可以说是涵盖了农村经济建设、政治建设、文化建设、社会建设以及生态文明建设各个方面的这六条基本目标任务,既符合实际、积极稳妥,又顺应人民期待,鼓舞了人心。

第三,《决定》在总结农村工作多年实践经验的基础上,准确把握新时期农村工作的特点和规律,提出了在新的起点上推进农村改革发展必须遵循的5项重大原则:必须巩固和加强农业基础地位,始终把解决好十几亿人口吃饭问题作为治国安邦的头等大事;必须切实保障农民权益,始终把实现好、维护好、发展好广大农民根本利益作为农村一切工作的出发点和落脚点;必须不断解放和发展农村社会生产力,始终把改革创新作为农村发展的根本动力;必须统筹城乡经济社会发展,始终把着力构建新型工农、城乡关系作为加快推进现代化的重大战略;必须坚持党管农村工作,始终把加强和完善党对农村工作的领导作为推进农村改革发展的政治保证。

第四,作为一个专门研究如何推进农村改革发展若干重大问题的文件,十七届三中全会决定从5个层次概括了农村改革发展取得的成就,从4个方面阐明了农村改革发展对党和国家事业全局作出的重要贡献,概括了30年农村改革发展积累的5条基本经验,也条分缕析地指出了当前农村改革发展面临的挑战和问题,强调“农业基础仍然薄弱,最需要加强;农村发展仍然滞后,最需要扶持;农民增收仍然困难,最需要加快”。这三个“最需要”,表明了进一步推进农村改革发展的艰巨性和复杂性。

第五,对于我国农村目前所处的历史方位和发展阶段,十七届三中全会决定作出了明确回答:“我国总体上已进入以工促农、以城带乡的发展阶段,进入加快改造传统农业、走中国特色农业现代化道路的关键时刻,进入着力破除城乡二元结构、形成城乡经济社会发展一体化新格局的重要时期”。这样的表述也是第一次出现在中国共产党的文件中。“发展阶段”“关键时刻”“重要时期”这几个词,深刻表明我们党对社会主义初级阶段的基本国情、当前我国发展的阶段性特征和我国农业、农村、农民问题的关键环节和突出矛盾，有着深刻、透彻的认识和把握。

第六，《决定》设计了六大制度建设，包括稳定和完善农村基本经营制度，健全严格规范的农村土地管理制度，完善农业支持保护制度，建立现代农村金融制度，建立促进城乡经济社会发展一体化制度，健全农村民主管理制度，这些都为农村发展提供了强有力的制度保障。

同时，《决定》还按照统筹城乡发展的总要求，对六大制度建设作出了具体安排：为稳定和完善农村基本经营制度指明了方向；提出坚持最严格的耕地保护制度、实行最严格的节约用地制度；明确土地承包经营权流转的内涵、原则，明确推进征地制度改革的方向和原则要求；从健全农业投入保障制度、农业补贴制度等方面，对完善农业支持保护制度提出新要求；从政策支持、放宽准入等方面提出创新农村金融体制新举措；对加强农民工权益保护、推进户籍制度改革、扩大县域发展自主权作出新部署。

第七，《决定》提出了确保国家粮食安全的基本要求、总体思路、重大举措，明确提出抓紧实施粮食战略工程，推进国家粮食核心产区和后备产区建设，加快落实全国新增千亿斤粮食生产能力建设规划，以县为单位集中投入、整体开发，当年起组织实施。

第八，《决定》从 4 个方面提出推进农业结构战略性调整的措施，从 9 个方面部署了加快农业科技创新，提出了加强农业基础设施建设的主攻方向和政策举措，提出了建立新型农业社会化服务体系的目标任务，对促进农业可持续发展、扩大农业对外开放作出了具体安排。

第九，在和老百姓生活最息息相关的农村公共事业方面，《决定》从繁荣发展农村文化、大力办好农村教育事业、促进农村医疗卫生事业发展、健全农村社会保障体系、加强农村基础设施和环境建设、推进农村扶贫开发、加强农村防灾减灾能力建设、强化农村社会管理等8个方面,对扩大公共财政覆盖农村范围、发展农村公共事业作出新部署,强调要使广大农民学有所教、劳有所得、病有所医、老有所养、住有所居。

第十,要求完善党领导农村工作体制机制,加强农村基层组织建设,加强农村基层干部队伍建设,加强农村党员队伍建设,加强农村党风廉政建设。

四、各方面的关注要点和评价

全会召开后,立刻引起各方热议,尤其是把粮食生产、农民增收、耕地保护、环境治理、和谐稳定作为考核地方特别是县(市)领导班子绩效的重要内容,引人注目。

"土地承包关系能不能稳定?土地承包经营权怎么流转?国家的补贴可不可涨一点、粮食价格能不能提一点、农资价格上涨会不会得到弥补?教育、医疗、社会保障等公共事业发展能不能快一点……"对于这些社会关注、农民关心的诸多现实热点问题,十七届三中全会——给出了答案。

针对农民群众普遍关心的实际问题,十七届三中全会遵循"切实保障农民权益,始终把实现好、维护好、发展好广大农民根本利益作为农村一切工作的出发点和落脚点"这一原则,有针对性地推出了一系列高含金量的举措和安排。

——农民增收有了量化指标。

《决定》提出,到2020年,农民人均纯收入比2008年翻一番。也就是说,经过努力,到2020年我国农民人均纯收入扣除价格因素后将达到8300元左右甚至更高水平。

——对土地承包经营权流转问题明确回答,给农民吃了"定心丸",为农村发展注入新活力。

《决定》明确指出:以家庭承包经营为基础、统分结合的双层经营体制,是党的农村政策的基石,必须毫不动摇地坚持;赋予农民更加充分而有保障的土地承包经营权,现有土地承包关系要保持稳定并长久不变。

对于社会普遍关注的土地承包经营权流转问题,《决定》明确给出了回答。提出,按照依法自愿有偿原则,允许农民以转包、出租、互换、转让、股份合作等形式流转土地承包经营权,有条件的地方可以发展专业大户、家庭农场、农民专业合作社等规模经营主体,并明确规定:土地承包经营权流转,不得改变土地集体所有性质,不得改变土地用途,不得损害农民土地承包权益。针对农村存在的违法违规征地现象,《决定》强调,改革征地制度,严格界定公益性和经营性建设用地,逐步缩小征地范围,完善征地补偿机制。依法征收农村集体土地,按照同地同价原则及时足额给农村集体组织和农民合理补偿,解决好被征地农民就业、住房、社会保障。

——强调巩固和完善"强农惠农"政策。

之前,说起"三农"政策,都沿用"支农惠农"一词,细心的人们注意到,这次的十七届三中全会《决定》提出要巩固和完善"强农惠农"政策。第一次将"支农"改为了"强农",不光要支持支援农业、农村和农民,更要使农业、农村真正强起来,使农民真正富起来。一字之差,体现了中央加大在"三农"问题上力度的决心。

——种粮农民每年获得的补贴有望大幅度增长。

《决定》明确要求,健全农业补贴制度,扩大范围,提高标准,完善办法,特别要支持增粮增收,逐年较大幅度增加农民种粮补贴。

——农资价格上涨给农民带来的负担有望得到弥补。

《决定》提出,要完善与农业生产资料价格上涨挂钩的农资综合补贴动态调整机制。

——“谷贱伤农”现象有望得到缓解。

《决定》部署,要针对农业市场风险较大的特点,健全农产品价格保护制度,完善农产品市场调控体系,稳步提高粮食最低收购价,采取有效措施保持农产品价格合理水平。

——农民群众贷款难、农村金融“失血”的状况有望得到改观。

《决定》提出,一是在政策支持上实行倾斜,综合运用财税杠杆和货币政策工具,引导更多信贷资金和社会资金投向农村,明确提出县域内银行业金融机构新吸收的存款主要用于当地发放贷款;二是在放宽准入方面,将在加强监管和加快农村信用体系建设前提下,规范发展多种形式的地区性中小银行,大力发展小额信贷,鼓励发展适合农村特点和需要的各种微型金融服务,允许有条件的农民专业合作社开展信用合作。向农村经济发展注入新鲜血液。

——农民工待遇有望得到提高。

《决定》特别强调加强农民工权益保护,逐步实现农民工劳动报酬、子女就学、公共卫生、住房租购等与城镇居民享有同等待遇,同时要放宽中小城市落户条件,使在城镇稳定就业和居住的农民有序转变为城镇居民。

为了切实提高农民生活水平,十七届三中全会还作出了多项直接关系农村公共事业发展的决定:建立稳定的农村文化投入保障机制,尽快形成完备的农村公共文化服务体系;完善义务教育免费政策和经费保障机制,加快普及农村高中阶段教育,重点加快发展农村中等职业教育并逐步实行免费;巩固和发展新型农村合作医疗制度,提高筹资标准和财政补助水平;重点办好县级医院并在每个乡镇办好一所卫生院;扩大农村免费公共卫生服务和免费免疫范围;完善农村最低生活保障制度,加大中央和省级财政补助力度,做到应保尽保,不断提高保障标准和补助水平;5 年内解决农村饮水安全问题,确保“十一五”期末基本实现乡镇通油(水泥)路,进而普遍实现行政村通油(水泥)路;实行新的扶贫标准,对农村低收入人口全面实施扶贫政策,2800 多万农民群众将因此得到更有力的扶持;逐步实行城乡按相同人口比例选举人大代表,扩大农民在县乡人大代表中的比例。

这一项项措施给亿万农民带来新的希望,切实促进了农民增收,促进了农村经济社会进一步发展。

事实上,在十七届三中全会召开前,就有多位学者就社会关注的焦点问题发表了意见。关于“农村土地是否允许流转”的问题,中国社会科学院农村发展研究所研究员党国英认为,农村非农建设用地“流转”形式变革就是此次农改的焦点,重点是农民集体所有制土地的使用权,但所有权预期不会发生变化。对于胡锦涛在小岗村考察时提到的“土地承包关系要保持稳定并长久不变”,党国英表示“稳定是流转的前提”,同时,相应的法律配套措施也要跟上:党国英认为,只要管住规划,流转将有利于保护耕地,不会对耕地构成威胁。

至于人们关注的“小产权房”能否拥有合法身份的问题,经济学家厉以宁说,中国农民宅基地房子按照市场价值估计,高估有 20 万亿元,少估一点也有 15 万—18 万亿元,如此巨量的房产没有房产证是不合理的。宅基地和建设其上的住宅无法流转,无法抵押,直接制约了农民土地权的提现。

国土资源部政策法规司司长王守智表示,目前中国还未建立起一套跟市场经济完全接轨的土地管理制度,其中之一就是缺乏明晰的产权制度。中国社会科学院农村发展研究所所长张晓山则表示,农村土地集体所有所酝酿的成员权的利益如何体现仍是还富于民的题中之义。

时任中央财经领导小组办公室副主任、中央农村工作领导小组办公室主任陈锡文在接受《人民日报》记者专访时指出:“三中全会对农村土地管理制度的改革提出了一系列要求,非常重要,应该全面把握。如果说最基本的政策指向,那就是对土地的管理更严格更规范了。”《决定》提出,要坚持两个最严格的制度,第一个是最严格的耕地保护制度,坚决守住 18 亿亩耕地红线;第二个是最严格的节约用地制度,从严控制城乡建设用地总规模。仅有最严格的耕地保护制度是不够的。即使不增加耕地占用,也不能超越国家的宏观控制,计划外增加自己的建设用地。

这两个制度配套进行双边约束,实际对整个中国的土地管理是一个非常严格的要求。原因很简单,首先,我国人均土地非常稀缺,我们现在的耕地面积已经降到了 18.26 亿亩,人均耕地面积只有一亩三分八,只相当于世界平均水平的 40%,再减少确实会危及国家的粮食安全乃至于社会稳定。在过去的 11 年中,我国耕地的总面积已经减少了 1.25 亿亩,超过了一个河南省的耕地面积。其次,建设用地是投资的载体,是宏观调控的闸门。相当长的一段时间内,为什么那些高耗能、高污染的企业下不来?很重要的就是跟超计划的建设用地供给有关系。

关于决定的最大亮点,陈锡文表示:《决定》中提出,现有的土地承包关系要保持稳定并长久不变。

“长久不变”是这次文件的一大亮点。农村改革后,1984 年中共中央一号文件提出了土地承包期延长到15年,1993年中共中央十一号文件又提出土地承包15年到期后再延长到30年。现在顺应农民的期盼,提出土地承包关系"长久不变",这件事情意义非常重大。这颗"定心丸"吃了,农民才会珍惜土地,投资土地,放心自主地流转土地。现在应该认真考虑的是怎么让土地承包经营权做到长久不变,《决定》明确提出,要搞好农村土地确权、登记、颁证制度。没有这项制度,一代人、两代人,再往下就没有人搞得清楚了。赋予农民更加充分而有保障的土地承包经营权,就是要依法保障农民对承包土地的占有、使用、收益等权利。

当代中国著名农业经济和农村发展经济学家、中国人民大学农村发展研究所所长严瑞珍教授认为,解决"三农"问题的关键是提高农业的市场化和现代化水平:要解决中国的"三农"问题,关键是要扩大内需;而扩大内需的关键是加大农民的收益。严瑞珍认为,影响农民收益的因素,一是中国农村的社会主义市场经济不健全,现在农村中的计划经济成分还是很大。因为市场经济的关键是等价交换。但是中国农村的情况却是:农产品的价格与价值相背离;农村的其他资源如土地和农业劳动力,也都存在相同问题。如何使农业的资源的价格与价值相符,这是提高消费需求的关键环节。二是农业劳动力向城市转移的路径单一。那就是只有以农民工的形式到城市打工,当城市的经济发展顺利时,农民可以获得工资,得以生存,而当城市经济发展不景气时,只能回乡。国外的农民,也是向城市转移,但转移的路径比我们更多样一些。比如国外的许多农民都拥有自己的土地,在工业化进程中,土地价格上升快,农民可以通过出卖土地进城,买房落脚并投资第二、三产业。但是我国农民没有土地个人所有权,这是我国农民劳动力转移缓慢和困难的原因之一,其直接结果是影响规模经营和农业现代化,影响收入快速增长。三是资金的社会化问题。农民要发展生产,就需要资金。但现在农村的金融制度很不完善。目前仍在农村开展业务的只有农村信用社。资金不足,成本很高,风险大,远远不能满足农民生产和生活的需要。所以,要发展农村经济,就必须解决农村信贷问题。国家要斥资扶持农村信用社的发展,大力开展小额贷款;并给民间借贷以较宽松的政策环境。

严瑞珍说,中国的农民,在家庭承包责任制之后实行农户经营。30年来,作为家庭经营的性质来说没有变,而且今后也不会变。但从现代化水平来说,农户已经有了巨大的变化。有的还维持原有的经营和耕作水平,有的走向了现代化。现代农户有如下特点:一是技术装备先进,用现代技术和生态技术装备起来。二是资源积聚的社会化。原来只能靠一家一户积聚资源,现在通过社会积聚土地、劳动力、技术、资金。三是生产力的组织方式发生了变化,生产规模化、批量化、专业化、集约化、规格化。这些农户的劳动生产率高、竞争力强、收入大。还有一类农户介于传统农户和现代农户之间、已开始走向现代化却不完全具备现代化农户的条件。要加快农户现代化的步伐,需要将传统农户推向半现代、现代农户。当今,现代农户数量还少,却是中国农业先进生产力的代表,是农业的希望所在。

他还补充说,如果就整个农村发展来说,还要推动生态建设、社会进步和民主政治建设。这是解决"三农"问题的根本。

社会科学院农村发展研究所副所长杜晓山表示:此次十七届三中全会深化改革最大的亮点,就是统筹城乡经济社会发展,或者叫城乡经济社会发展一体化体制机制基本建立。他表示,对农村投入,不是净流出,而是净流入。怎么扭转土地、劳动力和资金流出的局面,保证城乡一体化的发展,这是最需要做的。他同时指出,国家大力倾斜投入解决农民教育、医疗、卫生与最低生活保障和基本养老保险问题，使得农民增收的钱能够用于发展生产和改善生活，也是比较大的亮点。

中国（海南）改革研究院执行院长迟福林认为，三中全会的主题透露出三个重要的信号：

第一，改革的信号。30年后的十七届三中全会继续推进农村改革与发展，其重大的意义不在于农村改革的本身，而在于传递出来的信号。即党中央认为在改革开放30周年之际，必须再次抓住农村改革这个关键环节，在新的起点上进一步推进中国改革发展，表明了中国将会以30年前那一种昂扬的改革姿态来加快推进现阶段的改革，改革会一直向前。如今在中国改革处于关键时期，存在很多问题和争论的情况下，这样一个信号的传递尤为重要。农村改革在新阶段不能就农村讲农村，就农民讲农民，应该置于全局之中考虑，用全局的眼光统筹整个发展。这个信号表明未来对农村改革的认识和支持力度应该比以前更大。

第二，中国正在努力改变宏观经济形势的信号。我国正把农村的改革和应对当前美国次贷危机、解决宏观经济矛盾等问题结合起来考虑。中央在美国次贷危机爆发以后，对于刺激消费、扩大内需有了更为紧迫的考虑。十七届三中全会把现阶段的农村改革发展与扩大需求相结合，由此农村改革在中国经济的发展中将产生更为特殊的作用。这次改革不仅释放生产力，而且以农村改革为重点着力扩大国内需求和消费需求，是目前宏观经济稳定发展最重要的任务，也是下一步改革最重大的任务。

第三，明确农村改革目标重点在哪的信号。这次三中全会把“农村经济体制更加健全，城乡经济社会发展一体化体制机制基本建立”作为到2020年农村改革发展基本目标任务之一。破除城乡二元结构，统筹城乡一体化发展,是新阶段中国农村改革的总体方向。新阶段农村改革往哪里走,都是要在这样一个背景和前提下去考虑。现今城市农村差距扩大,已经成为矛盾突出问题。如果不是在改变二元结构上下功夫,不尽快推进城乡一体化,依靠农村解决农村问题很困难。三中全会让新阶段农村改革的目标、路径更清晰。未来十年左右是加快推进城乡一体化的关键时期,农村基本公共服务水平会有很大提高。城乡基本公共服务均等化对农民很重要,城乡基本公共服务制度能够对接,才能谈到让农村共享改革发展成果。农村上层建筑改革要有一个很大的改进,这方面政府应该有更大的作为。

迟福林强调说:“新时期这条新路径和新目标的出现,使得30年前、30年后的农村改革完全不一样。”

《中共中央关于推进农村改革发展若干重大问题的决定》也得到了海外媒体的高度关注。

意大利全国发行量最大的日报《晚邮报》发表文章指出,中国作出推进农村改革的决定,目的是让农村人口增收和提高生产力,以推动国内农村经济发展,统筹地区之间发展的不平衡,推动内需。报道说,自从20世纪80年代中国农村实行历史性改革以来,农村地区劳动生产率大大提高。今后,农村土地承包经营权更加自由地转移流通,有利于大规模的现代化农业经营。

安莎通讯社报道说,全会提出的农民收入2020年翻番目标将会使占中国总人口一半以上的农民受益。

英国《金融时报》发表社论说,全会“为中国农村已经实施的一些(改革)措施提供受欢迎的法律支持”。该决定是中国农村迈向新时代的“一个重要步骤”。

《卫报》13日刊登题为《大胆的改革将解放中国农民》的报道说,

新的土地改革措施使农民在经营土地时有了更多的自由选择权。一些专家表示,中国此次土地改革将增加农民收入,提高农业生产力。

日本共同社就全会出台刺激消费的经济方针和农民收入倍增目标播发快讯,在消息中还介绍了全会有关破除城乡二元结构、健全土地管理制度等内容。报道认为,全会将农村改革作为主要议题,是因为农民的收入增长利于经济增长和社会稳定。

《日本经济新闻》的社论说,在改革开放30周年之际以农村改革为主要议题,反映了农村问题已变得极为重要。要刺激消费,占中国总人口一半以上的农民的增收和农村的发展必不可少。要预测中国经济能否实现由外需主导向内需主导的转变,农村改革的动向值得关注。

日本广播协会电视台在报道中说,全会确定了在世界性金融危机中为稳定中国经济而采取扩大内需和稳定金融等积极措施的方针。全会将农村问题作为最重要课题,提出到2020年使农民人均收入翻一番,提高农民消费水平的思想。

农民、农村、农业,这个影响了中国社会几千年的问题,在十七届三中全会之后,似乎有了一个新的解答方式。

第八章　十八届三中全会：全面深化改革的新部署

2012年11月15日上午，刚刚在中国共产党第十八届中央委员会第一次全体会议上当选的中共中央总书记习近平和中共中央政治局常委李克强、张德江、俞正声、刘云山、王岐山、张高丽，在掌声中步入大会堂东大厅，微笑着向在场的中外记者挥手致意。习近平总书记在讲话中说："党领导人民已经取得举世瞩目的成就，我们完全有理由因此而自豪，但我们自豪而不自满，决不会躺在过去的功劳簿上。""中华民族伟大复兴展现出前所未有的光明前景。我们的责任，就是要团结带领全党全国各族人民，接过历史的接力棒，继续为实现中华民族伟大复兴而努力奋斗，使中华民族更加坚强有力地自立于世界民族之林，为人类作出新的更大的贡献。"①"历史的接力棒"传到了新一届中央领导集体手中。

一、接过"历史接力棒"的新一届中央领导集体面临的国内外发展形势

党的十八大闭幕后半个月，新上任的中共中央总书记习近平和新

① 《习近平著作选读》第1卷，人民出版社2023年版，第60、59—60页。

一届中央政治局常委来到国家博物馆,参观《复兴之路》展览。

参观结束后,习近平总书记发表讲话论述了他的“中国梦”新理念:“何谓中国梦? 我以为,实现中华民族的伟大复兴就是中华民族近代最伟大的中国梦。因为这个梦想,它是凝聚和寄托了几代中国人的这样的一种夙愿,它体现了中华民族和中国人民的整体利益,它是每一个中华儿女的一种共同的期盼。”此后,习近平总书记除了多次在国内国际不同场合宣示“中国梦”理念之外,还反复强调,实现中华民族伟大复兴是一项光荣而艰巨的事业,需要一代又一代中国人共同为之努力。

那么,接过了“历史接力棒”,习近平总书记面对的是一个怎么样的新跑道呢?

自十一届三中全会拉开改革大幕,30 多年来,中国经济社会各方面取得飞速发展,创造了惊人的发展速度和发展奇迹,这些都是在中国共产党的领导之下取得的。党的十八大立足于“三步走”战略,明确提出了“两个一百年”奋斗目标,“在中国共产党成立一百年时全面建成小康社会”“在新中国成立一百年时建成富强民主文明和谐的社会主义现代化国家”。掐指算来,距离全面建成小康社会还有 7 年,距离实现第二个百年奋斗目标也大致还有 35 年。由此看来,今天的中国实实在在地站在一个新的历史起点上,比历史上任何时期都更接近于前人孜孜以求的实现中华民族伟大复兴的目标。在改革开放洪流中搏击了 30 多年的中国航船,也即将驶入一个更加波澜壮阔,也更多暗流涌动的海域:处于民族复兴关键时期的中国也恰巧遭遇了当今世界格局演变的重要阶段,重要战略机遇期稍纵即逝,机遇和挑战并存。旧的问题解决了,新的问题又产生了,而且这些新问题可能更加复杂、更加艰巨、更为敏感。机遇前所未有,挑战也前所未有。这艘大船的领航者所肩负的使命,无疑是重大而紧迫的。

细心的人们注意到,2012 年 12 月,党的十八大结束不到一个月,习近平总书记第一次外出调研选择了广东深圳。在莲花山公园向邓小平铜像敬献花篮后,习近平总书记表示,我们来瞻仰邓小平铜像,就是要表明我们将坚定不移推进改革开放,奋力推进改革开放和现代化建设取得新进展、实现新突破、迈上新台阶。对这次特别的首次外出调研,许多人作出了各种解读和分析,说得最多的,就是这次调研释放出强烈的推进改革开放的信号。果然,2012 年 12 月 31 日,十八届中央政治局进行第二次集体学习,这次集体学习的主题就是坚定不移推进改革开放。习近平总书记在主持学习时特别强调,改革开放是一项长期的、艰巨的、繁重的事业,必须一代又一代人接力干下去。必须坚持社会主义市场经济的改革方向,坚持对外开放的基本国策,以更大的政治勇气和智慧,不失时机深化重要领域改革,朝着党的十八大指引的改革开放方向奋勇前进。

2013 年 4 月,新一届国家领导机构换届选举完成。中共中央政治局作出决策:党的十八届三中全会重点研究全面深化改革问题并作出决定。

为什么要在这个时候研究全面深化改革?又为什么要在如此重要的一个会上以全面深化改革为主题呢?要找到答案,我们先来看看以习近平同志为核心的中共新一届领导人面临的一系列问题。

从国际上看,从拉动经济增长和出口,到国际贸易投资的格局包括政治格局都发生了巨大的变化,迫切需要改革加以应对。国内经过三十几年的改革,我们已经到了一个“深水区”,就是一些很难的改革、一些受到阻力很大的方面,需要一个全面的、系统的改革方案,而且还要有重点突破性,使我们通过改革来应对国内国外复杂的局面。20 世纪

90 年代邓小平曾经讲过，我们再过 30 年可能制度上就要定型。也就是说到了 2020 年，我们应该有一个现代的体制、现代的国家。只有通过全面改革才能完成实现有一个定型的制度。

距离全面建成小康社会还有 7 年，如何确保实现这个目标？面对诸多质疑和杂音噪声，如何继续坚持和发展中国特色社会主义？在新的历史条件下，如何解决中国发展面临的一系列突出矛盾和挑战，实现经济社会持续健康发展？如何顺应时代潮流，满足人民期待，保持党和国家生机活力？……诸多的问题难题摆在面前，在实现民族复兴、国家富强的这个关键节点上，唯有冲破思想观念障碍，突破利益固化藩篱，唯有自我革新，全面深化改革，才能逐一解决这些问题，确保实现既定目标。

按照惯例，要成立十八届三中全会文件起草组，而引人注目的是：这次，由习近平总书记亲自担任十八届三中全会文件起草组组长，这也是进入新世纪以来中国共产党的最高领导人首次担任全会文件起草组负责人，重视程度可见一斑。

接着，习近平总书记开始了大江南北紧锣密鼓的调研，足迹遍及广东、河北、甘肃、海南、天津、四川、湖北、辽宁、湖南……并提出了全面深化改革需要调查研究的 6 个重大问题：进一步形成全国统一的市场体系，形成公平竞争的发展环境；进一步增强经济发展活力，为实现经济持续健康发展提供不竭动力；进一步提高宏观调控水平，提高政府效率和效能；进一步增强社会发展活力，促进社会和谐稳定；进一步实现社会公平正义，通过制度安排更好地保障人民群众各方面权益；进一步提高党的领导水平和执政能力，充分发挥党总揽全局、协调各方的作用。

可以说，这 6 个重要课题，都直指中国改革发展的关键。

习近平总书记多次表示，今天的改革，复杂程度、艰巨程度、敏感程度,丝毫不亚于35年前,并告诫全党:“我们在研究和思考全面深化改革问题时对此必须有充分的思想准备。”习近平总书记还提出了全面深化改革的基本遵循:必须坚定深化改革的信心;必须坚持深化改革的正确方向;必须凝聚深化改革的共识;必须注重深化改革的统筹谋划;必须协同推进各项改革。

二、十八届三中全会报告的起草、通过过程

从2013年4月24日十八届三中全会文件起草组召开第一次全体会议到十八届三中全会正式召开之间的6个多月时间里,习近平总书记又先后3次主持中共中央政治局常委会会议、两次主持中共中央政治局会议、多次主持文件起草组全体会议,研究部署起草工作,讨论审议《中共中央关于全面深化改革若干重大问题的决定》稿。

2013年7月25日,经过反复讨论和修改的《决定》送审稿摆在了中央政治局常委面前。常委们提出要求继续深入研究,对重大改革举措反复论证,增强可操作性,着力解决影响和制约科学发展的重大问题、紧迫问题。根据中共中央政治局会议决定,9月4日,《决定》征求意见稿下发中央党政军机关和地方100多个单位,广泛征求各方面包括从党和国家领导岗位上退下来的老同志意见。9月17日下午,习近平总书记主持召开座谈会,听取各民主党派、全国工商联负责人和无党派人士对《决定》稿的意见和建议。从9月初《决定》征求意见稿下发,广泛征求各方面意见起,文件起草组共收到总计2564条意见和建议。文件起草组形成提交全会审议的文件稿,充分吸收了关注度高,对全面深化改革有重大推动作用的意见和建议,反馈意见的吸收率超过40%;增写、改写、文字精简等修改共539处;覆盖114个单位,8个

民主党派,中央、全国工商联和无党派人士的1120多条意见和建议。10月29日,中共中央政治局会议听取了《决定》稿在党内外征求意见的情况报告,决定根据这次会议讨论的意见进行修改后将文件稿提请十八届三中全会审议。

2013年11月9日,十八届三中全会在北京举行。习近平总书记就《决定》讨论稿向全会作了说明。出席全会的204名中央委员、169名候补中央委员,对《决定》讨论稿进行了充分讨论。11月12日下午,经过反复修改的《决定(草案)》获得全会一致通过。

三、《中共中央关于全面深化改革若干重大问题的决定》的主要内容

这次全会是一次全面深化贯彻十八大精神的大会,是一次将改革全面推向深入的大会。

全会听取和讨论了习近平总书记受中央政治局委托作的工作报告,审议通过了《中共中央关于全面深化改革若干重大问题的决定》。习近平总书记就《决定(讨论稿)》向全会作了说明。

全会充分肯定党的十八大以来中央政治局的工作,高度评价十一届三中全会召开35年来改革开放的成功实践和伟大成就,研究了全面深化改革若干重大问题,认为改革开放是党在新的时代条件下带领全国各族人民进行的新的伟大革命,是当代中国最鲜明的特色,是决定当代中国命运的关键抉择,是党和人民事业大踏步赶上时代的重要法宝。面对新形势新任务,全面建成小康社会,进而建成富强民主文明和谐的社会主义现代化国家、实现中华民族伟大复兴的中国梦,必须在新的历史起点上全面深化改革。全会强调,全面深化改革,必须高举中国特色

社会主义伟大旗帜,以马克思列宁主义、毛泽东思想、邓小平理论、“三个代表”重要思想、科学发展观为指导,坚定信心,凝聚共识,统筹谋划,协同推进,坚持社会主义市场经济改革方向,以促进社会公平正义、增进人民福祉为出发点和落脚点,进一步解放思想、解放和发展社会生产力、解放和增强社会活力,坚决破除各方面体制机制弊端,努力开拓中国特色社会主义事业更加广阔的前景。

全面深化改革的总目标是完善和发展中国特色社会主义制度,推进国家治理体系和治理能力现代化。全会要求,必须更加注重改革的系统性、整体性、协同性,加快发展社会主义市场经济、民主政治、先进文化、和谐社会、生态文明,让一切劳动、知识、技术、管理、资本的活力竞相迸发,让一切创造社会财富的源泉充分涌流,让发展成果更多更公平地惠及全体人民。

全会指出,要紧紧围绕使市场在资源配置中起决定性作用深化经济体制改革,坚持和完善基本经济制度,加快完善现代市场体系、宏观调控体系、开放型经济体系,加快转变经济发展方式,加快建设创新型国家,推动经济更有效率、更加公平、更可持续发展;紧紧围绕坚持党的领导、人民当家作主、依法治国有机统一深化政治体制改革,加快推进社会主义民主政治制度化、规范化、程序化,建设社会主义法治国家,发展更加广泛、更加充分、更加健全的人民民主;紧紧围绕建设社会主义核心价值体系、社会主义文化强国深化文化体制改革,加快完善文化管理体制和文化生产经营机制,建立健全现代公共文化服务体系、现代文化市场体系,推动社会主义文化大发展大繁荣;紧紧围绕更好保障和改善民生、促进社会公平正义深化社会体制改革,改革收入分配制度,促进共同富裕,推进社会领域制度创新,推进基本公共服务均等化,加快形成科学有效的社会治理体制,确保社会既充满活力又和谐有序;紧紧围绕建设美丽中国深化生态文明体制改革，加快建立生态文明制度，健全国土空间开发、资源节约利用、生态环境保护的体制机制，推动形成人与自然和谐发展的现代化建设新格局；紧紧围绕提高科学执政、民主执政、依法执政水平深化党的建设制度改革，加强民主集中制建设，完善党的领导体制和执政方式，保持党的先进性和纯洁性，为改革开放和社会主义现代化建设提供坚强政治保证。

全面深化改革，必须立足于我国长期处于社会主义初级阶段这个最大实际，坚持发展仍是解决我国所有问题的关键这个重大战略判断，以经济建设为中心，发挥经济体制改革牵引作用，推动生产关系同生产力、上层建筑同经济基础相适应，推动经济社会持续健康发展。毫无疑问，经济体制改革是全面深化改革的重点，核心问题是处理好政府和市场的关系，使市场在资源配置中起决定性作用和更好地发挥政府作用。

全会强调，改革开放的成功实践为全面深化改革提供了重要经验，必须长期坚持。最重要的是，坚持党的领导，贯彻党的基本路线，不走封闭僵化的老路，不走改旗易帜的邪路，坚定走中国特色社会主义道路，始终确保改革正确方向；坚持解放思想、实事求是、与时俱进、求真务实，一切从实际出发，总结国内成功做法，借鉴国外有益经验，勇于推进理论和实践创新；坚持以人为本，尊重人民主体地位，发挥群众首创精神，紧紧依靠人民推动改革，促进人的全面发展；坚持正确处理改革发展稳定关系，胆子要大、步子要稳，加强顶层设计和摸着石头过河相结合，整体推进和重点突破相促进，提高改革决策科学性，广泛凝聚共识，形成改革合力。

全会要求，到 2020 年，在重要领域和关键环节改革上取得决定性成果，形成系统完备、科学规范、运行有效的制度体系，使各方面制度更加成熟，更加定型。

全会还对全面深化改革作出系统部署,强调坚持和完善基本经济制度,加快完善现代市场体系,加快转变政府职能,深化财税体制改革,健全城乡发展一体化体制机制,构建开放型经济新体制,加强社会主义民主政治制度建设,推进法治中国建设,强化权力运行制约和监督体系,推进文化体制机制创新,推进社会事业改革创新,创新社会治理体制,加快生态文明制度建设,深化国防和军队改革,加强和改善党对全面深化改革的领导。

全会提出,公有制为主体、多种所有制经济共同发展的基本经济制度,是中国特色社会主义制度的重要支柱,也是社会主义市场经济体制的根基。公有制经济和非公有制经济都是社会主义市场经济的重要组成部分,都是我国经济社会发展的重要基础。必须毫不动摇地巩固和发展公有制经济,坚持公有制主体地位,发挥国有经济主导作用,不断增强国有经济活力、控制力、影响力。必须毫不动摇地鼓励、支持、引导非公有制经济发展,激发非公有制经济活力和创造力。要完善产权保护制度,积极发展混合所有制经济,推动国有企业完善现代企业制度,支持非公有制经济健康发展。

全会提出,建设统一开放、竞争有序的市场体系,是使市场在资源配置中起决定性作用的基础。必须加快形成企业自主经营、公平竞争,消费者自由选择、自主消费,商品和要素自由流动、平等交换的现代市场体系,着力清除市场壁垒,提高资源配置效率和公平性。要建立公平开放透明的市场规则,完善主要由市场决定价格的机制,建立城乡统一的建设用地市场,完善金融市场体系,深化科技体制改革。

全会提出,科学的宏观调控,有效的政府治理,是发挥社会主义市场经济体制优势的内在要求。必须切实转变政府职能,深化行政体制改革,创新行政管理方式,增强政府公信力和执行力,建设法治政府和服务型政府。要健全宏观调控体系,全面正确履行政府职能,优化政府组织结构,提高科学管理水平。

全会提出,财政是国家治理的基础和重要支柱,科学的财税体制是优化资源配置、维护市场统一、促进社会公平、实现国家长治久安的制度保障。必须完善立法、明确事权、改革税制、稳定税负、透明预算、提高效率,建立现代财政制度,发挥中央和地方两个积极性。要改进预算管理制度,完善税收制度,建立事权和支出责任相适应的制度。

全会提出,城乡二元结构是制约城乡发展一体化的主要障碍。必须健全体制机制,形成以工促农、以城带乡、工农互惠、城乡一体的新型工农城乡关系,让广大农民平等参与现代化进程、共同分享现代化成果。要加快构建新型农业经营体系,赋予农民更多财产权利,推进城乡要素平等交换和公共资源均衡配置,完善城镇化健康发展体制机制。

全会提出,适应经济全球化新形势,必须推动对内对外开放相互促进、引进来和走出去更好结合,促进国际国内要素有序自由流动、资源高效配置、市场深度融合,加快培育、参与和引领国际经济合作竞争新优势,以开放促改革。要放宽投资准入,加快自由贸易区建设,扩大内陆沿边开放。

全会提出,发展社会主义民主政治,必须以保证人民当家作主为根本,坚持和完善人民代表大会制度、中国共产党领导的多党合作和政治协商制度、民族区域自治制度以及基层群众自治制度,更加注重健全民主制度、丰富民主形式,充分发挥我国社会主义政治制度优越性。要推动人民代表大会制度与时俱进,推进协商民主广泛多层制度化发展,发展基层民主。

全会提出,建设法治中国,必须深化司法体制改革,加快建设公正高效权威的社会主义司法制度,维护人民权益。要维护宪法法律权威,深化行政执法体制改革,确保依法独立公正行使审判权检察权,健全司法权力运行机制,完善人权司法保障制度。

全会提出,坚持用制度管权管事管人,让人民监督权力,让权力在阳光下运行,是把权力关进制度笼子的根本之策。必须构建决策科学、执行坚决、监督有力的权力运行体系,健全惩治和预防腐败体系,建设廉洁政治,努力实现干部清正、政府清廉、政治清明。要形成科学有效的权力制约和协调机制,加强反腐败体制机制创新和制度保障,健全改进作风常态化制度。

全会提出,建设社会主义文化强国,增强国家文化软实力,必须坚持社会主义先进文化的前进方向,坚持中国特色社会主义文化的发展道路,坚持以人民为中心的工作导向,进一步深化文化体制改革。要完善文化管理体制,建立健全现代文化市场体系,构建现代公共文化服务体系,提高文化开放水平。

全会提出,实现发展成果更多更公平惠及全体人民,必须加快社会事业改革,解决好人民最关心最直接最现实的利益问题,更好地满足人民需求。要深化教育领域综合改革,健全促进就业创业体制机制,形成合理有序的收入分配格局,建立更加公平可持续的社会保障制度,深化医药卫生体制改革。

全会提出,创新社会治理,必须着眼于维护最广大人民根本利益,最大限度增加和谐因素,增强社会发展活力,提高社会治理水平,维护国家安全,确保人民安居乐业、社会安定有序。要改进社会治理方式,激发社会组织活力,创新有效预防和化解社会矛盾体制,健全公共安全体系。设立国家安全委员会,完善国家安全体制和国家安全战略,确保国家安全。

全会提出,建设生态文明,必须建立系统完整的生态文明制度体系,用制度保护生态环境。要健全自然资源资产产权制度和用途管制制度,划定生态保护红线,实行资源有偿使用制度和生态补偿制度,改革生态环境保护管理体制。

全会提出,紧紧围绕建设一支听党指挥、能打胜仗、作风优良的人民军队这一党在新形势下的强军目标,着力解决制约国防和军队建设发展的突出矛盾和问题,创新发展军事理论,加强军事战略指导,完善新时期军事战略方针,构建中国特色现代军事力量体系。要深化军队体制编制调整改革,推进军队政策制度调整改革,推动军民融合深度发展。

全会强调,全面深化改革必须加强和改善党的领导,充分发挥党总揽全局、协调各方的领导核心作用,提高党的领导水平和执政能力,确保改革取得成功。中央成立全面深化改革领导小组,负责改革总体设计、统筹协调、整体推进、督促落实。各级党委要切实履行对改革的领导责任。要深化干部人事制度改革,建立集聚人才体制机制,充分发挥人民群众积极性、主动性、创造性,鼓励地方、基层和群众大胆探索,及时总结经验。

全会分析了当前形势和任务,强调全党同志要把思想和行动统一到中央关于全面深化改革重大决策部署上来,增强进取意识、机遇意识、责任意识,牢牢把握方向,大胆实践探索,注重统筹协调,凝聚改革共识,落实领导责任,坚定不移实现中央改革决策部署。要按照中央决策部署,坚持稳中求进、稳中有为,切实做好各项工作,保持经济社会发展势头,关心群众特别是困难群众生活,促进社会和谐稳定,继续扎实推进党的群众路线教育实践活动,努力实现经济社会发展预期目标。

其实,早在十八届三中全会召开前,人们就对这次“三中全会”的主要议题有着种种预测,众说纷纭。直到 2013 年 1 月 1 日,时任国务院总理李克强表示:“中国的改革已进入深水区,我们将全面深化改革,着力突破深层次障碍,推进结构改革,大家关心的财政、金融、价格、企业等改革,都会不断走向深入。”①这被解读为十八届三中全会将深化财政、金融、价格、企业等领域改革。这也是中国高层领导人首次对外正式透露三中全会改革有关议题。李克强的讲话之后,国际投行、国内金融机构纷纷对新一轮改革可能涉及的议题作出预测,官方智囊机构之一国务院发展研究中心“383 改革方案”则在行政管理体制、土地制度改革等八个领域提出了政策建议。

十八届三中全会议题也受到诸多海内外媒体的高度关注。

新华社公开发文指出,政治体制改革肯定也会被重点研究讨论并作出相应规划部署。《南风窗》则表示:不再让或尽量少让中产阶层及以下的人买单,他们在新一轮的改革中,应是受益者。这是修复社会裂痕的必要条件。《经济观察报》表示:我们期待这是一场真正触及灵魂的变革的开始。改革议题的设定,应继续未完成的经济改革,但必须注重推进观念、政治和法律系统改革。《香港经济日报》称,改革必须从政府自身着手,将面对三大利益集团挑战,要从制度上割断官员和商业活动的联系。香港《南华早报》提出虽然存在各方博弈,但目前看起码在一些问题上存在共识,首先就是减少政府对经济的干预措施。英国《金融时报》指出十八届三中全会有五大重要看点:风向征兆、政治改革、外交关系、社会改革、经济与金融改革。其中“经济与金融改革是大多数观察家预计会产生最大突破的领域”。路透社预测作为改革重头戏的金融改革如何全面放开,资本市场改革,涉及中央地方政府职责和收入划分的财税改革等等热点问题的答案,有望在三中全会上揭晓。

① 李克强:《变化世界中的中国——在 21 世纪理事会北京会议开幕式上的演讲》,《人民日报》2013 年 11 月 3 日。

但预计政治改革不会成为会议一个主要讨论点。而美国《华尔街日报》预测中国国家领导人将会在三中全会上宣布国有企业改革的进一步措施。《华尔街日报》还采访了一些学者和政府内部人士,发文对即将在十八届三中全会上出台的经济改革方案进行了分析和预测,分析了改革的难度和程度,重点讲述了城镇化改革,文中提及“领导人有望叫停在中国运行了几十年的发展模式,该模式依靠的是人为低利率背景下的大规模工业投资和基础设施建设,依靠的是在城市工厂里艰辛劳作却无法享受城镇福利的无数农民工”。文中引用北京大学经济学教授姚洋的话说,“人们对财政改革寄予厚望,但我对于改革能否取得实质性进展表示怀疑,很难平衡中央和地方政府的利益”。《华尔街日报》还评论说:“改革方案的一大重点就是李克强的城镇化目标,他称城镇化能推动增长并提高私人消费。让中国的2.6亿农民工进城会让房产和教育等众多领域面临激烈竞争,也会给本已债台高筑的政府添加更多财政压力。根据政府发布的关于城镇化计划的内容,改革可能始于小城市,大城市里数百万农民工的命运依然未知。由于政府高层把城镇化作为首要重点,有可能最终的提案在户籍改革方面会更加大胆。”

这些预测和猜测,有些的确能够反映社会的期待。那么,十八届三中全会的议题里是否有对这些期待的回应呢?《决定》共十六个部分、六十条,涉及三百多项改革举措,相比以往,这次的《决定》显得更加易读,也更加实在。内容主要包括:

第一,明确了全面深化改革的总目标:完善和发展中国特色社会主义制度,推进国家治理体系和治理能力现代化。从“管理”到“治理”,要通过全面深化改革,使经济、政治、文化、社会、生态文明和党的建设等各方面制度和体制机制更加科学、更加完善,实现党和国家事务制度化、规范化、程序化,把各方面制度优势转化为管理经济社会事务的效能。

第二,指明了全面深化改革的任务:坚持社会主义市场经济改革方向,紧紧围绕市场在资源配置中起决定性作用,深化经济体制改革。"市场在资源配置中起基础性作用"变为"市场在资源配置中起决定性作用",不难看出,经济体制改革仍然是全面深化改革的重点,经济体制改革的核心问题仍然是处理好政府和市场关系。中国共产党试图在完善社会主义市场经济体制上迈出新的步伐。

第三,指出了全面深化改革的目的:进一步解放思想、进一步解放和发展社会生产力、进一步解放和增强社会活力。三个"进一步解放",目的就是通过全面深化改革,努力营造有利于思想解放、有利于社会生产力解放、有利于一切创新创造活力充分释放的体制机制和社会环境。

第四,部署了全面深化改革的重点:以经济体制改革为重点、发挥经济体制改革牵引作用。核心问题是要处理好政府和市场的关系,使市场在资源配置中起决定性作用和更好发挥政府作用。

第五,提出了全面深化改革的出发点和落脚点:全面深化改革必须以促进社会公平正义、增进人民福祉为出发点和落脚点。要建立健全以权利公平、机会公平、规则公平为主要内容的社会公平保障体系,保证和实现人民平等参与、平等发展权利,更加体现公平正义的原则。

此外,特别值得关注的是两大机构的新设立:一是中央成立全面深化改革领导小组,负责改革总体设计、统筹协调、整体推进、督促落实。二是设立国家安全委员会,完善国家安全体制和国家安全战略,确保国家安全。

至于改革的要点,主要包括了以下一些方面:

坚持和完善基本经济制度:增强国有经济活力、控制力、影响力;激发非公有制经济活力和创造力。

加快完善现代市场体系:完善主要由市场决定价格的机制。

加快转变政府职能:建设法治政府和服务型政府。

深化财税体制改革:完善立法、明确事权、改革税制、稳定税负、透明预算、提高效率。

健全城乡发展一体化体制机制:赋予农民更多财产权利,推进城乡要素平等交换和公共资源均衡配置。

构建开放型经济新体制:放宽投资准入,加快自由贸易区建设。

加强社会主义民主政治制度建设:发展基层民主。

推进法治中国建设:确保依法独立公正行使审判权检察权。

强化权力运行制约和监督体系:健全惩治和预防腐败体系,建设廉洁政治,努力实现干部清正、政府清廉、政治清明。

推进文化体制机制创新:完善文化管理体制,建立健全现代文化市场体系。

推进社会事业改革创新:深化教育领域综合改革,健全促进就业创业体制机制,建立更加公平可持续的社会保障制度,深化医药卫生体制改革。

创新社会治理体制:创新有效预防和化解社会矛盾体制,设立国家安全委员会。

加快生态文明制度建设:实行资源有偿使用制度和生态补偿制度。

深化国防和军队改革:深化军队体制编制调整改革。

加强和改善党对全面深化改革的领导:中央成立全面深化改革领导小组。

深化干部人事制度改革:建立集聚人才体制机制。

四、各方面对《中共中央关于全面深化改革若干重大问题的决定》的评价

对一些热点问题,也是老百姓最关心的与他们切身利益相关的问题,专家学者们给出了解读:

关于公报指出全面深化改革的总目标是完善和发展中国特色社会主义制度,推进国家治理体系和治理能力现代化。这也是中国共产党历史上第一次这么提。国家行政学院教授许耀桐认为:这是一个新的亮点、新的突破。国家治理一是强调多主体,大家都是主体,国家管理者。人民也是社会的主体,还有各组织、各单位,都是参加管理的一个方面的角色,都是主体之一,从过去的一个主体变为多主体。二是渠道多元,治理既有从上到下,也有从下到上,甚至可以从中间向上、向下延伸开来、铺展开来,治理也表明了方式的变化。三是治理要现代化,更加科学、更加民主,同时也要更制度化、规范化、程序化。国家信息中心经济预测部高级经济师王远鸿说:这次还把经济建设、政治建设、文化建设、社会建设、生态文明建设“五位一体”加以强化,强调改革核心是政府放权,目的是让社会活力迸发,财富源泉充分涌流,发展成果更加惠及全国人民。

关于中央成立全面深化改革领导小组,负责改革总体设计、统筹协调、整体推进、督促落实。改革设计推进有了指挥部。清华大学公共管理学院教授胡鞍钢认为:成立全面深化改革领导小组是一大亮点。这是中央反复酝酿成立的,也是重要的制度安排。以往体制改革以经济体制改革为主,制度安排由中央决定,主要由国务院经济体制改革委员会、国家发改委这样的部门领导和实施。十八大提出“五位一体”,包

括政治、经济、社会、文化、生态 5 个方面。成立全面深化改革领导小组,可推动“五位一体”建设的有效开展和实施。中央党校教授谢春涛则表示:这轮改革范围之广、力度之大是空前的。以前统筹各方面的改革主要由国家发改委来承担。由于改革的复杂性和紧迫性,以及加强各项改革统筹协调的必要性,国家发改委在一些方面尤其是政策的制定上受到局限。相对而言,全面深化改革领导小组的成立更具权威性,能够保证改革的设计、协调、推进和监督每一个环节的落实,有助于确保改革的系统性、整体性、协同性。这充分表明了中央的改革决心,相信在今后的改革进程中能发挥出应有的作用。

关于积极发展混合所有制经济,推动国有企业完善现代企业制度,支持非公有制经济健康发展。中央党校国际战略研究所副所长周天勇表示:这次提出要激发非公有制经济的活力和创造力很有新意,许多创新是民营经济取得的,包括技术研发,所以要调动这些活力和创造力。另外公报里第一次提出混合所有制经济,也就是说,以后国有的里面可能也有民营的股份。国家信息中心经济预测部高级经济师王远鸿则认为:民间资本,包括民营经济,是我们社会主义市场经济重要一部分,原来一开始叫重要补充,现在都是并列的,是重要部分。民间资本占整个投资的比重,现在基本占到 60%,已经超过了国有经济。政府要真正地放权,民间资本还有进一步激活的空间。要把限制民间资本进入的“玻璃门”“天花板”打破,使民间资本有能力进入,有信心进入,还要获得合理的回报。

关于独立公正行使审判权检察权。公报提出,要维护宪法法律权威,深化行政执法体制改革,确保依法独立公正行使审判权、检察权,健全司法权力运行机制,完善人权司法保障制度。国家行政学院教授许耀桐表示:当前我们在司法方面有一个比较大的问题,就是我们对权力的制约监督不够有力,不够到位,效果也不太好。什么原因呢?正如三中全会公报所讲的,很清楚,就是因为我们的司法、监察这块的权力不够硬,不好管,也管不好。所以我们这次特别强调了一定要让它在依照法律之下有独立性,独立以后就能够真正公正地行使权力监督。国家行政学院教授汪玉凯评价说:当下的改革必须从政府自身入手,只有这样,才能为经济改革、社会改革腾空间。这是"第二次改革"的核心,一旦启动,其影响不是一年两年,而是长期的。但是,光靠政府改革带动经济改革还不行,还要促进政治要素层面的改革。如加大反腐败的力度,加强司法改革,保证司法公平,转变作风,加强执政党的自身改革等。只有认清了这个改革内在逻辑的结构性转换,我们才能真正掌握改革主动权。

关于市场配置资源升为决定性。公报指出,经济体制改革是全面深化改革的重点,核心问题是处理好政府和市场的关系,使市场在资源配置中起决定性作用和更好发挥政府作用。中国改革发展研究院院长迟福林指出:这一表述给我们一个很重要的启示,在经济生活领域,我们要实行市场主导下政府的有效作用,而不是政府主导下市场的有限作用,为激发市场活力、理顺政府市场关系提出了一个重大的方向。第一,只有让市场在资源配置中更大程度、更大范围地发挥基础性、决定性作用,市场才有活力,经济才有活力。第二,从现实生活来看,政府对资源配置的权力过大,对微观经济活动介入过多,压抑市场活力,同时也压抑了经济发展的活力,所以无论从市场发展的规律,还是现实生活来看,行政体制改革是激发经济活力最关键、最重要、最基础的一个问题。中国社会科学院金融研究所所长王国刚对此解读说:特别强调市场在配置资源中的决定性作用,说白了就是发挥市场价格形成的作用,强调的是价格怎么形成的问题。如果我们不能够充分发挥市场的决定性作用,价格信号不强,资源配置就会受到各方面的干扰。这是最大的亮点。

关于让农民分享土地增值收益。公报提出,必须健全体制机制,形成以工促农、以城带乡、工农互惠、城乡一体的新型工农城乡关系,让广大农民平等参与现代化进程、共同分享现代化成果。要加快构建新型农业经营体系,赋予农民更多财产权利,推进城乡要素平等交换和公共资源均衡配置,完善城镇化健康发展体制机制。中国社会科学院经济研究所研究员董志凯说:完善城乡发展一体化体制机制,要着力在城乡规划、基础设施、公共服务等方面推进一体化,促进城乡要素平等交换和公共资源均衡配置,形成城乡一体的新型工农、城乡关系。同时,一体化不是一样化,均等原则也不是平均原则,而是要以城带乡、以工补农。中国社会科学院学部委员张晓山表示:构建新型城乡关系必须要处理好 3 个关系,即中央政府和地方政府之间的关系、地方政府和农民之间的关系、农村集体经济组织领导与普通成员之间的利益关系。协调各种利益关系、应对复杂局面还要以改革破难题:一是调整国民收入分配格局,从源头上削减中央政府配置资源的权力;二是协调地方政府与农民之间的利益关系,让农民分享土地的增值收益。

除了上述热点问题之外,《公报》的看点和打动人心的地方还包括:国家安全方面,设立国家安全委员会,完善国家安全体制和国家安全战略,确保国家安全;创新激发社会组织活力,创新有效预防和化解社会矛盾体制,健全公共安全体系;要健全自然资源资产产权制度和用途管制制度,划定生态保护红线,实行资源有偿使用制度和生态补偿制度,改革生态环境保护管理体制;着力解决制约国防和军队建设发展的突出矛盾和问题,创新发展军事理论,加强军事战略指导,完善新时期军事战略方针,构建中国特色现代军事力量体系。要深化军队体制编制调整改革,推进军队政策制度调整改革,推动军民融合深度发展;要形成科学有效的权力制约和协调机制,加强反腐败体制机制创新和制度保障,健全改进作风常态化制度;加快推进社会主义民主政治制度化、规范化、程序化,建设社会主义法治国家,发展更加广泛、更加充分、更加健全的人民民主;总结国内成功做法,借鉴国外有益经验,勇于推进理论和实践创新;坚持政府处理改革发展稳定关系,胆子要大、步子要稳,加强顶层设计和摸着石头过河相结合,整体推进和重点突破相促进,提高改革决策科学性,广泛凝聚共识,形成改革合力;要建立公平开放透明的市场规则,完善主要由市场决定价格的机制,建立城乡统一的建设用地市场,完善金融市场体系,深化科技体制改革;坚持用制度管权管事管人,让人民监督权力,让权力在阳光下运行,是把权力关进制度笼子的根本之策;推进协商民主广泛多层制度化发展,发展基层民主;必须加快社会事业改革,解决好人民最关心最直接最现实的利益问题,更好满足人民需求。要深化教育领域综合改革,健全促进就业创业体制机制,形成合理有序的收入分配格局,建立更加公平可持续的社会保障制度,深化医药卫生体制改革;要完善文化管理体制,建立健全现代文化市场体系,构建现代公共文化服务体系,提高文化开放水平;要放宽投资准入,加快自由贸易区建设,扩大内陆沿边开放。

对于加快自由贸易区建设,国务院发展研究中心研究员吴庆表示:在这个领域,我们希望发生的事情是以更大力度的开放来推动更大力度的改革。我们希望自贸区市场运营规则、政府管理规则、政府调控的规则,与更发达的成熟市场经济体接轨。能在我们自己的自贸区里操练,是最好的选择。我们还希望在东部地区,特别是在自贸区里,在经济增长模式转变方面有自己的创新和突破,以这种突破带动其他地区以至于中国经济的发展。真正的创新希望还寄托在东部身上。希望上海通过自贸区的建设能够让我们看到这种希望，能够把这种希望变成现实。中国经济未来转型是否成功，希望还是寄托在东部身上。

对于农民自由进城，吴庆主张在农民自由进城的同时要允许别的要素流向农村，特别是资本流向农村进入农业。我们现在在工业和金融领域积累了大量资本。金融市场上不缺钱，但由于我们表面上保护农民，保护他们的土地，不让别人把他们的土地拿走，实际却导致农民没有得到新要素的注入，农业的效率提高比较缓慢，农民的收入、务农收入增长也比较缓慢。所以农业和工业之间的差距还是没有弥合，要想弥合这个差距，让资本流入农村是非常重要的一件事。而要让资本流入农村，又是一个系统工程，还有很多的制度方面的工作需要做：一是资本要下乡，我们要打开合法性的通道；二是资本下乡，人才跟随资本一起下乡，他们的身份需要得到保障，这也是需要制度上做的事情；三是农民土地一旦开始流转，农民的保障确实会出现问题，在这方面对农民的社会保障也需要跟上。未来的农民不应该靠那块土地作为他们生存的保障，他们需要进入社保，社保提供给他们社会保障，来换取那块土地给他进行的保障。

十八届三中全会文件起草小组成员、中国社科院学部委员张卓元表示：全面深化改革领导小组的职责是负责改革的总体设计、统筹协调、整体推进、督促落实。这个非常重要，因为现在的改革进入深水区，要啃硬骨头。现在有些改革要触动一部分人的利益，会受到一些既得利益群体的阻挠，因此如果没有中央有力的领导、督促、推进、落实的话，改革就很难往前迈步。比如现在要实行负面清单制度，要建立公平竞争的市场环境，就要大大减少审批，审批牵连到一些政府官员的利益，有审批权就有利益，所以会受到阻挠。比如说要推行房产税，会受到和房地产有关的利益群体的阻挠和反对。

事实上,十八届三中全会发起的“全面改革总动员”并不是纸上谈兵。全会部署的多项改革相继启动。据统计,仅 2013 年底,60 项改革中就至少启动了 17 项。

在反腐倡廉方面,对领导干部的考核与规范新招频出,继 2013 年 11 月下旬公布《党政机关厉行节约反对浪费条例》后,中共中央 12 月 8 日又公布了新修订的《党政机关国内公务接待管理规定》,意在革除公款吃喝“顽疾”,被媒体冠以“26 条铁律”。分析称,几乎每一条新规的制定与发布,都能展现中共高层的反腐意志。随着改革步入深水区,反腐工作也迎来了重要的转折点,纪律检查体制改革的原则、方向和具体思路得以进一步明确。

三中全会闭幕后,中央纪委次日即在京召开会议,就相关改革作出部署。后又连续多日在其官方网站刊发对《决定》的系列解读文件,内容涉及“领导干部工作生活保障制度”“加强和改进对一把手监督”和“进一步健全改进作风常态化制度”等方面。之后中央纪委监察部网站刊文指出,将适时开展对领导干部住房、办公用房、公务用车的专项清理工作,对违规多占超配的,一律清退。中组部也出台新规,明确地方干部考核不再以 GDP 论英雄,不搞 GDP 及增长率排名。这被外界解读为通过干部考核制度改革推动党风政风转变。试点财产公开、改革纪检体制等多个反腐新动作也在进行之中。这无疑是对十八届三中全会强调制度反腐的积极回应。

在司法改革方面,防范冤假错案,司法公开成亮点。十八届三中全会后,最高法力推审判流程公开、裁判文书公开、执行信息公开三大平台,以司法公开为突破口推进司法改革、促进司法公正的思路已然明晰。三中全会闭幕不到 10 天,2013 年 11 月 21 日,最高法率先出台《关于建立健全防范刑事冤假错案工作机制的意见》;同日,最高法官方微博、微信公众号开通；11 月 27 日，全国法院司法公开工作推进会召开，最高法党组书记、院长周强提出要把司法公开作为司法改革的突破口，会后《关于推进司法公开三大平台建设的若干意见》对外发布；12 月 4 日，最高法举办“12・4”公众开放日活动。最高人民检察院 12 月 10 日也公布了《2014—2018 年基层人民检察院建设规划》，提出深入推进基层人民检察院检务公开工作，细化执法办案公开的内容、对象、时机、方式和要求，健全主动公开和依法申请公开制度。推进信息公开、增强司法透明度是深化司法改革、促进法治进步的重要支点。中国在健全司法运行体制方面的相关改革已经进入实施环节。三中全会提出废止劳动教养制度。很快多地已经停止劳教审批。上海、长沙等地的劳教学员已全部释放。2013 年 12 月 23 日，全国人大常委会从立法程序上废止了劳教制度。2014 年 1 月，根据报道，已对在所劳教人员解除劳教，没有发生问题。

在普通百姓最为关注的民生领域，“生、老、病”新政密集出台。三中全会后，各有关部门针对三中全会部署，就“单独二孩”、高考改革、延迟退休、养老体系等民生议题密集出台政策，体现让民众分享改革成果的施政思路。2014 年 2 月 23 日凌晨 2 点 10 分，安徽第一个“单独二孩”降生。这也是媒体公开报道的全国首个“单独二孩”。关于高考改革话题，教育部网站 2013 年 12 月 7 日就披露了已经制定完成的考试招生改革总体方案的部分细节。针对三中全会决定“研究制定渐进式延迟退休年龄政策”的精神，人社部副部长胡晓义表示，渐进式延迟退休年龄要分步走，用较长的一段时间完成平滑过渡。民政部副部长窦玉沛称，将综合构建涵盖最低生活保障、医疗、临时救助等专项救助在内的制度体系框架，正会同有关部门起草这方面法规。与“生、老、病”息息相关的改革方案在一个月内密集问世成为三中全会后改革的最亮点,“民本精神”在中国未来新一轮改革中的烙印更加深刻。

在行政改革方面,继续职能转变,抓紧“放手”。三中全会提出,经济体制改革是全面深化改革的重点,核心问题是处理好政府和市场的关系,使市场在资源配置中起决定性作用和更好发挥政府作用。很快,商务部等 12 部门联合下发了《消除地区封锁打破行业垄断工作方案》,在全国范围内部署开展消除地区封锁、打破行业垄断工作。这是政府服务于市场、站好位的一个重大改革举措。国务院 2013 年 12 月 4 日召开常务会议,讨论通过公司法等 7 部法律的修正案草案,还审议通过了对进出口关税条例等 16 部行政法规作出修改的决定草案。取消和下放行政审批、严格事中事后监管、优化审批流程等改革措施在法律层面得到落实。12 月 10 日,国务院又再度公布取消和下放 68 项行政审批项目,并公布 82 项取消和下放管理层级的行政审批项目目录。政府的放手还体现在社会组织的去行政化。教育部 12 月初首批核准 6 所高校的章程,所有“985”高校将在 2014 年 6 月前完成章程制定,所有高校在 2015 年年底前完成。去行政化倾向明显。

在完善金融市场体系方面,《决定》提出,推进股票发行注册制改革,证监会 2013 年 11 月 30 日就发布《关于进一步推进新股发行体制改革的意见》。《决定》提出,加快推进利率市场化,中国人民银行 12 月 8 日公布《同业存单管理暂行办法》。

在深化科技体制改革方面,《决定》提出,加强知识产权运用和保护。2013 年 11 月 20 日国务院常务会议通过《关于依法公开制售假冒伪劣商品和侵犯知识产权行政处罚案件信息的意见》。

回应《决定》提出完善发展成果考核评价体系,纠正单纯以经济增长速度评定政绩的偏向,中央组织部 2013 年 12 月 10 日印发了《关于改进地方党政领导班子和领导干部政绩考核工作的通知》。

《决定》提出建立国土空间开发保护制度。国务院 2013 年 12 月 2 日印发《国家级自然保护区调整管理规定》。

《决定》提出，调整理顺边海空防管理体制机制。2013 年 11 月 23 日，中国国防部宣布划设东海防空识别区，并表示将适时设立其他防空识别区。

……

十八届三中全会《决定》的全面深化改革任务正在紧锣密鼓地在各个层面和领域开展起来。

与此同时，全球主流媒体也高度关注《决定》内容。外媒普遍认为，此次会议所作出的新政改革，为中国未来经济改革制定了壮阔的计划；其中，放宽二胎生育政策和废止劳动教养制度等被认为是事关中国民生的改革亮点。

英国广播公司（BBC）报道称，中国决策机构的关键会议落下帷幕，被称为中国下一阶段改革蓝图的《决定》文件已经披露。会上决定了包括废除劳教制度和“单独二胎”政策在全国推广等突破性措施。BBC 详细介绍了中国 20 世纪 70 年代开始推行的计划生育政策。

英国天空电视台指出，中国此次有关二胎生育政策的决定，将是一个重大的政策调整。中国此次还将废除推行了数十年的劳动教养制度。

美国《纽约时报》的评论文章称，中国政府关于放松计划生育政策和废止劳教制度的政策变动，是事关中国民生的两项重要的改革。文章指出，中国多年来实施城市居民一家育一子的政策，但现在，政策在逐年放宽。之前只有当一个家庭中，父母双方都是各自家中的独生子，他们才能生育两名子女，但现在，只要父母中一方是家中的独生子，他们也可以生两个孩子。

法新社、美联社、路透社、美国有线电视新闻网(CNN)、《华盛顿邮报》、福克斯新闻网、《时代》杂志网站等也纷纷在第一时间报道了中国三中全会推出政策改革的消息和细节。

《华尔街日报》称,这次三中全会有意为未来数年中国经济的改革进程绘制蓝图。

法新社报道称,世界第二大经济体中国的领导人在周五为未来十年这个国家的发展指明方向,政府对经济的干预抓控有所放松。并在报道中详细介绍了全会《公报》中有关外企投资、国企改革、自由贸易区和允许民间资本依法设立中小型银行等具体的经济改革措施。

《纽约时报》则称,中共此次制定了宏伟的经济改革计划,中共中央在经济方面出台了诸多决定,包括鼓励市场竞争、私人投资、优化银行资本以及完善被征地农民财产保障机制等措施。

经济分析人士克里斯蒂娜·珊德克里夫在路透社发表的文章分析说,三中全会,中国出台了关于改革的更多详细计划,誓言让市场在经济当中担当“决定性”的角色。中国这次经济政策调整对投资者来说,意味着他们将更多地把视线集中到不动产方面,最好是城市基础设施,他们的消费可能将增长。

哈格里夫斯-兰斯多恩公司股票分析师基思·鲍曼则指出,中国此次的政策改变向着正确方向迈出了可观的一步。任何能帮助中国经济发展,并由此再平衡全球经济的行动,都应该获得坦诚的欢迎。

英国《金融时报》中文网刊登卡内基国际和平基金会高级研究员黄育川的署名文章指出,中国的未来不仅在于保持政治稳定,也在于保持快速增长。在法治、经济等方面广泛的改革,将为中国国家主席习近平提出的尚未定义的“中国梦”注入实质内容,而“中国梦”正是他在此次三中全会中着重提到的。

正如习近平总书记一再指出的那样：改革是决定当代中国命运的关键一招，也是决定实现“两个一百年”奋斗目标、实现中华民族伟大复兴的关键一招。

对中国共产党人来说，面对日益激烈的综合国力竞争，逆水行舟、不进则退。必须正确认识国际国内形势新变化，自觉适应实现全面建成小康社会目标新要求，把握住、利用好发展机遇，看得到、应对好风险挑战，以更加坚定的信心、更加有效的举措推进改革开放。对于这些，习近平总书记有着清醒的认识，他在《关于〈中共中央关于全面深化改革若干重大问题的决定〉的说明》中说：“当前，国内外环境都在发生极为广泛而深刻的变化，我国发展面临一系列突出矛盾和挑战，前进道路上还有不少困难和问题。比如：发展中不平衡、不协调、不可持续问题依然突出，科技创新能力不强，产业结构不合理，发展方式依然粗放，城乡区域发展差距和居民收入分配差距依然较大，社会矛盾明显增多，教育、就业、社会保障、医疗、住房、生态环境、食品药品安全、安全生产、社会治安、执法司法等关系群众切身利益的问题较多，部分群众生活困难，形式主义、官僚主义、享乐主义和奢靡之风问题突出，一些领域消极腐败现象易发多发，反腐败斗争形势依然严峻，等等。解决这些问题，关键在于深化改革。”“改革开放以来历次三中全会都研究讨论深化改革问题，都是在释放一个重要信号，就是我们党将坚定不移高举改革开放的旗帜，坚定不移坚持党的十一届三中全会以来的理论和路线方针政策。说到底，就是要回答在新的历史条件下举什么旗、走什么路的问题。”其实，早在 2013 年 10 月，习近平总书记在亚太经合组织工商领导人峰会上就向世界表明了中国全面推进改革的决心：“我们认识到，改革是一场深刻的革命，涉及重大利益关系调整，涉及各方面体制机制完善。中国改革已进入攻坚期和深水区。这是因为，当前改革需要解决的问题格外艰巨,都是难啃的硬骨头,这个时候就要一鼓作气,瞻前顾后、畏葸不前不仅不能前进,而且可能前功尽弃。”“中国是一个大国,决不能在根本性问题上出现颠覆性错误,一旦出现就无法挽回、无法弥补。我们的立场是胆子要大、步子要稳,既要大胆探索、勇于开拓,也要稳妥审慎、三思而后行。我们要坚持改革开放正确方向,敢于啃硬骨头,敢于涉险滩,敢于向积存多年的顽瘴痼疾开刀,切实做到改革不停顿、开放不止步。”可以说,十八届三中全会《决定》部署了全面深化改革的重点任务和重大举措,展示了中国共产党人冲破思想观念的束缚、突破利益固化的藩篱、推动中国特色社会主义制度自我完善和发展的决心和魄力,也体现了中国共产党人在改革问题上的高度自觉和自信。

第九章　十九届三中全会：对深化党和国家机构改革作出全面规划和系统部署

党和国家机构职能体系是中国特色社会主义制度的重要组成部分，是我们党治国理政的重要保障和重要支撑。习近平总书记指出，党政机构属于上层建筑，必须适应经济基础的要求。经济不断发展，社会不断进步，人民生活不断改善，上层建筑就要适应新的要求不断进行改革。这是人类社会发展的一条普遍规律。① 我们要提高党的执政能力和领导水平，广泛调动各方面积极性、主动性、创造性，有效治理国家和社会，推动党和国家事业发展，必须适应新时代中国特色社会主义发展要求，深化党和国家机构改革。

一、时机已经成熟：顺应新时代发展要求深化党和国家机构改革

党的十八大以来，以习近平同志为核心的党中央明确提出，全面深

① 《中共中央举行党外人士座谈会和民主协商会　习近平主持会议并发表重要讲话》，《人民日报》2018 年 3 月 2 日。

化改革的总目标是完善和发展中国特色社会主义制度、推进国家治理体系和治理能力现代化。之后,党中央适应统筹推进“五位一体”总体布局、协调推进“四个全面”战略布局的要求,不断全面深化改革。

(一)深化党和国家机构改革是推进国家治理体系和治理能力现代化的集中部署

建设社会主义现代化国家、实现中华民族伟大复兴,是我们党孜孜以求的宏伟目标。自成立以来,我们党就团结带领人民为此进行了不懈奋斗。新中国成立后,在我们党领导下,我国确立了社会主义基本制度,逐步建立起具有我国特点的党和国家机构职能体系,为我们党治国理政、推进社会主义建设发挥了重要作用。

随着改革开放逐步深化,我们党对制度建设的认识越来越深入。1980 年,邓小平在总结“文化大革命”的教训时就指出:“领导制度、组织制度问题更带有根本性、全局性、稳定性和长期性。”“制度好可以使坏人无法任意横行,制度不好可以使好人无法充分做好事,甚至会走向反面。”①1992 年,邓小平在南方谈话中说:“恐怕再有三十年的时间,我们才会在各方面形成一整套更加成熟、更加定型的制度。”②党的十四大提出:“在九十年代,我们要初步建立起新的经济体制,实现达到小康水平的第二步发展目标。再经过二十年的努力,到建党一百周年的时候,我们将在各方面形成一整套更加成熟更加定型的制度。”党的十五大、十六大、十七大都对制度建设提出明确要求。

我们党历来高度重视党和国家机构建设和改革。改革开放以来,适应党和国家工作中心转移、社会主义市场经济发展和各方面工作不

① 《邓小平文选》第 2 卷,人民出版社 1994 年版,第 333 页。

② 《邓小平文选》第 3 卷,人民出版社 1993 年版,第 372 页。

断深入的需要，我们党积极推进党和国家机构改革，各方面机构职能不断优化、逐步规范，推动了改革开放和社会主义现代化建设，构成了新时期改革开放伟大实践的重要内容。我们党在改革开放一开始就认识到，行政体制改革是经济体制改革和政治体制改革的重要内容，必须随着改革开放和社会主义现代化建设发展不断推进。我们对政府职能的认识和定位，是随着改革开放和社会主义市场经济发展而发展的，从传统计划经济体制向社会主义市场经济体制转变是一个不断前进的过程。改革的推进，经济基础的发展，自然而然会对上层建筑提出新的要求。

我们党在实践中不断深化对这个问题的认识，持续推进政府职能转变。1981 年以来，党中央部门进行了 4 次改革，国务院机构进行了 7 次改革，实现了从计划经济条件下的机构职能体系向社会主义市场经济条件下的机构职能体系的重大转变，逐步建立起具有我国特点的党和国家机构职能体系。

党的十八大以来，我们党把制度建设摆到更加突出的位置，强调“全面建成小康社会，必须以更大的政治勇气和智慧，不失时机深化重要领域改革，坚决破除一切妨碍科学发展的思想观念和体制机制弊端，构建系统完备、科学规范、运行有效的制度体系，使各方面制度更加成熟更加定型”。十八届三中全会首次提出“推进国家治理体系和治理能力现代化”这个重大命题，并把“完善和发展中国特色社会主义制度、推进国家治理体系和治理能力现代化”确定为全面深化改革的总目标。十八届五中全会进一步强调，“十三五”时期要实现“各方面制度更加成熟更加定型，国家治理体系和治理能力现代化取得重大进展，各领域基础性制度体系基本形成”。

党的十九大作出到本世纪中叶把我国建成富强民主文明和谐美丽

的社会主义现代化强国的战略安排,其中制度建设和治理能力建设的目标是:到2035年,“各方面制度更加完善,国家治理体系和治理能力现代化基本实现”;到本世纪中叶,“实现国家治理体系和治理能力现代化”。十九届二中、三中全会分别就修改宪法和深化党和国家机构改革作出部署,在制度建设和治理能力建设上迈出了新的重大步伐。十九届三中全会指出:“我们党要更好领导人民进行伟大斗争、建设伟大工程、推进伟大事业、实现伟大梦想,必须加快推进国家治理体系和治理能力现代化,努力形成更加成熟更加定型的中国特色社会主义制度。这是摆在我们党面前的一项重大任务。”

党中央坚持问题导向,突出重点领域,铁腕推动纪律检查体制改革,构筑“不能腐”的制度体系,党风政风焕然一新;大刀阔斧深化国防和军队改革,人民军队浴火重生征途如虹;力克“机关化、行政化、贵族化、娱乐化”倾向,群团工作开创新局面;出台了很多方案,推动了党的领导体制改革、纪检检查制度改革、政治体制改革、法律制度改革、司法体制改革、社会治理体制改革、生态文明体制改革等等都涉及党和国家机构改革。通过这些重大举措,我们在加强党的领导、推进依法治国、理顺政府和市场关系、健全国家治理体系、提高治理能力等一些重要领域和关键环节取得重大进展,为党和国家事业取得历史性成就、发生历史性变革提供了有力保障。

(二)解决党和国家机构设置和职能配置中存在的突出矛盾和问题

党和国家机构改革是一个过程,不会一蹴而就,也不会一劳永逸。2013年2月,习近平总书记就指出:“上层建筑需要不断适应经济基础发展的要求,但这是一个不断调整的过程,不可能毕其功于一役,不可能通过一次改革就统统解决，有的改革还需要探索、还需要时间，可以进一步积累共识和经验，条件成熟时再作推进。”①

摆在我们党面前的一项重大任务是要更好领导人民进行伟大斗争、建设伟大工程、推进伟大事业、实现伟大梦想，必须加快推进国家治理体系和治理能力现代化，努力形成更加成熟、更加定型的中国特色社会主义制度。我国发展新的历史方位，我国社会主要矛盾的变化，到2020年全面建成小康社会，到2035年基本实现社会主义现代化，到本世纪中叶全面建成社会主义现代化强国，迫切要求通过科学设置机构、合理配置职能、统筹使用编制、完善体制机制，使市场在资源配置中起决定性作用、更好发挥政府作用，更好推进党和国家各项事业发展，更好满足人民日益增长的美好生活需要，更好推动人的全面发展、社会全面进步、人民共同富裕。

面对新时代新任务提出的新要求，党和国家机构设置和职能配置同统筹推进“五位一体”总体布局、协调推进“四个全面”战略布局的要求还不完全适应，同实现国家治理体系和治理能力现代化的要求还不完全适应。对此，习近平总书记指出，党的十九届三中全会专门研究深化党和机构改革问题，目的是在全面深化改革进程中抓住有利时机，下决心解决党和国家机构设置和职能配置中存在的突出矛盾和问题。深化机构改革的时机已经成熟。我们要抓住有利时机。

一些领域党的机构设置和职能配置还不够健全有力，保障党的全面领导、推进全面从严治党的体制机制有待完善；一些领域党政机构重叠、职责交叉、权责脱节问题比较突出；一些政府机构设置和职责划分不够科学，职责缺位和效能不高问题凸显，政府职能转变还不到位；一

① 习近平：《论坚持人民当家作主》，中央文献出版社2021年版，第15—16页。

些领域中央和地方机构职能上下一般粗,权责划分不尽合理;基层机构设置和权力配置有待完善,组织群众、服务群众能力需要进一步提高;军民融合发展水平有待提高;群团组织政治性、先进性、群众性需要增强;事业单位定位不准、职能不清、效率不高等问题依然存在;一些领域权力运行制约和监督机制不够完善,滥用职权、以权谋私等问题仍然存在;机构编制科学化、规范化、法定化相对滞后,机构编制管理方式有待改进。

习近平总书记在《关于深化党和国家机构改革决定稿和方案稿的说明》中对这些问题作出高度概括:"党的机构设置不够健全有力,党政机构职责重叠,仍存在叠床架屋问题,政府机构职责分散交叉,政府职能转变还不彻底,中央地方机构上下一般粗问题突出,群团改革、事业单位改革还未完全到位,等等。各地区各部门对全面加强党的领导、全面依法治国,优化自然资源资产管理、生态环境保护、市场监管、文化市场监管等方面体制的呼声很高。"这些问题,有些是深层次体制难题必须要解决;有些反映比较强烈、看得也比较准,但由于方方面面因素难以下决断;还有一些由于以往受改革范围限制还没有涉及;还有一些是随着全面深化改革不断推进,出现的新情况新问题。

各方面对机构改革提出了不少意见和建议,对深化党和国家机构改革呼声很高。在全面深化改革进程中,全党必须统一思想、坚定信心、抓住机遇,下决心解决党和国家机构职能体系中存在的障碍和弊端,更好发挥我国社会主义制度优越性。

(三)深刻认识和把握深化党和国家机构改革的重要性和紧迫性

深化党和国家机构改革,是贯彻落实党的十九大精神的重要内容,是坚持和完善党的领导、完善和发展中国特色社会主义制度、推进国家治理体系和治理能力现代化的重要任务,关系改革开放和社会主义现代化建设全局,关系全面建成小康社会、实现中华民族伟大复兴的中国梦。习近平总书记强调,对深化党和国家机构改革重要性和紧迫性,对深化党和国家机构改革方案的贯彻落实,都要放到新时代背景下、站在更高层次上来认识和把握。① 以习近平同志为核心的党中央以对党、对国家、对人民高度负责的态度,下定决心深化党和国家机构改革,以适应党和国家事业长远发展要求。

这是新时代坚持和发展中国特色社会主义的必然要求。党和国家职能体系作为上层建筑,需要适应社会生产力进步、经济基础不断变化而不断完善。坚持和发展中国特色社会主义是历史、实践和人民的郑重选择。党的十八大以来,习近平总书记围绕怎样坚持和发展中国特色社会主义,提出了一系列重要观点、重大论断,集中阐释了举什么旗、走什么路、朝着什么目标前进等一系列重大理论和现实问题。中国特色社会主义是改革开放以来党的全部理论和实践的主题。党要在新的历史方位上实现新时代党的历史使命,最根本的就是要高举中国特色社会主义伟大旗帜。习近平总书记指出,坚持和发展中国特色社会主义要一以贯之。深化党和国家机构改革,必须立足实现"两个一百年"奋斗目标,着眼统筹推进"五位一体"总体布局和协调推进"四个全面"战略布局,必须按照新时代坚持和发展中国特色社会主义的要求,作出具有前瞻性、战略性的制度安排。在中国特色社会主义进入"两个一百年"奋斗目标历史交汇期、改革开放40周年的关键时间节点,党中央从党和国家事业发展全局的战略高度,作出深化党和国家机构改革的

① 《习近平著作选读》第2卷,人民出版社2023年版,第131页。

重大政治决策,顺应新时代发展要求。

这是加强党的长期执政能力建设的必然要求。我们治国理政的本根,就是中国共产党的领导和我国社会主义制度。中国共产党的领导是中国特色社会主义最本质的特征。党的领导必须是全面的、系统的、整体的,必须体现到经济建设、政治建设、文化建设、社会建设、生态文明建设和国防军队、祖国统一、外交工作、党的建设等各方面。党的领导的实施,离不开党和国家机构坚决有效的执行力。党和国家机构职能体系是确保党始终总揽全局、协调各方的重要依托。党政关系既是重大理论问题,也是重大实践问题。处理好党政关系,首先要坚持党的领导,在这个大前提下才是各有分工,而且无论怎么分工,出发点和落脚点都是坚持和完善党的领导。党的集中统一领导权力是不可分割的。不能简单讲党政分开或党政合一,而是要适应不同领域特点和基础条件,不断改进和完善党的领导方式和执政方式。

这是社会主义制度自我完善和发展的必然要求。站在我国新的历史方位,摆在我们面前的重大任务就是推动中国特色社会主义制度更加成熟更加定型。深化党和国家机构改革作为全面深化改革的一个重大动作,对各领域改革发挥着体制支撑和保障作用。习近平总书记深刻指出,推进改革的目的是要不断推进我国社会主义制度自我完善和发展,赋予社会主义新的生机活力。从形成更加成熟更加定型的制度看,我国社会主义实践的前半程已经走过了,前半程我们的主要历史任务是建立社会主义基本制度,并在这个基础上进行改革,现在已经有了很好的基础。后半程,我们的主要历史任务是完善和发展中国特色社会主义制度,为党和国家事业发展、为人民幸福安康、为社会和谐稳定、为国家长治久安提供一整套更完备、更稳定、更管用的制度体系。这项工程极为宏大,零敲碎打调整不行,碎片化修补也不行,必须是全面的系统的改革和改进，是各领域改革和改进的联动和集成，在国家治理体系和治理能力现代化上形成总体效应、取得总体效果。

这是建设社会主义现代化国家、实现中华民族伟大复兴的必然要求。党的十九大作出新时代中国特色社会主义发展的战略安排，到2020年全面建成小康社会，到2035年基本实现社会主义现代化，到本世纪中叶全面建成社会主义现代化强国。新时代新征程的新任务，对党和国家机构深化转职能、转方式、转作风，提高效率效能，提出了新的更高要求。改革开放以来的历次机构改革都围绕经济体制改革要求，不断推进政企分开、政资分开、政事分开、政社分开，有力推动了改革开放和社会主义现代化建设。制约我国高质量发展的体制机制障碍还不少，经济体制改革潜力有待进一步释放。要在保持经济社会大局稳定的前提下加快改革步伐，着力构建市场机制有效、微观主体有活力、宏观调控有度的经济体制，为高质量发展提供制度保障。聚焦实现奋斗目标的突出矛盾和问题，需要从党和国家职能上发力，对宏观管理、市场监管领域的机构和职能进行大幅调整优化，以充分发挥市场和政府各自优势，努力使市场作用和政府作用有机统一、相互补充、相互协调、相互促进，推动更高质量、更有效率、更加公平、更可持续地发展。

二、重大政治决策：推进国家治理体系和治理能力现代化的一场深刻变革

随着全面深化改革不断推进，深化机构改革提上议事日程。深化党和国家机构改革是放在全面深化改革大盘子里谋划推进的，是我们打的一次全面深化改革的战略性战役。

2013年11月，十八届三中全会部署全面深化改革，提出全面深化

改革总目标,其中明确提出要“统筹党政群机构改革,理顺部门职责关系”。2015 年,习近平总书记就要求中央全面深化改革领导小组对深化机构改革进行调研。2017 年 7 月,习近平总书记就深化党和国家机构改革作出指示,强调这次机构改革,党政军群等方面要统筹考虑,可由中央全面深化改革领导小组牵头进行研究。首先应该进行深入调查,坚持问题导向,把各地区各部门各方面对机构改革的意见摸清楚,把机构设置存在的问题弄清楚,在此基础上科学拟订方案。党的十九大报告进一步提出,深化机构和行政体制改革,“统筹考虑各类机构设置,科学配置党政部门及内设机构权力、明确职责”。

此后,中央改革办、中央编办开展了调研论证,组成 10 个调研组分赴 31 个省区市、71 个中央和国家机关部门。短短一个月,当面听取了 139 位省部级主要负责同志的意见和建议。据公开报道,一位中部省份省委书记在回忆起当时的情况印象深刻:“就在省委招待所,我一个人,没带秘书,他们五个人坐对面。我写了个提纲,没想到他们听得很起劲,不回应、不插话,记得也很仔细,我就结合自己亲身经历放开了讲,起码谈了两个半小时。”一位部级领导甚至直言:“如果我所在的部门不被撤销,这就不是一次彻底的改革!”调查组还向 657 个市县的 1197 位党委和政府主要负责同志个人发放了问卷,收集了 31 个省份的深化地方机构改革调研报告。工作人员整理汇总了厚厚两大本、42 万字各方面意见。“有些问题共性很强,其中有一个共性问题 60 多位省部级主要负责人都提出了。”调研组工作人员说。调研抓准了问题、凝聚了共识,充分表明了改革的必要性和紧迫性。

各地区各部门一致认为,应该下更大决心,提出加强党的领导、理顺党政关系,统筹谋划机构设置,争取更明显的成效。主要是:加强党的统筹协调机构,对职能相近或密切相关的党政机构、事业单位进行适当整合，调整优化中央和国家有关部门职能，撤销职能弱化、职责有重复或阶段性任务已完成的机构，新设立部分机构，坚持全国统筹、上下联动推动机构改革，等等。

2017年12月11日，习近平总书记主持召开十九届三中全会文件起草小组第一次全体会议，宣布中央政治局常委会会议、中央政治局会议的决定：十九届三中全会专题研究深化机构改革问题。党中央决定成立十九届三中全会文件起草组，由习近平总书记担任组长。相关文件起草工作正式启动。

文件起草组深入开展专题研究论证，总结以往改革经验，吸收调研成果，反复讨论修改。仅决定就经历了框架稿、送审稿、征求意见稿、修改稿、讨论稿、再次修改稿等多个版本，几上几下、数易其稿的艰辛过程。其间，中央政治局常委会、中央政治局召开会议审议全会决定稿和方案稿。

根据中央政治局会议决定，2018年2月1日中央办公厅发出《关于对〈中共中央关于深化党和国家机构改革的决定〉稿征求意见的通知》，决定稿下发党内一定范围征求意见，包括征求党内老同志意见。2018年2月6日和28日中共中央分别举行党外人士座谈会和民主协商会，习近平总书记主持召开座谈会，当面听取各民主党派中央、全国工商联负责人和无党派人士代表的意见和建议。各有关单位共反馈书面报告117份，党外人士提交发言稿10份。与会人士一致认为，平时看到的、听到的、想到的有关问题，在决定中都有回应有对策，切实体现了坚持以人民为中心的改革原则，必将成为一份指导性极强的纲领性文件。

在征求意见过程中，各方面提出了许多好的意见和建议。经统计，各方面共提出修改意见641条，扣除重复意见后为550条，其中原则性意见 143 条，具体修改意见 407 条；具体修改意见中，实质性修改意见 396 条，文字性修改意见 11 条。党中央责成文件起草组认真梳理和研究这些意见和建议，对决定稿作出修改。文件起草组经过认真研究，共对决定稿作出 171 处修改，覆盖 192 条意见。中央政治局常委会会议、中央政治局会议先后审议了修改后的决定稿。方案稿也在听取有关方面意见和建议后作了调整完善。十九届三中全会通过的决定和方案，是在党中央领导下发扬民主、集思广益的结果，凝聚了各方面智慧。

各地区各部门各方面一致表示，坚决拥护党中央关于深化党和国家机构改革的重大决策，完全赞同决定稿确定的指导思想、目标原则、总体部署，要增强“四个意识”，坚定“四个自信”，坚持稳中求进，不折不扣抓好贯彻落实。作出深化党和国家机构改革这一重大政治决策，顺应新时代发展要求，符合党心民心，非常必要，十分及时。深化党和国家机构改革紧扣加强党的长期执政能力建设，以加强党的全面领导为统领，以国家治理体系和治理能力现代化为导向，以推进党和国家机构职能优化协同高效为着力点，全面贯彻了党的十九大提出的重大战略目标、战略部署、战略任务，使机构设置和职能配置进一步适应统筹推进“五位一体”总体布局和协调推进“四个全面”战略布局的需要，必将对新时代坚持和发展中国特色社会主义产生重大的现实意义和深远的历史意义。深化党和国家机构改革坚持问题导向，聚焦一批长期想解决而没有解决的重大问题，既推动中央层面的改革，又促进地方和基层的改革，体现了加强党的长期执政能力建设和提高国家治理水平的有机统一、机构改革和制度完善的有机统一、原则性规定和战略性谋划的有机统一。

2018 年 2 月 26 日至 28 日，十九届三中全会审议通过了《中共中央关于深化党和国家机构改革的决定》和《深化党和国家机构改革方案》,同意把《深化党和国家机构改革方案》的部分内容按照法定程序提交十三届全国人大一次会议审议。

在长期的研究和深邃的思考过程中,习近平总书记提出了一系列关于深化党和国家机构改革的重要思想:必须从体制机制上对全面加强党的领导作出制度安排;必须践行以人民为中心的发展思想;必须进一步理清党政关系;必须坚持社会主义市场经济改革方向,使市场在资源配置中起决定性作用、更好发挥政府作用;必须充分发挥中央和地方两个积极性;必须构建适应实现国家治理体系和治理能力现代化的党和国家机构职能体系;必须坚持优化协同高效的机构改革原则;必须坚持以法治方式推进改革;必须统筹党政军群机构改革;必须处理好统和分、局部和全局、当前和长远、大和小的关系。这 10 条关于深化党和国家机构改革的重要思想,是对党和国家机构改革论证设计的指导思想,更是落实机构改革方案的根本遵循。由此,形成了深化党和国家机构必须遵循的四条基本原则。

十九届六中全会通过的《中共中央关于党的百年奋斗重大成就和历史经验的决议》对新时代以来的机构改革作出概括,指出,按照坚持党的全面领导、坚持以人民为中心、坚持优化协同高效、坚持全面依法治国的原则,全面深化党和国家机构改革,党和国家机构职能实现系统性、整体性重构。

第一,加强党的全面领导是深化党和国家机构改革必须坚持的重要原则。我们党在一个有着 14 亿多人口的大国长期执政,要保证国家统一、法制统一、政令统一、市场统一,要实现经济发展、政治清明、文化昌盛、社会公正、生态良好,要顺利推进新时代中国特色社会主义各项事业,必须完善坚持党的领导的体制机制,更好发挥党的领导这一最大优势。在我国政治生活中，党是居于领导地位的，加强党的集中统一领导，支持人大、政府、政协和监察机关、审判机关、检察机关、人民团体、企事业单位、社会组织履行职能、开展工作、发挥作用，这两个方面是统一的。要把加强党对一切工作的领导贯穿改革各方面和全过程，完善保证党的全面领导的制度安排，改进党的领导方式和执政方式，提高党把方向、谋大局、定政策、促改革的能力和定力。《中共中央关于深化党和国家机构改革的决定》紧紧把握适应新时代中国特色社会主义发展要求，构建坚持党的全面领导、反映最广大人民根本利益的党和国家机构职能体系这一主线，着力从制度安排上发挥党的领导这个最大的体制优势，统筹考虑党和国家各类机构设置，协调好并发挥出各类机构职能作用，完善科学领导和决策、有效管理和执行的体制机制，确保党长期执政和国家长治久安。全面加强党的领导同坚持以人民为中心是高度统一的。深化党和国家机构改革的目的是更好推进党和国家事业发展，更好满足人民日益增长的美好生活需要，更好推动人的全面发展、社会全面进步、人民共同富裕。要坚持人民主体地位，坚持立党为公、执政为民，贯彻党的群众路线，健全人民当家作主制度体系，完善为民谋利、为民办事、为民解忧和保障人民权益、接受人民监督的体制机制，为人民管理国家事务、管理经济文化事业、管理社会事务提供更有力的保障。

第二，坚持以人民为中心彰显深化党和国家机构改革人民至上的价值取向。全心全意为人民服务是党的根本宗旨，实现好、维护好、发展好最广大人民根本利益是党的一切工作的出发点和落脚点。我国宪法规定，中华人民共和国是工人阶级领导的、以工农联盟为基础的人民民主专政的社会主义国家，中华人民共和国一切权力属于人民。对人民负责，为人民服务，是我们党和国家机构的根本性质职能所在，也是我们党和国家机构先进性、优越性的根本性体现。一切国家机关工作人员，无论身居多高的职位，都必须牢记我们的共和国是中华人民共和国，始终要把人民放在心中最高的位置，始终全心全意为人民服务，始终为人民利益和幸福而努力工作。必须坚持人民主体地位，坚持立党为公、执政为民，贯彻党的群众路线，健全人民当家作主制度体系，完善为民谋利、为民办事、为民解忧、保障人民权益、倾听人民心声、接受人民监督的体制机制，为人民依法管理国家事务、管理经济文化事业、管理社会事务提供更有力的保障。新时代我国社会主要矛盾已经转化为人民日益增长的美好生活需要和不平衡不充分的发展之间的矛盾。深化党和国家机构改革着眼于加强重点领域民生工作，立足建立健全更加公平、更可持续的社会保障制度和公共服务体系，在教育文化、卫生健康、医疗保障、退役军人服务、移民管理服务、生态环保、应急管理等人民群众普遍关心的领域加大机构调整和优化力度，组建了一批新机构，强化政府公共服务、社会管理职能，以更好保障和改善民生、维护公共安全。

第三，坚持优化协同高效。优化协同高效不仅是深化党和国家机构改革的基本原则，也是衡量改革能否达到预期目标的重要标准。优化协同高效的关键在于理顺职责关系。优化就是机构职能要科学合理、权责一致，协同就是要有统有分、有主有次，高效就是要履职到位、流程通畅。深化党和国家机构改革涉及党政军群各方面，涉及经济体制、政治体制、文化体制、社会体制、生态文明体制和党的建设制度，职能划转和机构调整紧密相连，改革的内在关联性和互动性很强。每一项改革既会对其他改革产生影响，又需要相关改革配合，这就要求我们在优化机构设置和职能配置的同时，更加注重各项改革协同推进，加强党政军群各方面改革配合联动，使各项改革相互促进、相得益彰，形成总体效应,提高各类机构效率。党的有关机构可以同职能相近、联系紧密的其他部门统筹设置,实行合并设立或合署办公,使党和国家机构职能更加优化、权责更加协同、运行更加高效。推进国家治理体系和治理能力现代化,必须统筹考虑党和国家机构设置,科学配置党政机构职责,理顺同群团、事业单位的关系,协调并发挥各类机构职能作用,形成适应新时代发展要求的党政群、事业单位机构新格局。要统筹推进脖子以上机构改革和脖子以下机构改革,充分发挥中央和地方两个积极性,构建从中央到地方各级机构政令统一、运行顺畅、充满活力的工作体系。不同层级各有其职能重点,对那些由下级管理更为直接高效的事务,应该赋予地方更多自主权,这样既能充分调动地方积极性、因地制宜做好工作,又有利于中央部门集中精力抓大事、谋全局。要理顺中央和地方职责关系,中央加强宏观事务管理,地方在保证党中央令行禁止前提下管理好本地区事务,合理配置各层级间职能,构建简约高效的基层管理体制,保证有效贯彻落实党中央方针政策和国家法律法规。

第四,坚持改革和法治相统一。改革和法治如鸟之两翼、车之两轮,相辅相成、相伴而生。党的十八大以来,我们党坚持运用法治思维和法治方式推进改革。十八届三中全会和四中全会,分别就全面深化改革和全面依法治国作出战略部署,构成了相得益彰的姊妹篇,共同推动强国建设、民族复兴的伟大事业滚滚向前。深化党和国家机构改革,要做到改革和立法相统一、相促进,发挥法治规范和保障改革的作用,做到重大改革于法有据、依法依规进行。同时,要同步考虑改革涉及的立法问题,需要制定或修改法律的要通过法定程序进行,做到在法治下推进改革,在改革中完善法治。十三届全国人大一次会议批准《国务院机构改革方案》,同步部署研究改革涉法问题,及时以全国人大常委会决定形式对新组建机构履行职责进行法律授权,分批完成相关法律法规调整工作,做到重大改革于法有据。

媒体曾报道一位东部省份的省委书记感叹“看到这次改革方案,力度之大超出预料,有些过去有共识但没做成,有些过去想到了但做不成。”这充分体现了习近平总书记的魄力、勇气、担当。

全面深化改革立足国家整体利益、根本利益、长远利益进行全面部署。习近平总书记强调:“对党和人民事业有利的,对最广大人民有利的,对实现党和国家兴旺发达、长治久安有利的,该改的就要坚定不移改,这才是对历史负责、对人民负责、对国家和民族负责。”①文件起草突出了以下重要考虑的内容,一是适应新时代中国特色社会主义发展需要,落实党的十九大提出的深化党和国家机构改革的战略任务。二是以坚持和加强党的全面领导为主线,完善坚持党的全面领导的制度,把党的领导贯彻到党和国家机关全面正确履行职责各领域各环节。三是坚持统筹党政军群机构改革,站在新的历史起点上,突出改革的系统性、整体性、协同性。四是坚持问题导向,突出重要领域和关键环节,有什么问题就解决什么问题,看准的要下决心改,真正解决突出问题。五是坚持远近结合,既立足当前解决突出矛盾,也着眼长远解决体制机制问题。这份党和国家机构改革方案沉甸甸。

三、拉开帷幕:指导改革开放以来最大规模机构改革的纲领性文件出台

改革开放以来,党的三中全会聚焦改革形成惯例。与以往主要围绕经济体制改革不同,十九届三中全会聚焦深化机构改革。十九

① 《习近平谈治国理政》第1卷,外文出版社2018年版,第107页。

届三中全会于2018年2月26日至28日在北京举行。出席全会的有中央委员202人,候补中央委员171人。中央纪律检查委员会副书记和有关方面负责同志列席会议。全会听取和讨论了习近平总书记受中央政治局委托作的工作报告。全会审议通过了中央政治局在广泛征求党内外意见、反复酝酿协商的基础上提出的拟向十三届全国人大一次会议推荐的国家机构领导人员人选建议名单和拟向全国政协十三届一次会议推荐的全国政协领导人员人选建议名单,决定将这两个建议名单分别向十三届全国人大一次会议主席团和全国政协十三届一次会议主席团推荐。全会审议通过了《中共中央关于深化党和国家机构改革的决定》和《深化党和国家机构改革方案》,同意把《深化党和国家机构改革方案》的部分内容按照法定程序提交十三届全国人大一次会议审议。

全会审议通过的《中共中央关于深化党和国家机构改革的决定》管大方向,《深化党和国家机构改革方案》管具体施工。《决定》共分三大板块,导语和第一部分、第二部分构成第一板块,属于总论,主要阐述深化党和国家机构改革的重大意义、指导思想、目标原则。第三至七部分构成第二板块,属于分论,主要从完善党的全面领导的制度、优化政府机构设置和职能配置、统筹党政军群机构改革、合理设置地方机构、推进机构编制法定化等5个方面,部署深化党和国家机构改革的主要任务和重大举措。第八部分构成第三板块,讲组织领导,主要阐述加强对深化党和国家机构改革的领导,对贯彻落实提出原则要求。

《方案》对深化党和国家机构改革作出了整体部署。在完善党中央机构职能方面,组建国家监察委员会,加强和优化党中央决策议事协调机构,优化整合党中央直属的机关党建、教育培训、党史研究等机构设置,加强党中央职能部门的统一归口协调管理职能。

在完善国务院机构职能方面，组建自然资源部、生态环境部、农业农村部、文化和旅游部、国家卫生健康委员会、退役军人事务部、应急管理部、重新组建科学技术部、重新组建司法部、优化审计署职责、组建国家市场监督管理总局、重新组建国家知识产权局，组建国家广播电视总局、中央广播电视总台，组建中国银行保险监督管理委员会、国家国际发展合作署、国家医疗保障局、国家粮食和物资储备局、国家移民管理局、国家林业和草原局，改革国税地税征管体制，推进综合执法。

在全国人大、全国政协专门委员会设置方面，健全完善全国人大专门委员会设置，组建全国人大社会建设委员会，将全国人大内务司法委员会更名为全国人大监察和司法委员会，将全国人大法律委员会更名为全国人大宪法和法律委员会。增强人民政协界别的代表性，组建全国政协农业和农村委员会，将全国政协文史和学习委员会更名为全国政协文化文史和学习委员会，全国政协教科文卫体委员会更名为全国政协教科卫体委员会。

在跨军地改革方面，为全面落实党对人民解放军和其他武装力量的绝对领导，按照军是军、警是警、民是民原则，安排公安边防部队、公安消防部队、公安警卫部队退出现役，公安边防部队、警卫部队转为警察等等。对需要政府承接和配合的任务，要在国务院机构改革中做好统筹协调和有效衔接，结合这些武警部队的不同功能定位和专业特点，采取不同的改革方式，确定各自的管理体制和管理模式。

此外，方案还就继续深入推进群团改革、统筹推进地方机构改革提出了原则要求，明确了路线图、时间表。

全会公报指出，深化党和国家机构改革是推进国家治理体系和治理能力现代化的一场深刻变革。党和国家机构职能体系是中国特色社会主义制度的重要组成部分，是我们党治国理政的重要保障。深化党和国家机构改革,既要立足于实现第一个百年奋斗目标,针对突出矛盾,抓重点、补短板、强弱项、防风险,从党和国家机构职能上为决胜全面建成小康社会提供保障;又要着眼于实现第二个百年奋斗目标,注重解决事关长远的体制机制问题,打基础、立支柱、定架构,为形成更加完善的中国特色社会主义制度创造有利条件。

党和国家机构职能体系是中国特色社会主义制度的重要组成部分,是由党和国家管理活动各个环节、各个层面、各个领域的相互关系和内在联系构成的有机整体,既有机构层面的,也有职能层面的。要通过改革和完善党的领导体系、政府治理体系、武装力量体系、群团工作体系等,推动各类机构、各种职能相互衔接、相互融合,推动党和国家各项工作协调行动、高效运行,构建起适应新时代新任务要求的党和国家机构设置和职能配置基本框架。党总揽全局、协调各方的领导体系是居于统领地位的,是全覆盖、全贯穿的,人大、政府、政协、监察机关、审判机关、检察机关、人民团体、企事业单位、社会组织以及武装力量等在党的统一领导下,各就其位、各司其职、各尽其责、有序协同,保证中央和地方各级政令统一、运行顺畅、执行高效、充满活力。

全会还提出,深化党和国家机构改革的目标是,构建系统完备、科学规范、运行高效的党和国家机构职能体系,形成总揽全局、协调各方的党的领导体系,职责明确、依法行政的政府治理体系,中国特色、世界一流的武装力量体系,联系广泛、服务群众的群团工作体系,推动人大、政府、政协、监察机关、审判机关、检察机关、人民团体、企事业单位、社会组织等在党的统一领导下协调行动、增强合力,全面提高国家治理能力和治理水平。既要立足实现第一个百年奋斗目标,针对突出矛盾,抓重点、补短板、强弱项、防风险,从党和国家机构职能上为决胜全面建成小康社会提供保障;又要着眼于实现第二个百年奋斗目标,注重解决事关长远的体制机制问题，打基础、立支柱、定架构，为形成更加完善的中国特色社会主义制度创造有利条件。

深化党和国家机构改革的首要任务是，完善坚持党的全面领导的制度，加强党对各领域各方面工作领导，确保党的领导全覆盖，确保党的领导更加坚强有力。要建立健全党对重大工作的领导体制机制，强化党的组织在同级组织中的领导地位，更好发挥党的职能部门作用，统筹设置党政机构，推进党的纪律检查体制和国家监察体制改革。

转变政府职能，优化政府机构设置和职能配置，是深化党和国家机构改革的重要任务。要坚决破除制约使市场在资源配置中起决定性作用、更好发挥政府作用的体制机制弊端，围绕推动高质量发展，建设现代化经济体系，调整优化政府机构职能，合理配置宏观管理部门职能，深入推进简政放权，完善市场监管和执法体制，改革自然资源和生态环境管理体制，完善公共服务管理体制，强化事中事后监管，提高行政效率，全面提高政府效能，建设人民满意的服务型政府。

统筹党政军群机构改革，是加强党的集中统一领导、实现机构职能优化协同高效的必然要求。要统筹设置相关机构和配置相近职能，理顺和优化党的部门、国家机关、群团组织、事业单位的职责，完善党政机构布局，深化人大、政协和司法机构改革，深化群团组织改革，推进社会组织改革，加快推进事业单位改革，深化跨军地改革，增强党的领导力，提高政府执行力，激发群团组织和社会组织活力，增强人民军队战斗力，使各类机构有机衔接、相互协调。

治理好我们这样的大国，要理顺中央和地方职责关系，更好发挥中央和地方两个积极性。要统筹优化地方机构设置和职能配置，构建从中央到地方运行顺畅、充满活力、令行禁止的工作体系，中央加强宏观事务管理，地方在保证党中央令行禁止前提下管理好本地区事务，赋予省级及以下机构更多自主权,合理设置和配置各层级机构及其职能,增强地方治理能力,加强基层政权建设,构建简约高效的基层管理体制。机构编制法定化是深化党和国家机构改革的重要保障。要完善党和国家机构法规制度,依法管理各类组织机构,加快推进机构、职能、权限、程序、责任法定化,全面推行政府部门权责清单制度,规范和约束履职行为,让权力在阳光下运行,强化机构编制管理刚性约束,加大机构编制违纪违法行为查处力度。

海外媒体用“力度空前”“出乎预料”来评价此次改革,认为其影响面之广前所未有,触及利益之深更是前所未有。

路透社报道,作为多年来最大规模的政府机构改革方案的组成部分,中国将组建一系列新部委,包括一个新的农业农村部。这一改革方案是中国进行的更广泛改革的组成部分。中国国务院机构改革方案的具体内容在全国人大会议期间公布。新组建部委的负责人将在全国人大年度会议闭幕前宣布。中国政府将组建 7 个新部委,包括自然资源部、生态环境部、应急管理部、农业农村部、文化和旅游部、退役军人事务部、国家卫生健康委员会。中国还提出组建国家市场监督管理总局,该机构将承担此前由国家发展和改革委员会承担的价格监督检查职责,以及以前由商务部承担的经营者集中反垄断执法职责。

塔斯社报道,中国着手对国务院机构进行大规模改革,将组建数个新部门和机构。预计最近中国将出现至少三个新部门——自然资源部、退役军人事务部和应急管理部。根据改革方案,国务院还将同时成立几个新机构,包括国家移民管理局。预计改革将令中国国家管理体系更加灵活有效。中国组建国家移民管理局,意在加强移民管理。随着中国综合国力进一步提升,来华工作生活的外国人不断增加,对做好移民管理服务提出新要求。这一新机构将由公安部管理,负责出入境管理、外国人停留居留管理、难民管理以及非法移民遣返等。

《日本经济新闻》网站报道，中国银行业监督管理委员会和中国保险监督管理委员会将被整合到一起，组建中国银行保险监督管理委员会。为应对日益严重的环境问题，国务院还将组建生态环境部。中国以往根据不同业态，分别用不同机构来监管银行业、保险业、证券业，另外央行也有金融监管职能。由于四个机构横向联系弱，钻规定漏洞的金融衍生产品增多，金融市场风险加剧。对银行业和保险业的主管部门实施整合，就是为了防范漏洞。生态环境部除承接环境保护部的职责外，还要担负国家发展和改革委员会原来的有关应对气候变化和减排的职责。中国领导层把治理污染作为重大课题之一，提出在 2035 年基本实现“美丽中国”的目标。

美国《纽约时报》网站报道，中国表示，它计划对金融监管机构、环境监管机构及其他重要政府机构进行大幅改组。中国的一些机构长期重叠，有时发生冲突，阻碍政策的有效落实。在另一些变化中，国家对森林、草原和水资源的一部分管理职能将被赋予一个新成立的自然资源部。现有的环保机构将扩大为一个更大的生态环境部。中国的工业起飞和狂热的城市扩张使空气、水和土壤污染程度达到了危险水平，并加剧了土地和水资源紧张。改革方案提议设立两个部负责这些问题：一个是自然资源部，一个是生态环境部。自然资源部将获得城乡规划方面的权力，以及对水、草原、森林、湿地和海洋等资源的管理权力。新的生态环境部将接手之前由国土资源部承担的监督防止地下水污染职责。美国《华盛顿邮报》报道称，中国政府正在进行数十年来最大规模的结构调整。此次改组将国务院正部级机构的数量减少了 8 个。此举在一定程度上是为了精简政府机构，减少推诿扯皮。

埃菲社报道，在全国人大会议上，通过了国务院机构改革的方案。

根据该方案,国务院正部级机构将减少8个,副部级机构将减少7个。根据该方案,将不再保留监察部,该部将并入新组建的国家监察委员会。新组建的退役军人事务部将致力于维护军人军属合法权益,加强退役军人服务保障体系建设。新组建的应急管理部将负责应对自然灾害和生产安全事故。其他重组内容还包括组建文化和旅游部,不再保留文化部、国家旅游局;组建自然资源部,不再保留国土资源部、国家海洋局等相关机构;新组建的生态环境部将比原有的环境保护部拥有更多职能;组建农业农村部,不再保留农业部;重新组建的科学技术部也将增加一些职能。根据改革方案,还将组建国家移民管理局,其主要职责包括负责出入境管理、外国人停留居留和永久居留管理等。

时事社报道指出,中国领导层寻求解决党和国家机构职能体系中存在的障碍和弊端,强化监管体制。这是中国时隔5年再次实施大规模政府机构改革。这一机构改革方案将在全国人大会议上进行表决。

俄新社报道,中国国务院机构改革方案的议案已提交中国的最高立法机关审议。该方案意在更新和优化政府结构、提高效率,适应民众的切实需求。中国一年一度的国内政治大事即两会在北京举行。两会期间将通过一系列新的改革方案,这些方案将在很大程度上影响国家未来的政治生活。

四、改革任务总体完成:党和国家组织结构和管理体制的一次系统性、整体性重构

十九届三中全会一闭幕,深化党和国家机构改革的各项工作就迅速进入状态,陆续展开。为确保机构改革在党中央的直接领导下有序推进,中央成立了深化党和国家机构改革协调小组,负责指导协调督促

中央一级新机构的组建工作、审批部门“三定”规定和省级机构改革方案、统筹协调和研究解决改革实施工作中的重大问题。在协调小组领导下，对应成立了9个专项协调小组，分别牵头统筹归口领域改革工作，协调处理有关问题，及时向协调小组报告进展情况和重大问题。具体改革任务，则分配到相关部门，以部门为主体统筹进行，推进落实具体工作。有统有分、统分结合、承上启下，中央层面建立起了一套条理清晰、逻辑严密的机构改革领导体制和工作机制，保证了改革思想一致、认识一致、步调一致。

2018年3月24日，深化党和国家机构改革推进会在京召开。会议明确要求，各专项小组、各部门要尽快制定机构改革组织实施工作方案，包括转隶、集中办公、挂牌、拟订“三定”、文件收发、印章启用、经费和资产处置、档案移交等各个环节的具体安排，以此为各自机构改革组织实施的具体施工图和时间表。中央和国家机关机构改革要在2018年底前落实到位；省级党政机构改革方案要在2018年9月底前报党中央审批，2018年底前机构调整基本到位；省以下党政机构改革由省级党委统一领导，在2018年底前报党中央备案。所有地方党政机构改革任务在2019年3月底前基本完成。

机构改革协调小组先后召开3次小组会议和3次改革推进会议，协调解决重大问题、重大分歧180余件次，确保机构改革始终沿着正确方向推进。各地区各部门坚决落实党中央部署要求，加大统的力度、明确改的章法、做好人的工作、执行严的纪律，对照改革路线图、时间表，抓方向、抓机制、抓关键、抓难点、抓制度、抓法治、抓纪律，推动改革蹄疾步稳向前推进。

在改革实施期间，习近平总书记自始至终关心指导，亲力亲为，亲自审定了改革组织实施方案和各部门工作方案，亲自签批各部门“三定”规定,亲自协调重大政策问题,涉及各类文件多达190多件。在一些改革的关键时刻、关键问题上,习近平总书记果断拍板、一锤定音。中央政治局常委会两次召开会议,听取中央层面和地方机构改革组织实施情况汇报,及时总结工作经验,部署改革后续进程。

坚持“先立后破、不立不破”原则,确保改革有条不紊进行,各项工作平稳衔接。习近平总书记强调,要把握好“立”和“破”的承接顺序和辩证关系。“立”的工作要做在“破”前,没有“立”住之前,不要急于“破”。一方面,“立”得住,才能“破”得好;另一方面,只有彻底“破”,才能为更好“立”创造条件。①

根据这一重要原则,各部门在改革进程中及时衔接、迅速到位,努力做到改革、工作两不误,确保改革不停步、工作不间断。

《深化党和国家机构改革方案》全文公布后仅两天,新组建的国家监察委员会正式揭牌运行。这被外界视作新一轮党和国家机构改革全面铺开的标志。2018年4月20日,随着公安部消防局机关及直属单位全部完成转隶移交,深化党和国家机构改革方案涉及的部门全部完成转隶组建、挂牌、集中办公和以新机构名义开展工作;9月13日,《海南省机构改革方案》印发,成为首个获得党中央批准的省级机构改革方案;11月11日,上海市委和市政府召开机构改革动员会,明确机构改革任务书,我国31个省份机构改革方案至此全部“出炉”并对外公布;2019年3月底,按照党中央确定的时间表、路线图,机构改革各项任务总体完成。

一组数据,形象地展现出这场改革取得的整体成果:

中央和国家机关层面,机构改革涉及180多万人,涉及管理体制、

① 《扬帆破浪再启航——以习近平同志为核心的党中央推进党和国家机构改革纪实》,《人民日报》2019年7月7日。

机构设置、职责和人员调整的部门达80多个；新组建党中央决策议事协调机构3个、更名4个，不再保留党中央议事协调机构4个、国务院议事协调机构2个，组建和重新组建部级机构25个，调整优化领导管理体制和职责部级机构31个。其中，核减部级机构21个，核减班子正副职数58名；减少设置部长助理部门9个，减少职数25名。

中央层面有39个部门重新制定了“三定”规定、25个部门调整了职责。重新制定“三定”规定的部门，同划入基数相比，共精简内设机构107个，精简15.4%；精简司局领导职数274名，精简10.8%；精简编制713名，精简3.1%。地方省级层面，党政机构较改革前减少8个，减少0.43%；行政编制减少1343名，减少0.6%。市级层面，党政机构减少1501个，减少7.23%；行政编制减少461名，减少0.03%。县级层面，党政机构减少5362个，减少5.26%；行政编制减少3092名，减少0.14%。

更深层次的，则是数据背后党和政府机构设置职能配置的深刻调整和全面优化：

党中央职能部门、办事机构、派出机关和直属事业单位设置进一步优化，党政职责关系进一步理顺。全国人大和全国政协及其省级人大、政协专门委员会设置得到优化。国务院机构优化调整，经济调节、市场监管、社会管理、公共服务、生态环境保护职能得到加强。按照一类事项原则上由一个部门统筹、一件事情原则上由一个部门负责，重点对自然资源确权登记、国土空间规划、城乡污染排放监管、农业投资项目管理、反垄断执法、城乡医疗保障、退役军人服务保障、应急管理、援外工作协调、自然保护区监管、国家物资储备等职责作了调整优化，解决了60多项长期存在的部门职责交叉、关系不顺事项。统筹推进部门所属事业单位、派出机构整合划转，将事业单位承担的行政职能划归行政机关。国地税征收管理体制改革顺利完成。有序推进市场监管、生态环境保护、文化、交通运输、农业等领域综合执法改革，大幅减少执法队伍种类。

"深化党和国家机构改革，转变和优化职责是关键。"习近平总书记主持召开中央全面深化改革委员会第一次会议，会议明确要求，"要在改职责上出硬招，不光是改头换面，还要脱胎换骨，切实解决多头分散、条块分割、下改上不改、上推下不动的问题，确保党中央令行禁止。"

随着深化党和国家机构改革的全面启动，标志着全面深化改革进入了一个新阶段，改革将进一步触及深层次利益格局的调整和制度体系的变革，改革的复杂性、敏感性、艰巨性更加突出。习近平总书记强调，要加强和改善党对全面深化改革统筹领导，紧密结合深化机构改革推动改革工作。2018 年 3 月 28 日，即《深化党和国家机构改革方案》对外发布一周之后，习近平总书记主持召开中央全面深化改革委员会第一次会议。将中央深改领导小组升格为中央深改委员会，这本身就是《深化党和国家机构改革方案》中的一项重要内容。机构改革期间，中央深改委共召开 8 次会议，审议通过近 100 个改革文件。除中央深改委外，这次机构改革还将中央网络安全和信息化领导小组、中央财经领导小组、中央外事工作领导小组分别改为委员会，组建中央全面依法治国委员会、中央审计委员会等，进一步加强了党对涉及党和国家事业全局的重大工作的集中统一领导，强化了决策和统筹协调能力。

理顺党政机构职责关系，统筹设置党政机构，减少多头管理，减少职责交叉，是这次机构改革的一个重要考虑。党中央调整了相关党政机构设置和职能配置，把政府有关机构职能并入党的职能部门或由其统一归口领导，或在党的职能部门加挂牌子、由其承担某个方面行政职责,以发挥好党的职能部门统一归口协调管理职能,统筹本领域重大工作。

部门挂牌是以新机构名义对外开展工作的重要标志性动作。牌子挂不挂、怎么挂,党中央作了统一研究和部署,对牌子的样式、字体、材质、悬挂位置等提出了规范性要求。对党中央职能部门加挂政府机构牌子也作了规范,要求实质性挂牌。比如,中央组织部加挂国家公务员局牌子,中央宣传部加挂国家新闻出版署、国家版权局、国家电影局牌子,中央统战部加挂国务院侨务办公室、国家宗教事务局牌子等。这样做是为了让人知晓、以便公干,使党的机构更好履行承担相关行政职责。

在这次机构改革中,党对军队的绝对领导得到有效贯彻落实。按照军是军、警是警、民是民原则,将列武警部队序列、国务院部门领导管理的现役力量全部退出武警,理顺武警部队领导管理和指挥使用关系。改革后,武警海关执勤兵力整体撤收,海警部队整体划归武警部队领导指挥。武警消防、森林部队成建制划归应急管理部,组建国家综合性消防救援队伍。武警黄金部队整体移交自然资源部,转隶组建为中国地质调查局自然资源综合调查指挥中心和 13 个专业地质调查中心,承担国家基础性公益性地质工作任务和多金属矿产勘查任务。武警水电部队转制为中国安能建设集团,成为央企“新兵”。公安边防、警卫部队换装和入警,以人民警察的崭新形象踏上工作岗位,继续肩负维护国家安全和社会稳定的职责使命。

2019 年 7 月,习近平总书记在深化党和国家机构改革总结会议上指出:“机构改革是对党和国家组织结构和管理体制的一次系统性、整体性重构。我们整体性推进中央和地方各级各类机构改革,重构性健全党的领导体系、政府治理体系、武装力量体系、群团工作体系,系统性增强党的领导力、政府执行力、武装力量战斗力、群团组织活力，解决了许多长期想解决而没能解决的难题，理顺了不少多年想理顺而没有理顺的体制机制，适应新时代要求的党和国家机构职能体系主体框架初步建立，为完善和发展中国特色社会主义制度、推进国家治理体系和治理能力现代化提供了有力组织保障。”①实践证明，党中央关于深化党和国家机构改革的战略决策是完全正确的，改革的组织实施是坚强有力的，充分体现出全党高度的思想自觉、政治自觉、行动自觉，充分反映出党的十八大以来全面从严治党产生的良好政治效应，充分彰显党的集中统一领导和我国社会主义制度的政治优势。

退役军人事务部正式挂牌运转、英雄烈士保护法在全国人大常委会上全票通过、沈阳网民发布侮辱因公牺牲民警的言论被依法批捕……一系列重视英烈、关切退役军人的举措，回应着广大民众让“最可爱的人”不再流血又流泪的心声。

深化党和国家机构改革，是一场自我革命。早在启动之初，习近平总书记就定下了基调，深化党和国家机构改革是要动奶酪的、是要触动利益的、是真刀真枪的，也是需要拿出自我革新的勇气和胸怀的。

调动中央和地方两个积极性，一直以来是改革的重点。中央和地方关系历来是我国政治生活中一对举足轻重的关系。1956 年 4 月，毛泽东在《论十大关系》的重要报告中指出，“应当在巩固中央统一领导的前提下，扩大一点地方的权力，给地方更多的独立性，让地方办更多的事情。这对我们建设强大的社会主义国家比较有利。我们的国家这样大，人口这样多，情况这样复杂，有中央和地方两个积极性，比只有一个积极性好得多。”发挥好两个积极性，始终是我们在处理中央和地方

① 中共中央党史和文献研究院编：《十九大以来重要文献选编》（中），中央文献出版社 2021 年版，第 129 页。

关系时把握的根本原则。

深化地方党政机构改革，要维护党中央权威和集中统一领导，这是保证全国政令畅通的内在要求。我们是单一制国家，地方各级党委和政府首先要确保党中央决策部署落到实处。我们的国家性质和地方的职责特点决定了，省市县各级主要机构设置必须同中央保持基本对应，不能搞得五花八门。同时，在上下对应设置的机构之外，各地可以在一些领域因地制宜设置机构，适应社会管理和公共服务需要，充分发挥地方积极性。近几年，一些部门干预地方机构设置，有的以项目、资金来控制，有的通过考核、检查来控制，还有的直接给书记和省长打招呼。这些部门的出发点是维护"条条"的完整性，也是为了把本系统工作做好，但不能不顾工作全局、妨害地方积极性。对此，习近平总书记强调："除了党中央授权的部门外，今后任何部门不得以任何形式干预地方机构设置。"①

推进国家治理体系和治理能力现代化，改革力求调动中央和地方两个积极性。决定提出，确保集中统一领导；赋予省级及以下机构更多自主权；构建简约高效的基层管理体制；规范垂直管理体制和地方分级管理体制。决定明确，上级机关要优化对基层的领导方式，既允许"一对多"，由一个基层机构承接多个上级机构的任务；也允许"多对一"，由基层不同机构向同一个上级机构请示汇报，突出体现了原则坚定，措施灵活。基层干部普遍反映，改革正在破解"上面千根线下面一根针"的问题，保证基层事情基层办、基层权力给基层、基层事情有人办，努力实现让群众办事"只进一扇门""最多跑一次"，必将激发基层更大的活力，也对基层干部的能力有了更高的要求。

---

① 习近平：《论坚持人民当家作主》，中央文献出版社 2021 年版，第 226 页。

正确理解和把握坚持社会主义市场经济改革方向要求，使市场在资源配置中起决定性作用、更好发挥政府作用。改革开放以来的历次机构改革都围绕经济体制改革要求，不断推进政企分开、政资分开、政事分开、政社分开，有力推动了改革开放和社会主义现代化建设。当前，制约我国高质量发展的体制机制障碍还不少，经济体制改革潜力有待进一步释放。要在保持经济社会大局稳定的前提下加快改革步伐，着力构建市场机制有效、微观主体有活力、宏观调控有度的经济体制，为高质量发展提供制度保障。

此次深化党和国家机构改革，对宏观管理、市场监管领域的机构和职能进行了大幅调整优化，以充分发挥市场和政府各自优势，努力使市场作用和政府作用有机统一、相互补充、相互协调、相互促进、推动更高质量、更有效率、更加公平、更可持续的发展。这次改革强调要减少微观管理事务和具体审批事项，最大限度减少政府对市场资源的直接配置，最大限度减少政府对市场活动的直接干预，目的是通过改革实现产权有效激励、要素自由流动、价格反应灵活、竞争公平有序、企业优胜劣汰，让各类市场主体有更多活力和更大空间去发展经济、创造财富，实现资源配置效益最大化和效率最优化。

使市场在资源配置中起决定性作用，不是说政府就无所作为，而是必须有所为、有所不为。我国实行的是社会主义市场经济体制，要坚持发挥我国社会主义制度优越性，发挥党和政府积极作用，管好那些市场管不了或管不好的事情。在创新和完善宏观调控方面，这次改革对宏观部门调整较大，减少了微观管理事务和具体审批事项。宏观调控部门要把主要精力真正转到抓宏观上来，健全宏观调控体系，发挥国家发展规划的战略导向作用，健全财政、货币、产业、区域等经济政策协调机制，提高宏观调控的前瞻性、针对性、协同性。在加强市场监管方面，这次改革统筹考虑当前突出问题和未来发展需要，作出了市场监管体制改革顶层设计，组建国家市场监管总局，整合了工商、质监、食品药品监管部门的主要职责，对推进市场监管综合执法提出明确要求，集中管理反垄断统一执法和知识产权保护。这些举措将降低制度性交易成本，为经济社会发展提供更为强大的驱动力。

第十章　二十届三中全会:开辟中国式现代化广阔前景

2024年7月15日至18日,党的二十届三中全会在北京举行。出席这次全会的有,中央委员199人,候补中央委员165人。中央纪律检查委员会常务委员会委员和有关方面负责同志列席会议。党的二十大代表中部分基层同志和专家学者也列席了会议。全会由中央政治局主持,习近平总书记作了重要讲话。全会听取和讨论了习近平总书记受中央政治局委托所作的工作报告,审议通过了《中共中央关于进一步全面深化改革、推进中国式现代化的决定》。习近平总书记就《决定(讨论稿)》向全会作了说明。

一、全会召开的背景:以中国式现代化全面推进强国建设、民族复兴伟业的关键时期

党的十八大以来,中国特色社会主义进入新时代。十八届三中全会正式拉开新时代全面深化改革的大幕,对改革作出全面部署。习近平总书记亲自谋划、亲自领导改革工作,主持召开72次中央全面深化改革委员会(领导小组)会议,审议重大改革方案,推动改革落实,

为全面深化改革提供了坚强有力的领导保障。在以习近平同志为核心的党中央坚强领导下，经过全党全军全国各族人民共同努力，十八届三中全会确定的改革任务总体完成。

当前和今后一个时期是以中国式现代化全面推进强国建设、民族复兴伟业的关键时期。《决定》指出，中国式现代化是在改革开放中不断推进的，也必将在改革开放中开辟广阔前景。《决定》在阐述“进一步全面深化改革的重要性和必要性”时，提出“六个必然要求”，既集中概括了推进中国式现代化面临的形势，又深刻阐明了进一步全面深化改革对推进中国式现代化的重大意义。

第一，进一步全面深化改革是坚持和完善中国特色社会主义制度、推进国家治理体系和治理能力现代化的必然要求。中国特色社会主义制度是当代中国发展进步的根本制度保障。党的十八大以来，以习近平同志为核心的党中央围绕完善和发展中国特色社会主义制度、推进国家治理体系和治理能力现代化总目标全面深化改革，推动我国国家制度和治理体系建设取得重大成效。同时要深刻认识到，中国特色社会主义制度的完善是一个动态的历史过程，需要通过进一步全面深化改革固根基、扬优势、补短板、强弱项，推动各项制度更加完善，把我国制度优势更好转化为国家治理效能。

第二，进一步全面深化改革是贯彻新发展理念、更好适应我国社会主要矛盾变化的必然要求。高质量发展是全面建设社会主义现代化国家的首要任务，而不断深化体制机制改革则是推动高质量发展的重要条件。党的十八大以来，以习近平同志为核心的党中央把握我国社会主要矛盾变化，立足新发展阶段，提出和贯彻新发展理念，加快构建新发展格局，着力推进关系我国发展全局的深刻变革，推动高质量发展不断取得重大进展。当前，以新发展理念指引推动高质量发展依然面临不少体制机制障碍和卡点堵点，需要通过进一步全面深化改革来有效破解，为实现中国式现代化加油赋能。

第三，进一步全面深化改革是坚持以人民为中心、让现代化建设成果更多更公平惠及全体人民的必然要求。全体人民共同富裕是中国式现代化的本质特征，也是区别于西方现代化的显著标志。党的十八大以来，以习近平同志为核心的党中央坚持以人民为中心，采取有力措施保障和改善民生，打赢脱贫攻坚战，全面建成小康社会，为促进共同富裕创造了良好条件。当前，我们要扎实推进共同富裕，面临许多涉及深层次利益关系调整的复杂难题，必须通过进一步全面深化改革来建立健全同促进全体人民共同富裕相适应的制度体系，使人民获得感、幸福感、安全感更加充实、更有保障、更可持续。

第四，进一步全面深化改革是应对重大风险挑战、推动党和国家事业行稳致远的必然要求。中国式现代化是强国建设、民族复兴的康庄大道，但康庄大道不等于一马平川。当前，我国发展进入战略机遇和风险挑战并存、不确定难预料因素增多的时期，需要应对的风险挑战、需要防范化解的矛盾问题比以往更加严峻复杂。在这种条件下推进中国式现代化，必须准确识变、科学应变、主动求变，善于转危为安、化危为机。最根本的还是要向改革要办法，以改革提前量应对各种风险变量，依靠健全的治理体系和强大的治理能力战胜前进道路上的各种风险挑战。

第五，进一步全面深化改革是推动构建人类命运共同体、在百年变局加速演进中赢得战略主动的必然要求。在坚定维护世界和平和发展中谋求自身发展，又以自身发展更好维护世界和平和发展，推动构建人类命运共同体，是中国式现代化的突出特征。当前，世界百年未有之大变局加速演进，进入新的动荡变革期，我国发展面临的外部环境日益严峻。我们要在激烈的国际竞争特别是大国博弈中赢得战略主动，就必须进一步全面深化改革,健全落实“中国主张”“中国倡议”和维护中国主权、安全、发展利益的制度安排,不断提升我国国际影响力、感召力、塑造力,为推进中国式现代化营造良好外部环境。

第六,进一步全面深化改革是深入推进新时代党的建设新的伟大工程、建设更加坚强有力的马克思主义政党的必然要求。党的领导直接关系中国式现代化的根本方向、前途命运、最终成败。推进中国式现代化必须毫不动摇地坚持党的全面领导。打铁还须自身硬。坚持党的领导,就必须深入推进新时代党的建设新的伟大工程,坚定不移推进党的自我革命。党的十八大以来,以习近平同志为核心的党中央以巨大政治勇气坚定不移推进全面从严治党,党在革命性锻造中更加坚强。同时,我们党还面临着一系列需要持续深入解决的大党独有难题,要求我们用改革精神和严的标准管党治党,健全全面从严治党体系,确保党始终成为中国特色社会主义事业的坚强领导核心。

2024 年 4 月 30 日,中央政治局召开会议,决定 7 月在北京召开二十届三中全会,重点研究进一步全面深化改革、推进中国式现代化问题。

二、《决定》的起草:承载历史使命、汇聚党心民意

“党的二十大之后,我一直在思考进一步全面深化改革问题。改革开放后,党的历届三中全会都是研究改革。这一次改革,我们将紧扣推进中国式现代化主题。”习近平总书记亲自担任文件起草组组长,全程擘画、组织调研、精心指导、把脉定向。

全会文件起草自 2023 年隆冬之时,延续到 2024 年的盛夏时节,历时 7 个多月。

2023年11月,中共中央政治局常委会、中共中央政治局先后召开会议,作出一项意义重大、影响深远的重大决策——党的二十届三中全会重点研究进一步全面深化改革、推进中国式现代化问题并作出决定。同时,成立党的二十届三中全会文件起草组,由习近平总书记担任组长,王沪宁、蔡奇、丁薛祥同志担任副组长,在中央政治局常委会领导下承担文件起草工作。

12月8日,习近平总书记在中南海主持召开党的二十届三中全会文件起草组第一次全体会议。文件起草工作正式启动。面对在场的70多名文件起草组同志,习近平总书记提出明确要求:"党中央把起草党的二十届三中全会文件这项重大任务交给大家,是对大家的充分信任,也是大家的荣誉和责任。""希望大家以对党忠诚、高度负责的精神,同心协力、扎实工作,完成党中央交给的全会文件起草任务。"

在决定稿起草过程中,重点把握了五点。一是总结和运用改革开放以来特别是新时代全面深化改革的宝贵经验,确定遵循原则,坚持正确政治方向。二是紧紧围绕推进中国式现代化、落实党的二十大战略部署来谋划进一步全面深化改革,坚持问题导向。三是抓住重点,突出体制机制改革,突出战略性、全局性重大改革,突出经济体制改革牵引作用,凸显改革引领作用。四是坚持人民至上,从人民整体利益、根本利益、长远利益出发谋划和推进改革。五是强化系统集成,加强对改革整体谋划、系统布局,使各方面改革相互配合、协同高效。

此后的200多个日日夜夜,文件起草组持续深入学习领会习近平新时代中国特色社会主义思想特别是习近平总书记关于全面深化改革的一系列新思想、新观点、新论断,研究思考如何将习近平总书记思想、党中央意图、新时代要求通过进一步全面深化改革落实到位。他们深入调查研究，广泛征求意见，开展专题论证，反复讨论修改，全力以赴拿出一份能够在新时代新征程上凝聚起全党全国各族人民磅礴力量的改革文件。7个多月时间里，对决定稿认真推敲、细致打磨，过程稿多达38次。从重大论断、重大举措，到文字表述、遣词用句，力争务实严谨、精准到位。

习近平总书记指出："党中央作出重大决策、制定重要文件，都深入调研，广泛听取各方面意见，这是我们党的一贯做法和优良传统。"这次全会文件起草，就把发扬民主、集思广益贯穿全过程。

11月27日，党中央发出通知，就二十届三中全会议题在党内一定范围征求意见。同时，通过一定方式征求部分党外人士意见和建议。不久，111份意见和建议从四面八方汇集而来。

大家一致认为，党中央决定二十届三中全会重点研究进一步全面深化改革、推进中国式现代化问题，彰显了将改革进行到底的坚强决心和强烈使命担当，是对新时代新征程举什么旗、走什么路的再宣示，对以中国式现代化全面推进强国建设、民族复兴伟业具有重大而深远的意义。各地区各部门各方面就文件主题、框架、重要举措等提出许多有价值的建议，为决定稿起草提供了重要参考。

按照习近平总书记的要求和党中央安排，文件起草组认真开展调查研究，在调研中进一步深入思考、消化吸收，汇聚各方面智慧，形成更集中的改革聚焦点。

12月，召开全会重点课题调研部署会议，安排55家中央有关部门和单位就38个重点课题进行调研，此后形成78份调研报告；同时，组成16个调研组，赴各省区市、新疆生产建设兵团和中央有关部门、单位调研。

12月下旬起，就全会议题上门听取党和国家有关领导同志以及省部级主要领导同志的意见,一对一单独访谈,并形成一人一稿的访谈记录。

习近平总书记对党和国家领导同志意见及省部级主要负责同志访谈报告逐一审看,对重要意见建议还作了批注。

习近平总书记强调,全会决定“应该是一个能够对进一步全面深化改革起到全局性、引领性作用的文件,必须更加突出重点,把重心放在事关中国式现代化具有战略性的重大改革举措上”。他要求,“一般性改革举措不写、发展性举措不写、中央已经部署正在实施的改革举措不写,力争让决定稿的改革成色更足、改革味更浓”。

从习近平总书记重要讲话、相关重要文件、各地区各部门各单位反馈意见建议、专题调研报告、访谈材料、课题研究报告等材料中,系统梳理有关领域的重要改革举措,汇总形成改革举措台账和清单,为决定稿的起草提供坚实的理论和实践依据。

经反复比选、研究论证,在突出战略性、前瞻性的同时,注重改革举措的针对性、可操作性,将党和国家事业发展最需要、人民群众最期盼、对推进经济社会发展最紧迫、现实条件最具备的重大改革举措纳入文件。

根据习近平总书记关于做好重要改革举措研究论证的重要指示要求,先后就 21 项改革举措,委托 53 家部门和单位组织论证,并根据论证结果甄别遴选。对于共识度较高的改革举措,相关部门和单位均表示赞成的,果断纳入;对于共识度较高、但在具体表述上需要进一步完善的改革举措,根据相关意见建议认真研究吸收,对表述进行修改完善。

2024 年 5 月 7 日,决定征求意见稿下发,广泛征求各方面意见。

5 月 20 日,习近平总书记主持召开党外人士座谈会,听取各民主党派中央、全国工商联负责人和无党派人士代表对决定稿的意见和建议。会上，习近平总书记认真记录、不时插话，同大家深入交流。会议结束时，习近平总书记叮咛："今天的座谈会后，大家可以继续深入思考和研究，把各领域值得关注的情况和各方面反映较为集中的意见建议汇集起来，及时向中共中央反映，为开好中共二十届三中全会作出积极贡献。"①

5月23日，习近平总书记又在山东济南主持召开企业和专家座谈会，听取大家就深化电力体制改革、发展风险投资、用科技改造提升传统产业、优化外资企业营商环境等方面的意见建议。出席座谈会的企业代表中不仅有国有企业、民营企业代表，还有外资企业代表，改革文件的出台汇聚起最广泛的民意和智慧。

大家一致认为，决定稿紧紧围绕推进中国式现代化这个主题擘画进一步全面深化改革战略举措，坚持正确政治方向，着力抓住推进中国式现代化需要破解的重大体制机制问题谋划改革，主题鲜明，重点突出，举措务实可行，是新时代新征程上推动全面深化改革向广度和深度进军的总动员、总部署，充分体现了完善和发展中国特色社会主义制度、推进国家治理体系和治理能力现代化的历史主动，必将为中国式现代化提供强大动力和制度保障。

截至5月30日，各地区各部门各方面共提出修改意见和建议1911条，扣除重复意见后为1756条，其中原则意见135条，具体修改意见1621条。文件起草组认真研究这些意见和建议，能吸收尽量吸收，作出221处修改。

在起草工作过程中，习近平总书记3次主持召开中央政治局常委

① 《又踏层峰辟新天——〈中共中央关于进一步全面深化改革、推进中国式现代化的决定〉诞生记》，《人民日报》2024年7月23日。

会会议、2 次主持召开中央政治局会议审议全会有关文件，精心审阅批改文件起草组上报的每一稿，多次作出重要指示批示，形成了提请全会审议的决定稿。

以 6 月 27 日的中央政治局会议为例，会议听取了《中共中央关于进一步全面深化改革、推进中国式现代化的决定》稿在党内外一定范围征求意见的情况报告，决定根据这次会议讨论的意见进行修改后将文件稿提请二十届三中全会审议。会议指出，这次征求意见充分发扬党内民主、集思广益，各地区各部门各方面对决定稿给予充分肯定，认为决定稿深入分析了推进中国式现代化面临的新情况新问题，科学谋划了围绕中国式现代化进一步全面深化改革的总体部署，是指导新征程上进一步全面深化改革的纲领性文件，充分体现了以习近平同志为核心的党中央完善和发展中国特色社会主义制度、推进国家治理体系和治理能力现代化的历史主动，以进一步全面深化改革开辟中国式现代化广阔前景的坚强决心。这次会议还对进一步全面深化改革的总目标、原则和坚持党中央对进一步全面深化改革的集中统一领导，予以重点强调。

7 月 15 日上午，这份承载历史使命、汇聚党心民意的文件，摆放在了出席二十届三中全会的各位同志面前。习近平总书记就《决定（讨论稿）》向全会作了说明。出席全会的 199 名中央委员、165 名候补中央委员，还有列席会议的同志，分成 10 个组，深入交流讨论、提出意见建议。经过充分讨论，与会同志共提出修改意见 205 条。文件起草组根据这些意见建议，对讨论稿提出修改建议。7 月 17 日晚，习近平总书记主持召开中央政治局常委会会议，听取全会各组讨论情况汇报和文件起草组修改建议，对决定稿作出 25 处修改。形成的修改稿于 7 月 18 日上午再次提交全会分组征求意见，之后又作出 2

处修改，形成《决定》草案。

7月18日下午，全会审议通过《中共中央关于进一步全面深化改革、推进中国式现代化的决定》。这是十八届三中全会以来全面深化改革的实践续篇，也是新征程推进中国式现代化的时代新篇。

三、《决定》的主要内容：对进一步全面深化改革作出系统部署

决定稿除引言和结束语外，有15个部分，分三大板块。第一部分为第一板块，是总论，主要阐述进一步全面深化改革、推进中国式现代化的重大意义和总体要求。第二至第十四部分为第二板块，是分论，主要从经济、政治、文化、社会、生态文明、国家安全、国防和军队等方面部署改革。第十五部分为第三板块，主要讲加强党对改革的领导、深化党的建设制度改革、党风廉政建设和反腐败斗争。内容条目通篇排序，开列60条。

《决定》第一部分是“进一步全面深化改革、推进中国式现代化的重大意义和总体要求”。这一部分阐明了进一步全面深化改革的重要性和必要性，进一步全面深化改革的指导思想，进一步全面深化改革的总目标，进一步全面深化改革的原则。

关于“进一步全面深化改革的指导思想”。《决定》提出，坚持马克思列宁主义、毛泽东思想、邓小平理论、“三个代表”重要思想、科学发展观，全面贯彻习近平新时代中国特色社会主义思想，深入学习贯彻习近平总书记关于全面深化改革的一系列新思想、新观点、新论断，完整准确全面贯彻新发展理念，坚持稳中求进工作总基调，坚持解放思想、实事求是、与时俱进、求真务实，进一步解放和发展社会生产力、激

发和增强社会活力,统筹国内国际两个大局,统筹推进“五位一体”总体布局,协调推进“四个全面”战略布局,以经济体制改革为牵引,以促进社会公平正义、增进人民福祉为出发点和落脚点,更加注重系统集成,更加注重突出重点,更加注重改革实效,推动生产关系和生产力、上层建筑和经济基础、国家治理和社会发展更好相适应,为中国式现代化提供强大动力和制度保障。

关于“进一步全面深化改革的总目标”。《决定》确定了进一步全面深化改革的总目标,这就是“继续完善和发展中国特色社会主义制度,推进国家治理体系和治理能力现代化。到二〇三五年,全面建成高水平社会主义市场经济体制,中国特色社会主义制度更加完善,基本实现国家治理体系和治理能力现代化,基本实现社会主义现代化,为到本世纪中叶全面建成社会主义现代化强国奠定坚实基础”。

为了实现总目标,《决定》提出“七个聚焦”的分领域改革目标:一是聚焦构建高水平社会主义市场经济体制,充分发挥市场在资源配置中的决定性作用,更好发挥政府作用,坚持和完善社会主义基本经济制度,推进高水平科技自立自强,推进高水平对外开放,建成现代化经济体系,加快构建新发展格局,推动高质量发展。二是聚焦发展全过程人民民主,坚持党的领导、人民当家作主、依法治国有机统一,推动人民当家作主制度更加健全、协商民主广泛多层制度化发展、中国特色社会主义法治体系更加完善,社会主义法治国家建设达到更高水平。三是聚焦建设社会主义文化强国,坚持马克思主义在意识形态领域指导地位的根本制度,健全文化事业、文化产业发展体制机制,推动文化繁荣,丰富人民精神文化生活,提升国家文化软实力和中华文化影响力。四是聚焦提高人民生活品质,完善收入分配和就业制度,健全社会保障体系,增强基本公共服务均衡性和可及性,推动人的全面发展、全体人民共同富裕取得更为明显的实质性进展。五是聚焦建设美丽中国，加快经济社会发展全面绿色转型，健全生态环境治理体系，推进生态优先、节约集约、绿色低碳发展，促进人与自然和谐共生。六是聚焦建设更高水平平安中国，健全国家安全体系，强化一体化国家战略体系，增强维护国家安全能力，创新社会治理体制机制和手段，有效构建新安全格局。七是聚焦提高党的领导水平和长期执政能力，创新和改进领导方式和执政方式，深化党的建设制度改革，健全全面从严治党体系。同十八届三中全会提出的分领域改革目标相比，增加了国家安全领域改革的目标，进一步凸显改革的全面性、系统性。

对于《决定》提出的改革任务，《决定》设置了时间期限，强调“到二〇二九年中华人民共和国成立八十周年时，完成本决定提出的改革任务”。

关于“进一步全面深化改革的原则”。《决定》深刻总结改革开放以来特别是新时代全面深化改革的宝贵经验，提出“六个坚持”的原则：一是坚持党的全面领导，坚定维护党中央权威和集中统一领导，发挥党总揽全局、协调各方的领导核心作用，把党的领导贯穿改革各方面全过程，确保改革始终沿着正确政治方向前进；二是坚持以人民为中心，尊重人民主体地位和首创精神，人民有所呼、改革有所应，做到改革为了人民、改革依靠人民、改革成果由人民共享；三是坚持守正创新，坚持中国特色社会主义不动摇，紧跟时代步伐，顺应实践发展，突出问题导向，在新的起点上推进理论创新、实践创新、制度创新、文化创新以及其他各方面创新；四是坚持以制度建设为主线，加强顶层设计、总体谋划，破立并举、先立后破，筑牢根本制度，完善基本制度，创新重要制度；五是坚持全面依法治国，在法治轨道上深化改革、推进中国式现代化，做到改革和法治相统一，重大改革于法有据、及时把改革成果上升为法律制度；六是坚持系统观念，处理好经济和社会、政府和市场、效率和公平、活力和秩序、发展和安全等重大关系，增强改革系统性、整体性、协同性。

这“六个坚持”原则，是我们党不断深化对改革的规律性认识的重大成果，体现了高瞻远瞩的改革韬略、深谋远虑的改革智慧，对于增强进一步全面深化改革的科学性、预见性、主动性、创造性，推动改革行稳致远，具有重大指导意义。

《决定》第二部分是“构建高水平社会主义市场经济体制”。高水平社会主义市场经济体制是中国式现代化的重要保障。《决定》指出，必须更好发挥市场机制作用，创造更加公平、更有活力的市场环境，实现资源配置效率最优化和效益最大化，既“放得活”又“管得住”，更好维护市场秩序、弥补市场失灵，畅通国民经济循环，激发全社会内生动力和创新活力。

关于“坚持和落实‘两个毫不动摇’”。《决定》强调，保证各种所有制经济依法平等使用生产要素、公平参与市场竞争、同等受到法律保护，促进各种所有制经济优势互补、共同发展。对于深化国资国企改革，《决定》提出，要完善管理监督体制机制，推进国有经济布局优化和结构调整，健全国有企业推进原始创新制度安排，建立国有企业履行战略使命评价制度。对于为非公有制经济发展营造良好环境和提供更多机会，《决定》提出制定民营经济促进法、完善民营企业参与国家重大项目建设长效机制、向民营企业进一步开放国家重大科研基础设施、完善民营企业融资支持政策制度等一系列改革举措。

关于“构建全国统一大市场”。市场是全球最稀缺的资源。拥有超大规模且极具增长潜力的市场，是我国发展的巨大优势和应对变局的坚实依托。《决定》进一步部署了构建全国统一大市场的重大改革举措。归纳起来，主要有这样几个方面。一是规范不当市场竞争和市场干预行为。公平竞争是市场经济的基本原则和建设全国统一大市场的客观要求，《决定》强调要清理和废除妨碍全国统一市场和公平竞争的各种规定和做法。二是强化统一的市场监管。针对监管规则不完善、执法尺度不一致、监管能力不匹配等问题，《决定》强调要提升市场综合监管能力和水平。三是完善要素市场制度和规则。要素市场是整个市场体系的基础，《决定》强调要推动生产要素畅通流动、各类资源高效配置、市场潜力充分释放。重点是要深化要素市场化改革，破除阻碍要素流动的体制机制障碍，引导资源要素向先进生产力集聚。四是完善流通体制。流通是经济循环的"血脉"，《决定》对此从技术支撑、规则标准、物流成本和能源管理等方面作出部署。五是加快培育完整内需体系。构建全国统一大市场，必须把超大规模市场优势和巨大内需潜力充分激发出来。《决定》从投资和消费两个方面提出了改革举措，有利于扩大有效益的投资、激发有潜能的消费。特别提出，要完善扩大消费长效机制，减少限制性措施，合理增加公共消费，积极推进首发经济。这里的首发经济，是指企业发布新产品，推出新业态、新模式、新服务、新技术，开设首店等经济活动的总称，涵盖了企业从产品或服务的首次发布、首次提出到首次落地开设门店、首次设立研发中心，再到设立企业总部的链式发展全过程。

关于"完善市场经济基础制度"。产权保护、市场准入、公平竞争、社会信用等市场经济基础制度，是社会主义市场经济有效运行的基本保障，是构建高水平社会主义市场经济体制的内在要求。《决定》对完善市场经济基础制度作出重要决策部署。一要加快完善产权保护制度，健全以公平为原则的产权保护制度，加强产权执法司法保护，建立高效的知识产权综合管理体制。二要持续完善市场准入制度，深化注册资本认缴登记制度改革,优化新业态新领域市场准入环境,完善企业退出制度。三是切实完善公平竞争制度,健全公平竞争政策实施机制,健全公平竞争审查制度体系,完善市场信息披露和商业秘密保护制度。四是不断健全社会信用制度和监管制度,健全以信用为基础的新型监管机制,推动企业信用评价公平统一,完善信用修复机制。

《决定》第三部分是“健全推动经济高质量发展体制机制”。高质量发展是全面建设社会主义现代化国家的首要任务。《决定》指出,必须以新发展理念引领改革,立足新发展阶段,深化供给侧结构性改革,完善推动高质量发展激励约束机制,塑造发展新动能新优势。

关于“健全因地制宜发展新质生产力体制机制”。构建同新质生产力更相适应的生产关系,涉及经济、社会、思想变革,改变人们生产、生活、思维方式,需要推进创新性、深层次、系统性改革。要健全传统产业优化升级体制机制,支持用数智技术、绿色技术改造提升传统产业,以国家标准提升引领传统产业优化升级。要强化推动高水平科技自立自强体制机制,推动领跑领域持续发展,并跑领域加力发展,跟跑领域加速发展。要完善推动战略性产业发展政策和治理体系,着力提升产业基础能力,推进战略性新兴产业融合集群生态化发展,引导新兴产业健康有序发展。要建立未来产业投入增长机制,加强前瞻性、引领性布局,增加源头技术供给,加强新领域新赛道制度供给。要健全促进各类先进生产要素向发展新质生产力集聚体制机制,弘扬企业家精神,深化劳动力和人才发展管理体制改革,健全科技金融体制,促进先进适用技术向新质生产力转化,优化土地管理制度,完善资源环境要素市场化配置体系。

关于“健全促进实体经济和数字经济深度融合制度”。近年来,数字经济发展速度之快、渗透范围之广、影响程度之深前所未有。要建设和运营国家数据基础设施，加快新一代信息技术全方位全链条普及应用，打造具有国际竞争力的数字产业集群，提升数据安全治理监管能力。

关于"完善发展服务业体制机制"。《决定》提出，要完善支持服务业发展政策体系，聚焦重点环节分领域推进生产性服务业高质量发展，健全加快生活性服务业多样化发展机制，完善中介服务机构法规制度体系。

关于"健全现代化基础设施建设体制机制"。《决定》提出，要构建新型基础设施规划和标准体系，深化综合交通运输体系改革，提高航运保险承保能力和全球服务水平，健全重大水利工程建设、运行、管理机制。

关于"健全提升产业链供应链韧性和安全水平制度"。产业链是经济体系中各产业环节和上下游在一定的技术经济联系基础上形成的链条式关系形态。产业链供应链韧性和安全水平是指这种关系形态具有内在稳定性、自主性和柔韧性，能够在受到外部冲击后较快自我适应，在受到封锁打压时维持有效运转，在极端情况下保证基本功能。健全相关制度，就要健全强化重点产业链发展体制机制，全链条推进技术攻关、成果应用，完善产业在国内梯度有序转移的协作机制，完善战略性矿产资源探产供储销统筹和衔接体系。

《决定》第四部分是"构建支持全面创新体制机制"。教育、科技、人才是中国式现代化的基础性、战略性支撑。《决定》指出，必须深入实施科教兴国战略、人才强国战略、创新驱动发展战略，统筹推进教育科技人才体制机制一体改革，健全新型举国体制，提升国家创新体系整体效能。

关于"深化教育综合改革"。教育是国之大计、党之大计，教育兴则国家兴,教育强则国家强。《决定》就深化教育综合改革提出了一系列重点举措。一是要围绕落实立德树人根本任务深化教育综合改革,推进大中小学思政课一体化改革创新,健全德智体美劳全面培养体系,提升教师教书育人能力,健全师德师风建设长效机制,深化教育评价改革。二是要围绕服务国家战略和经济社会发展深化教育综合改革,优化高等教育布局,加快建设中国特色、世界一流的大学和优势学科,建立科技发展、国家战略需求牵引的学科设置调整机制和人才培养模式,加快构建职普融通、产教融合的职业教育体系,引导规范民办教育发展。三是围绕解决人民群众急难愁盼问题深化教育综合改革,建立同人口变化相协调的基本公共教育服务供给机制,完善义务教育优质均衡推进机制,健全学前教育和特殊教育、专门教育保障机制,推进教育数字化,赋能学习型社会建设,加强终身教育保障。

关于"深化科技体制改革"。中国式现代化关键在科技现代化,建成社会主义现代化强国关键看科技自立自强,进一步全面深化改革、推进中国式现代化必须深化科技体制改革。《决定》对深化科技体制改革作出系统部署。要健全新型举国体制,优化重大科技创新组织机制;完善科技项目和经费管理改革,优化国家科技资源统筹配置;统筹推进教育科技人才体制机制一体改革,促进科技与教育、人才良性循环;强化企业科技创新主体地位,促进科技、产业、金融融合发展;扩大国际科技交流合作,建设具有全球竞争力的开放创新环境。

关于"深化人才发展体制机制改革"。《决定》提出,要实施更加积极、更加开放、更加有效的人才政策,加快建设国家战略人才力量,建设一流产业技术工人队伍,完善人才有序流动机制,完善青年创新人才发现、选拔、培养机制,健全保障科研人员专心科研制度,建立以创新能力、质量、实效、贡献为导向的人才评价体系,打通高校、科研院所和企业人才交流通道，完善海外引进人才支持保障机制，探索建立高技术人才移民制度。

《决定》第五部分是“健全宏观经济治理体系”。科学的宏观调控、有效的政府治理是发挥社会主义市场经济体制优势的内在要求。《决定》指出，必须完善宏观调控制度体系，统筹推进财税、金融等重点领域改革，增强宏观政策取向一致性。

关于“完善国家战略规划体系和政策统筹协调机制”。这是发挥中国特色社会主义制度的独特优势，推进国家治理体系和治理能力现代化的重要举措。要健全国家战略深度融合推进机制，增强国家战略宏观引导、统筹协调功能；健全国家战略规划衔接落实机制，发挥国家发展规划战略导向作用；要健全政策统筹协调机制，促进财政、货币、产业、价格、就业等政策协同发力。

关于“深化财税体制改革”。科学的财税体制是优化资源配置、维护市场统一、促进社会公平、实现国家长治久安的制度保障。《决定》对深化财税体制改革进行了系统部署。一是要健全预算制度，加强财政资源和预算统筹，强化对预算编制和财政政策的宏观指导，统一预算分配权，深化预算绩效管理改革，完善预算公开和监督制度，完善权责发生制政府综合财务报告制度。二是要健全税收制度，全面落实税收法定原则，健全直接税体系，健全地方税体系，完善绿色税制，深化税收征管改革。三是要完善财政体制，清晰划分中央与地方财政事权和支出责任，优化中央和地方收入划分，完善财政转移支付体系。四是健全政府债务管理体系，加快建立同高质量发展相适应的政府债务管理机制，建立全口径地方债务监测监管体系和防范化解隐性债务风险长效机制，加强地方政府专项债券管理，加快地方融资平台改革转型。

关于“深化金融体制改革”。金融是国民经济的血脉，关系中国式现代化建设全局。《决定》提出,要加快完善中央银行制度,畅通货币政策传导机制;着力打造金融机构、市场、产品和服务体系;健全投资和融资相协调的资本市场功能;深化金融监管体制改革;健全金融服务实体经济的激励约束机制;推动金融高水平开放;加强金融法治建设。

关于“完善实施区域协调发展战略机制”。《决定》提出,要健全推动西部大开发形成新格局、东北全面振兴取得新突破、中部地区加快崛起、东部地区加快推进现代化的制度和政策体系;推动京津冀、长三角、粤港澳大湾区等地区更好发挥高质量发展动力源作用,优化长江经济带发展、黄河流域生态保护和高质量发展机制;高标准高质量推进雄安新区建设;推动成渝地区双城经济圈建设走深走实。

《决定》第六部分是“完善城乡融合发展体制机制”。城乡融合发展是中国式现代化的必然要求。《决定》指出,必须统筹新型工业化、新型城镇化和乡村全面振兴,全面提高城乡规划、建设、治理融合水平,促进城乡要素平等交换、双向流动,缩小城乡差别,促进城乡共同繁荣发展。

关于“健全推进新型城镇化体制机制”。城镇化是现代化的必由之路。要加快农业转移人口市民化,推行由常住地登记户口提供基本公共服务制度,优化城镇化空间布局和形态。

关于“巩固和完善农村基本经营制度”。农村基本经营制度是党的农村政策的基石。要深化承包地所有权、承包权、经营权分置改革,完善农业经营体系,发展新型农村集体经济。

关于“完善强农惠农富农支持制度”。当前,农业基础还比较薄弱,农村发展仍然滞后,必须不断加大强农惠农富农政策力度,确保人力投入、物力配置、财力保障等与乡村振兴目标任务相适应。要健全保障粮食安全的体制机制,完善覆盖农村人口的常态化防止返贫致贫机制，健全县域富民产业发展促进机制，完善农村基本公共服务保障机制，健全要素优先保障机制。

关于“深化土地制度改革”。土地是发展的重要资源，人多地少是我国的基本国情。要严格保护耕地，盘活闲置土地资源，优化土地管理。

《决定》第七部分是“完善高水平对外开放体制机制”。开放是中国式现代化的鲜明标识。《决定》指出，必须坚持对外开放基本国策，坚持以开放促改革，依托我国超大规模市场优势，在扩大国际合作中提升开放能力，建设更高水平开放型经济新体制。

关于“稳步扩大制度型开放”。要主动对接国际高标准经贸规则，打造透明稳定可预期的制度环境；有序扩大我国商品市场、服务市场、资本市场、劳务市场等对外开放；深化援外体制机制改革，实现全链条管理；维护以世界贸易组织为核心的多边贸易体制，积极参与全球经济治理体系改革；扩大面向全球的高标准自由贸易区网络。

关于“深化外贸体制改革”。要打造贸易强国制度支撑和政策支持体系，加快内外贸一体化改革；推进通关、税务、外汇等监管创新，营造有利于新业态新模式发展的制度环境；创新发展数字贸易，推进跨境电商综合试验区建设；健全贸易风险防控机制，完善出口管制体系和贸易救济制度；创新提升服务贸易，推进服务业扩大开放综合试点示范。

关于“深化外商投资和对外投资管理体制改革”。要营造市场化、法治化、国际化一流营商环境；扩大鼓励外商投资产业目录，推动电信、互联网、教育、文化、医疗等领域有序扩大开放；深化外商投资促进体制机制改革；完善境外人员入境居住、医疗、支付等生活便利制度；完善促进和保障对外投资体制机制。

关于“优化区域开放布局”。要加快形成陆海内外联动、东西双向互济的全面开放格局，打造形态多样的开放高地，实施自由贸易试验区提升战略，加快建设海南自由贸易港，健全香港、澳门在国家对外开放中更好发挥作用机制，深化粤港澳大湾区合作，完善促进两岸经济文化交流合作制度和政策。

关于“完善推进高质量共建‘一带一路’机制”。要继续实施“一带一路”科技创新行动计划，完善陆海天网一体化布局，统筹推进重大标志性工程和“小而美”民生项目。

《决定》第八部分是“健全全过程人民民主制度体系”。发展全过程人民民主是中国式现代化的本质要求。《决定》指出，必须坚定不移走中国特色社会主义政治发展道路，坚持和完善我国根本政治制度、基本政治制度、重要政治制度，丰富各层级民主形式，把人民当家作主具体、现实体现到国家政治生活和社会生活各方面。

关于“加强人民当家作主制度建设”。要坚持好、完善好、运行好人民代表大会制度，健全人大监督制度、议事规则和论证、评估、评议、听证制度，丰富人大代表联系人民群众的内容和形式；健全吸纳民意、汇集民智工作机制；发挥工会、共青团、妇联等群团组织联系服务群众的桥梁纽带作用。

关于“健全协商民主机制”。协商民主是实践全过程人民民主的重要形式。要发挥人民政协作为专门协商机构作用，完善人民政协民主监督机制；健全政党协商、人大协商、政府协商、政协协商、人民团体协商、基层协商以及社会组织协商制度化平台；健全协商于决策之前和决策实施之中的落实机制；完善协商成果采纳、落实、反馈机制。

关于“健全基层民主制度”。基层民主是社会主义民主政治建设的基础和重要组成部分，是全过程人民民主的重要体现。要健全基层党组织领导的基层群众自治机制，拓宽基层各类组织和群众有序参与基层治理渠道，完善办事公开制度，健全以职工代表大会为基本形式的企事业单位民主管理制度。

关于“完善大统战工作格局”。《决定》将完善大统战工作格局作为党和国家事业改革发展的重要举措，既从政策举措上对发挥统一战线强大法宝作用提出明确要求，又从制度机制上对统一战线各领域创新发展的重点任务作出重要部署。要完善发挥统一战线凝聚人心、汇聚力量政治作用的政策举措；坚持好、发展好、完善好中国新型政党制度；健全铸牢中华民族共同体意识制度机制；系统推进我国宗教中国化，加强宗教事务治理法治化；完善党外知识分子和新的社会阶层人士政治引领机制；健全促进非公有制经济健康发展、非公有制经济人士健康成长工作机制；完善港澳台和侨务工作机制；健全党外代表人士队伍建设制度。

《决定》第九部分是“完善中国特色社会主义法治体系”。法治是中国式现代化的重要保障。《决定》指出，必须全面贯彻实施宪法，维护宪法权威，协同推进立法、执法、司法、守法各环节改革，健全法律面前人人平等保障机制，弘扬社会主义法治精神，维护社会公平正义，全面推进国家各方面工作法治化。

关于“深化立法领域改革”。进一步全面深化改革、推进中国式现代化，对立法工作提出许多新课题新要求，需要通过深化立法领域改革作出新的回答。要完善以宪法为核心的中国特色社会主义法律体系，完善党委领导、人大主导、政府依托、各方参与的立法工作格局，加强重点领域、新兴领域、涉外领域立法，统筹立改废释纂，提高立法质量。

关于“深入推进依法行政”。《决定》从三个方面进行了部署。一是健全政府机构职能体系，提升依法决策和政务服务水平。要推进政府机构、职能、权限、程序、责任法定化，完善重大决策、规范性文件合法性审查机制,促进政务服务标准化、规范化、便利化。二是深化行政执法体制改革,促进严格公正文明规范执法。要完善行政处罚等领域行政裁量权基准制度,完善基层综合执法体制机制,完善行政处罚和刑事处罚双向衔接制度,健全行政执法监督体制机制。三是完善政府管理体制机制,提高政府治理效能。要完善垂直管理体制和地方分级管理体制,稳妥推进人口小县机构优化,深化开发区管理制度改革,深化事业单位改革。

关于"健全公正执法司法体制机制"。这是提高国家治理水平、完善中国特色社会主义法治体系的重要内容。一是强化制约监督。要健全监察机关、公安机关、检察机关、审判机关、司法行政机关各司其职、相互配合、相互制约的体制机制;健全国家执行体制,强化当事人、检察机关和社会公众对执行活动的全程监督;深化和规范司法公开,落实和完善司法责任制;深化行政案件管辖制度改革,加大对行政机关依法行使职权的监督力度。二是加强人权保障。要完善事前审查、事中监督、事后纠正等工作机制,依法查处利用职权徇私枉法、非法拘禁、刑讯逼供等犯罪行为,推进刑事案件律师辩护全覆盖,完善执法司法救济保护和国家赔偿制度,建立轻微犯罪记录封存制度。

关于"完善推进法治社会建设机制"。法治社会是构筑法治国家的基础。要健全覆盖城乡的公共法律服务体系,深化律师制度、公证体制、仲裁制度、调解制度、司法鉴定管理体制改革;改进法治宣传教育,完善以实践为导向的法学院校教育培养机制;加强和改进未成年人权益保护,强化未成年人犯罪预防和治理,制定专门矫治教育规定。

关于"加强涉外法治建设"。法治是国家核心竞争力的重要内容。要建立一体推进涉外立法、执法、司法、守法和法律服务、法治人才培养的工作机制;完善涉外法律法规体系和法治实施体系,深化执法司法国际合作；完善涉外民事法律关系中当事人依法约定管辖、选择适用域外法等司法审判制度；健全国际商事仲裁和调解制度，培育国际一流仲裁机构、律师事务所；积极参与国际规则制定。

《决定》第十部分是“**深化文化体制机制改革**”。中国式现代化是物质文明和精神文明相协调的现代化。《决定》指出，必须增强文化自信，发展社会主义先进文化，弘扬革命文化，传承中华优秀传统文化，加快适应信息技术迅猛发展新形势，培育形成规模宏大的优秀文化人才队伍，激发全民族文化创新创造活力。

关于“完善意识形态工作责任制”。意识形态决定文化前进方向和发展道路。要健全用党的创新理论武装全党、教育人民、指导实践工作体系，完善党委（党组）理论学习中心组学习制度，推动学习贯彻习近平新时代中国特色社会主义思想常态化制度化。要创新马克思主义理论研究和建设工程，实施哲学社会科学创新工程，构建中国哲学社会科学自主知识体系。要构建适应全媒体生产传播工作机制和评价体系，推进主流媒体系统性变革。要完善培育和践行社会主义核心价值观制度机制。要优化英模人物宣传学习机制，创新爱国主义教育和各类群众性主题活动组织机制。要构建中华传统美德传承体系，健全社会公德、职业道德、家庭美德、个人品德建设体制机制。

关于“优化文化服务和文化产品供给机制”。要完善公共文化服务体系，建立优质文化资源直达基层机制，健全社会力量参与公共文化服务机制，推进公共文化设施所有权和使用权分置改革。要坚持以人民为中心的创作导向，改进文艺创作生产服务、引导、组织工作机制。要建立文化遗产保护传承工作协调机构，建立文化遗产保护督察制度，推动文化遗产系统性保护和统一监管。

关于“健全网络综合治理体系”。网络空间已经成为人们生产生活的新空间。要深化网络管理体制改革，整合网络内容建设和管理职能，推进新闻宣传和网络舆论一体化管理。要完善生成式人工智能发展和管理机制。要加强网络空间法治建设，健全网络生态治理长效机制，健全未成年人网络保护工作体系。

关于“构建更有效力的国际传播体系”。一个大国发展兴盛，必然要求文化传播力、文明影响力大幅提升。要推进国际传播格局重构，深化主流媒体国际传播机制改革创新，加快构建多渠道、立体式对外传播格局；加快构建中国话语和中国叙事体系，全面提升国际传播效能；建设全球文明倡议践行机制；推动走出去、请进来管理便利化，扩大国际人文交流合作。

《决定》第十一部分是“健全保障和改善民生制度体系”。在发展中保障和改善民生是中国式现代化的重大任务。《决定》指出，必须坚持尽力而为、量力而行，完善基本公共服务制度体系，加强普惠性、基础性、兜底性民生建设，解决好人民最关心最直接最现实的利益问题，不断满足人民对美好生活的向往。

关于“完善收入分配制度”。收入分配制度改革是一项十分艰巨复杂的系统工程。要构建初次分配、再分配、第三次分配协调配套的制度体系，完善劳动者工资决定、合理增长、支付保障机制，完善税收、社会保障、转移支付等再分配调节机制。要规范收入分配秩序，规范财富积累机制，多渠道增加城乡居民财产性收入，形成有效增加低收入群体收入、稳步扩大中等收入群体规模、合理调节过高收入的制度体系。

关于“完善就业优先政策”。就业是民生之本。要健全高质量充分就业促进机制，完善高校毕业生、农民工、退役军人等重点群体就业支持体系，统筹城乡就业政策体系，完善促进机会公平制度机制，完善劳动关系协商协调机制。

关于“健全社会保障体系”。社会保障体系是人民生活的安全网和社会运行的稳定器。要健全全国统一的社保公共服务平台，健全社保基金保值增值和安全监管体系，健全基本养老、基本医疗保险筹资和待遇合理调整机制，健全灵活就业人员、农民工、新就业形态人员社保制度，健全社会救助体系，健全保障妇女儿童合法权益制度。要加快建立租购并举的住房制度，加大保障性住房建设和供给，充分赋予各城市政府房地产市场调控自主权，改革房地产开发融资方式和商品房预售制度，完善房地产税收制度。

关于“深化医药卫生体制改革”。这一改革，有利于解决群众看病就医最关心最直接最现实的利益问题，解决卫生健康事业发展不平衡不充分的主要矛盾，更好服务人民健康和经济社会发展大局。要促进医疗、医保、医药协同发展和治理，加快建设分级诊疗体系，健全公共卫生体系，深化以公益性为导向的公立医院改革，推动医药科技创新，完善中医药传承创新发展机制。

关于“健全人口发展支持和服务体系”。人口发展是关系中华民族伟大复兴的大事，必须着力提高人口整体素质，以人口高质量发展支撑中国式现代化。要健全覆盖全人群、全生命周期的人口服务体系，推动建设生育友好型社会，完善发展养老事业和养老产业政策机制，按照自愿、弹性原则，稳妥有序推进渐进式延迟法定退休年龄改革。

《决定》第十二部分是“深化生态文明体制改革”。中国式现代化是人与自然和谐共生的现代化。《决定》指出，必须完善生态文明制度体系，协同推进降碳、减污、扩绿、增长，积极应对气候变化，加快完善落实绿水青山就是金山银山理念的体制机制。

关于“完善生态文明基础体制”。生态文明建设是长期而复杂的系统工程。要实施分区域、差异化、精准管控的生态环境管理制度；建立健全国土空间用途管制和规划许可制度；健全自然资源资产产权制度和管理制度体系；完善国家生态安全工作协调机制；编纂生态环境法典。

关于“健全生态环境治理体系”。高品质生态环境是美丽中国的重要标志。要推进生态环境治理责任体系、监管体系、市场体系、法律法规政策体系建设，完善精准治污、科学治污、依法治污制度机制，深化环境信息依法披露制度改革，推动重要流域构建上下游贯通一体的生态环境治理体系，全面推进以国家公园为主体的自然保护地体系建设。要落实生态保护红线管理制度，落实水资源刚性约束制度，强化生物多样性保护工作协调机制，健全海洋资源开发保护制度，健全生态产品价值实现机制，深化自然资源有偿使用制度改革，推进生态综合补偿。

关于“健全绿色低碳发展机制”。生态环境问题归根到底是发展方式问题，从根本上解决生态环境问题，必须推动经济社会发展绿色化、低碳化。要实施支持绿色低碳发展的财税、金融、投资、价格政策和标准体系，优化政府绿色采购政策，完善资源总量管理和全面节约制度，健全煤炭清洁高效利用机制，加快规划建设新型能源体系，建立能耗双控向碳排放双控全面转型新机制，构建碳排放统计核算体系、产品碳标识认证制度、产品碳足迹管理体系，积极稳妥推进碳达峰碳中和。

《决定》第十三部分是“推进国家安全体系和能力现代化”。国家安全是中国式现代化行稳致远的重要基础。《决定》指出，必须全面贯彻总体国家安全观，完善维护国家安全体制机制，实现高质量发展和高水平安全良性互动，切实保障国家长治久安。

关于“健全国家安全体系”。国家安全体系是国家安全制度及其执行能力的集中体现。要强化国家安全工作协调机制，完善国家安全法治体系、战略体系、政策体系、风险监测预警体系，完善重点领域安全保障体系和重要专项协调指挥体系;构建联动高效的国家安全防护体系,推进国家安全科技赋能。

关于"完善公共安全治理机制"。公共安全一头连着千家万户,一头连着经济社会发展,是社会安定有序的风向标。要健全重大突发公共事件处置保障体系,完善大安全大应急框架下应急指挥机制,强化基层应急基础和力量,提高防灾减灾救灾能力;完善安全生产风险排查整治和责任倒查机制;完善食品药品安全责任体系;健全生物安全监管预警防控体系;加强网络安全体制建设,建立人工智能安全监管制度。

关于"健全社会治理体系"。社会治理体系科学合理,国家安全工作才能事半功倍。要坚持和发展新时代"枫桥经验",健全党组织领导的自治、法治、德治相结合的城乡基层治理体系,完善共建共治共享的社会治理制度;健全社会工作体制机制,加强党建引领基层治理,加强社会工作者队伍建设,推动志愿服务体系建设;推进信访工作法治化;提高市域社会治理能力;健全社会心理服务体系和危机干预机制;深化行业协会商会改革;健全社会组织管理制度。要健全乡镇(街道)职责和权力、资源相匹配制度,完善社会治安整体防控体系。

关于"完善涉外国家安全机制"。随着我国公民、企业走出去越来越多,涉外安全在国家安全工作全局中的地位愈加重要。要建立健全周边安全工作协调机制,强化海外利益和投资风险预警、防控、保护体制机制,深化安全领域国际执法合作,维护我国公民、法人在海外合法权益;健全反制裁、反干涉、反"长臂管辖"机制;健全维护海洋权益机制;完善参与全球安全治理机制。

《决定》第十四部分是"持续深化国防和军队改革"。国防和军队现代化是中国式现代化的重要组成部分。《决定》指出,必须坚持党对人民军队的绝对领导,深入实施改革强军战略,为如期实现建军一百年奋斗目标、基本实现国防和军队现代化提供有力保障。

关于“完善人民军队领导管理体制机制”。领导管理体制机制，在军队组织形态中处于中枢和主导地位。要健全贯彻军委主席负责制的制度机制，深入推进政治建军；优化军委机关部门职能配置，健全战建备统筹推进机制，完善重大决策咨询评估机制，深化战略管理创新，完善军事治理体系；健全依法治军工作机制；完善作战战备、军事人力资源等领域配套政策制度；深化军队院校改革，推动院校内涵式发展；实施军队企事业单位调整改革。

关于“深化联合作战体系改革”。建好联合作战体系是打胜仗的重要保障。要完善军委联合作战指挥中心职能，健全重大安全领域指挥功能，建立同中央和国家机关协调运行机制；优化战区联合作战指挥中心编成，完善任务部队联合作战指挥编组模式；加强网络信息体系建设运用统筹；构建新型军兵种结构布局，加快发展战略威慑力量，大力发展新域新质作战力量，统筹加强传统作战力量建设；优化武警部队力量编成。

关于“深化跨军地改革”。这是统筹发展和安全、富国和强军，着眼加快国防和军队现代化作出的战略部署。要健全一体化国家战略体系和能力建设工作机制，完善涉军决策议事协调体制机制；健全国防建设军事需求提报和军地对接机制，完善国防动员体系；深化国防科技工业体制改革，优化国防科技工业布局，改进武器装备采购制度，建立军品设计回报机制，构建武器装备现代化管理体系；完善军地标准化工作统筹机制；加强航天、军贸等领域建设和管理统筹；优化边海防领导管理体制机制，完善党政军警民合力治边机制；深化民兵制度改革；完善双拥工作机制。

《决定》第十五部分是“提高党对进一步全面深化改革、推进中国

式现代化的领导水平”。党的领导是进一步全面深化改革、推进中国式现代化的根本保证。《决定》指出，必须深刻领悟“两个确立”的决定性意义，增强“四个意识”、坚定“四个自信”、做到“两个维护”，保持以党的自我革命引领社会革命的高度自觉，坚持用改革精神和严的标准管党治党，完善党的自我革命制度规范体系，不断推进党的自我净化、自我完善、自我革新、自我提高，确保党始终成为中国特色社会主义事业的坚强领导核心。

关于“坚持党中央对进一步全面深化改革的集中统一领导”。党中央领导改革的总体设计、统筹协调、整体推进。完善党中央重大决策部署落实机制，确保党中央令行禁止。各级党委（党组）负责落实党中央决策部署，谋划推进本地区本部门改革，鼓励结合实际开拓创新，创造可复制、可推广的新鲜经验。走好新时代党的群众路线，把社会期盼、群众智慧、专家意见、基层经验充分吸收到改革设计中来。围绕解决突出矛盾设置改革议题，优化重点改革方案生成机制，坚持真理、修正错误，及时发现问题、纠正偏差。完善改革激励和舆论引导机制，营造良好改革氛围。

关于“深化党的建设制度改革”。治国必先治党，党兴才能国强。要建立健全以学铸魂、以学增智、以学正风、以学促干长效机制；持续深化干部人事制度改革；增强党组织政治功能和组织功能；完善党员教育管理、作用发挥机制；实施更加积极、更加开放、更加有效的人才政策。

关于“深入推进党风廉政建设和反腐败斗争”。党风廉政建设和反腐败斗争永远在路上，一刻也不能放松。要健全政治监督具体化、精准化、常态化机制；锲而不舍落实中央八项规定精神，健全防治形式主义、官僚主义制度机制；健全为基层减负长效机制；建立经常性和集中性相结合的纪律教育机制。要完善一体推进不敢腐、不能腐、不想腐工作机制，健全不正之风和腐败问题同查同治机制，加强诬告行为治理，健全追逃防逃追赃机制，加强新时代廉洁文化建设，完善党和国家监督体系。

关于“以钉钉子精神抓好改革落实”。《决定》强调，对党中央进一步全面深化改革的决策部署，全党必须求真务实抓落实、敢作善为抓落实，坚持上下协同、条块结合，科学制定改革任务书、时间表、优先序，明确各项改革实施主体和责任，把重大改革落实情况纳入监督检查和巡视巡察内容，以实绩实效和人民群众满意度检验改革。

四、《决定》的贯彻落实：改革要重视谋划，更要抓好落实

二十届三中全会审议通过了《中共中央关于进一步全面深化改革、推进中国式现代化的决定》，紧紧围绕推进中国式现代化这个主题擘画进一步全面深化改革战略举措，鲜明体现了习近平总书记关于全面深化改革的一系列新思想、新观点、新论断，是对新时代新征程举什么旗、走什么路的再宣示，对以中国式现代化全面推进强国建设、民族复兴伟业具有重大而深远的意义。全会闭幕后，以习近平同志为核心的党中央作出一系列重大部署，在全党全国迅速兴起学习贯彻全会精神的热潮。中央宣讲团成员分赴各地区及有关系统、部门、单位，开展系列宣讲活动；在中央党校（国家行政学院）举办中管干部学习贯彻习近平新时代中国特色社会主义思想和党的二十届三中全会精神研讨班，举办省部级主要领导干部学习贯彻党的二十届三中全会专题研讨班；中央全面深化改革委员会第六次会议审议通过《中央和国家机关有关部门贯彻实施党的二十届三中全会〈决定〉重要改革举措分工方

案》,强调全力抓好改革任务的组织实施。广大学员、干部、群众认真学习贯彻全会精神,切实把思想和行动统一到党中央决策部署上来。

习近平总书记强调:“改革要重视谋划,更要抓好落实。”“全党上下要齐心协力抓好《决定》贯彻落实,把进一步全面深化改革的战略部署转化为推进中国式现代化的强大力量。”

其一,思想是贯彻落实的旗帜。进一步全面深化改革、推进中国式现代化,必须坚持正确指导思想,确保改革既不走封闭僵化的老路,也不走改旗易帜的邪路,而是坚定不移走中国特色社会主义道路,不断推动社会主义制度自我完善和发展。

《决定》提出“进一步全面深化改革的指导思想”,明确了进一步全面深化改革的思想旗帜、前进方向、政治立场、发展理念、总基调、总要求、总体布局、战略布局、工作重点、实践途径等,这些都是宏观的、管总的、管大的、管根本的东西,对于进一步全面深化改革具有至关重要的作用。在这一指导思想中,习近平总书记关于全面深化改革的一系列新思想、新观点、新论断是其中最重要的内容。十八届三中全会以来,习近平总书记亲自领导、亲自部署、亲自推动全面深化改革工作,科学总结历史经验,深刻把握改革规律,运用马克思主义立场观点方法,创造性提出了一系列新思想、新观点、新论断,明确回答了新时代为什么要全面深化改革、怎样推进全面深化改革等重大问题,为进一步全面深化改革提供了根本遵循。广大党员干部要深入学习领会习近平总书记关于全面深化改革的一系列新思想、新观点、新论断,把握其丰富内涵、理论特质和实践要求,进一步统一思想和行动。

我们要遵循进一步全面深化改革的指导思想,抓好全会精神的贯彻落实,任何时候都不能偏移、不能动摇。

其二,目标是贯彻落实的方向。我们党成立 100 多年来,之所以能够战胜无数艰难险阻、不断从胜利走向胜利,一条重要经验就是始终坚持实现共产主义的最高理想和最终目标,科学谋划确定革命、建设、改革各个历史时期的奋斗目标,以此指引全党全国人民的前进方向,凝聚起万众一心、团结奋进的强大力量,引领党和国家事业阔步前进。

《决定》提出“进一步全面深化改革的总目标”,同十八届三中全会确定的全面深化改革的总目标既一脉相承,又有新的丰富和发展,表明我们党在改革上道不变、志不改和接续奋斗的坚定决心。这一总目标为进一步全面深化改革明确了方向,展现了进一步全面深化改革、推进中国式现代化的壮丽前景,充分体现了以习近平同志为核心的党中央继续完善和发展中国特色社会主义制度、推进国家治理体系和治理能力现代化的历史主动。

总目标是进一步全面深化改革的纲,规定了“时间表”“路线图”“任务书”。把握住总目标,进一步全面深化改革就能抓住主要矛盾和矛盾的主要方面,就能把目标导向和问题导向有机统一起来,向着总目标不断前进。

其三,原则是贯彻落实的基本准则。原则解决的是“桥和船”的问题。重视对以往实践经验进行理论总结、形成重大原则,是我们党重要的思想方法和工作方法。从全面深化改革到进一步全面深化改革,改革每一次新的启程,都要回望过去、总结经验,让前行之路奠基于深厚的历史智慧之上,走得更稳更远。

《决定》提出“进一步全面深化改革的原则”,是对改革开放以来特别是新时代全面深化改革宝贵经验的科学总结,是我们党不断深化对改革的规律性认识的重大成果,体现了高瞻远瞩的改革韬略、深谋远虑的改革智慧,对于增强进一步全面深化改革的科学性、预见性、主动性、创造性,推动改革行稳致远,具有重大指导意义。在全会精神的落实中，必须严格遵循、长期坚持。

其四，重大改革举措是贯彻落实的着力点和发力点。《决定》从党和国家工作大局出发，全面部署包括经济、政治、文化、社会、生态文明和党的建设等各领域各方面具有基础性和牵引作用的改革，确定了300多项重大改革举措，几乎每一句话都涉及一项改革举措。

这些重大改革举措都是涉及体制、机制、制度层面，其中有的是对过去改革举措的完善和提升，有的是根据实践需要和试点探索新提出的改革举措。改革举措坚持问题导向，对准难点痛点堵点，破除体制机制藩篱，既具战略性、前瞻性，又有针对性、可操作性，改革味道浓、改革成色足。前文提到，每项改革举措的出台都经历了严谨周密的论证，都凝结着方方面面的改革智慧，都将对相关领域改革工作产生重要促进作用。

落实好300多项重大改革举措，就要完整、准确、全面理解其内涵和指向，深刻理解各项改革举措的来龙去脉，确保改革最终效果符合预期目标。要把每项改革举措置于进一步全面深化改革、推进中国式现代化的战略框架中去把握，了解每项改革举措的背景和定位，弄明白其如何从实践中来、奔着什么问题去，在整体改革中承担什么角色、发挥什么作用，与其他改革举措的关系，确保不偏不倚、不打折扣、精准有效落实。

抓好贯彻落实，关键在于抓好改革责任落实。根据《决定》精神，党中央领导改革的总体设计、统筹协调、整体推进；各级党委（党组）负责落实党中央决策部署，全力以赴把党中央确定的原则、明确的举措、提出的要求不折不扣贯彻落实好。谋划推进本地区本部门改革，鼓励结合实际开拓创新，创造可复制、可推广的新鲜经验。各级党委（党组）要主动担负落实党中央改革部署的主体责任，聚焦重大部署、重要任务、重点工作，积极担当作为，深入研究推进本系统本地区重大改革举措的组织实施，确保改革任务落地见效。

后　　记

1978年党的十一届三中全会实现了新中国成立以来党的历史上具有深远意义的伟大转折，开启了改革开放和社会主义现代化的伟大征程。其后召开的历届三中全会都围绕党的中心任务谋划和部署改革，对引领中国的发展起到举旗定向、谋篇布局的重大作用。

党的二十届三中全会是在以中国式现代化全面推进强国建设、民族复兴伟业的关键时期召开的一次十分重要的会议。习近平总书记在全会第二次全体会议上的讲话中强调：学习好贯彻好全会精神是当前和今后一个时期全党全国的一项重大政治任务，并对深入学习贯彻落实党的二十届三中全会精神提出四个"深刻领会和把握"的要求，即：深刻领会和把握进一步全面深化改革的主题，深刻领会和把握进一步全面深化改革的重大原则，深刻领会和把握进一步全面深化改革的重大举措，深刻领会和把握进一步全面深化改革的根本保证。

深入研究改革开放以来的历届三中全会，对于做到四个"深刻领会和把握"具有重要作用。为此，中央党史和文献研究院的几位青年学者，组织编写了《三中全会与中国改革开放》这本书。

参与本书编写人员为：

樊宪雷：第一章；

胡晓青:第二章、第三章、第九章;

王德蓉:第四章、第五章;

刘志辉:第六章、第十章;

徐珊:第七章、第八章。

不当之处,敬请读者批评指正。

责任编辑：翟金明
封面设计：汪　阳

图书在版编目(CIP)数据

三中全会与中国改革开放 / 本书编写组著. -- 北京 ：人民出版社，2025. 5. -- ISBN 978－7－01－027164－4

Ⅰ. D61

中国国家版本馆 CIP 数据核字第 20257AU174 号

三中全会与中国改革开放

SANZHONG QUANHUI YU ZHONGGUO GAIGE KAIFANG

本书编写组　著

人民出版社 出版发行
（100706　北京市东城区隆福寺街 99 号）

中煤(北京)印务有限公司印刷　新华书店经销

2025 年 5 月第 1 版　2025 年 5 月北京第 1 次印刷
开本:710 毫米×1000 毫米 1/16　印张:20.25
字数:246 千字

ISBN 978－7－01－027164－4　定价:59.00 元

邮购地址 100706　北京市东城区隆福寺街 99 号
人民东方图书销售中心　电话（010)65250042　65289539